# Raquette
## et marche hivernale
## au Québec

ÉDITIONS BIPÈDE

**FÉDÉRATION QUÉBÉCOISE DE LA MARCHE**

**MARCHE**
Randonnée

DIFFUSION PLEIN AIR

ÉDITIONS
BIPÈDE

# Réalisation

| | |
|---|---|
| Direction : | Daniel Pouplot |
| Recherche : | Sylvain Lavoie<br>Marie-Douce Bélanger |
| Traitement informatique : | Sylvain Lavoie |
| Collaboration : | Nicole Blondeau<br>Leslie Gravel<br>Nadia Renaud |
| Conception graphique<br>et mise en pages : | Rita Alder |
| Cartographie : | Marc Létourneau |

Photos de couverture

Avant : Sentier L'Expédition, sur le Sentier national – Laurentides *(photo : Daniel Pouplot)*

Arrière : Sentier des Chutes Jean-Larose, Station Mont-Sainte-Anne – Québec *(photo : Éric Desjardins)*

Dépôt légal : 1er trimestre 2006
Bibliothèque nationale du Québec
ISBN 2-921979-11-X
Imprimé au Canada

# Table des matières

# Remerciements

Après avoir fait découvrir aux adeptes de la marche et de la randonnée pédestre de multiples sentiers à travers le Québec, il était normal de regarder ce que toutes ces infrastructures deviennent durant notre longue saison hivernale et comment elles peuvent continuer à répondre aux attentes des marcheurs et accueillir les pratiquants de plus en plus nombreux de la raquette. Toute une équipe s'est donc remise à l'ouvrage pour produire le présent répertoire et ouvrir plus grandes les portes de l'hiver. Merci à tous ceux qui ont collaboré et persévéré pour fournir le panorama le plus précis possible de tout ce qui s'offre à ceux qui aiment s'introduire dans les paysages et n'y laisser ensuite que les marques de leurs pas ou de leurs raquettes. Un grand merci à tous les gestionnaires qui ont répondu à nos écrits, à nos paroles et à nos nombreuses questions. Un futur merci à vous, lecteurs, marcheurs, randonneurs et raquetteurs qui vous servirez de ce guide et serez les mieux placés pour nous aider à l'améliorer d'édition en édition. Votre collaboration est indispensable et vos commentaires toujours bienvenus et pris en considération. Nous souhaitons que *Raquette et marche hivernale au Québec* trouve un accueil à la mesure de celui que vous avez réservé au *Répertoire des lieux de marche au Québec*, en 1996, et que, comme pour cette autre publication, vous en fassiez le compagnon de vos escapades dans les régions du Québec.

Bonne lecture, mais surtout, bonnes marches!

Le directeur de l'édition


Daniel Pouplot

# Introduction

Il y a moins de quinze ans, lorsqu'on parlait de raquette à neige, on pensait spontanément à l'objet fait d'un cadre de bois et d'un lacis de babiche qu'on chaussait avec un mocassin fixé au moyen d'un harnais de cuir. On la considérait surtout comme un outil pratique pour se déplacer sur la neige lorsque c'était nécessaire, les adeptes de raquette sportive et de loisir étant relativement peu nombreux.

Aujourd'hui, la raquette est méconnaissable : cadres d'aluminium ou de fibre de carbone, tamis faits de matériaux synthétiques, fixations sur pivot, cale-pieds, crampons, harnais moulés, courroies à serrage rapide, les caractéristiques et les modèles sont incroyablement nombreux et variés. Dans les boutiques d'équipement de plein air, les raquettes occupent des pans de murs complets. Au Québec, les commerçants prévoyaient vendre plus de 50 000 paires de raquette, et ce, uniquement pour l'hiver 2005-2006. C'est dire à quel point la raquette est devenue la reine de l'hiver.

Chaussés de ces nouvelles raquettes, les adeptes ont commencé à parcourir les sentiers pédestres qui jusque-là étaient inaccessibles en hiver. Puis ils se sont mis à en rechercher de nouveaux. Et ils en redemandent.

La marche hivernale, quant à elle, est aussi en croissance. Les gens étant de plus en plus conscients de l'importance de la régularité dans la pratique d'activités physiques se sont mis à la marche hivernale. Simple et facile d'accès, elle s'intègre très bien au quotidien. Elle est d'autant plus intéressante qu'on retrouve maintenant plusieurs sentiers déblayés ou damés, en pleine nature, ce que beaucoup de marcheurs et de marcheuses recherchent.

C'est pour répondre à ces demandes que nous avons créé ce recueil de lieux de raquette et de marche hivernale. C'est près de 400 lieux qui y sont répertoriés, répartis dans les 20 régions touristiques du Québec. Il y en a pour tous, peu importe son âge, sa forme physique ou ses goûts. Ils vous conduiront vers de belles découvertes. Des paysages familiers se révéleront sous un nouveau jour, métamorphosés par la blanche couverture de neige. Ils permettront à bien des gens de se réconcilier avec l'hiver.

# Avant-propos

## Le but

La raquette étant l'activité hivernale ayant connu la plus forte croissance ces dernières années et les gens étant de plus en plus convaincus de l'importance de « jouer dehors » en toute saison, la publication d'un ouvrage sur les lieux de raquette et de marche hivernale allait de soi. Ce recueil dresse un portrait des sentiers et territoires où la pratique de ces activités est favorisée, afin de faire découvrir ou redécouvrir à tous les beautés et les plaisirs de l'hiver au Québec.

## La démarche

Forts de l'expérience des cinq éditions du Répertoire des lieux de marche au Québec, la cueillette des données relatives à la raquette et à la marche hivernale s'est faite de façon très rigoureuse. Au printemps 2005, un questionnaire a été envoyé à tous les gestionnaires de lieux potentiellement ouverts à ces activités. Soucieux de diffuser des informations aussi complètes et précises que possible, nous avons procédé à une étude minutieuse des questionnaires remplis. Dans certains cas, des vérifications ont été faites par téléphone et des précisions ont été demandées. Certains lieux avaient été visités au courant de l'hiver précédent, et toute information portée à notre attention a été considérée et vérifiée.

## Le choix des lieux

Les lieux répertoriés ici ont tous en commun d'être ouverts au grand public et d'avoir le droit d'y circuler à son propre rythme, dans le respect des périodes et horaires précisés, et après acquittement des frais, s'il y a lieu. La période où les lieux doivent être praticables pour la raquette ou la marche hivernale a été considérée comme étant la saison hivernale, soit la période habituellement enneigée. Les sentiers étant identifiés comme étant accessibles à la raquette doivent, au minimum, posséder un balisage visible en hiver. Certains lieux comportant un territoire où l'on peut circuler librement hors sentier ont quand même été acceptés. Les sentiers de marche hivernale, pour être admissibles, doivent être déblayés ou damés.

## Sentiers et pistes multifonctionnels

Développement des loisirs de plein air, recherche de l'économie, souci du partage et, pourquoi pas, droit de chacun d'occuper le territoire, une ou toutes ces raisons conduisent à une réalité en développement : les sentiers et pistes multifonctionnels. Contrairement à un sentier *polyvalent* où plusieurs activités peuvent s'y pratiquer mais à des saisons différentes, un sentier *multifonctionnel* héberge simultanément deux activités, parfois plus. Ainsi, on peut retrouver un sentier où se pratique à la fois la raquette et le ski nordique, ou encore la marche hivernale et le ski de fond. Dans certains cas, heureusement très rares, on peut être amené à côtoyer des chevaux ou des motoneiges. Cela devient préoccupant lorsque des activités à déplacement lent, comme la marche et la raquette, se pratiquent sur la même piste que des activités à déplacement rapide. Les risques d'accident s'en trouvent alors augmentés.

La Fédération québécoise de la marche ne donne aucun support à l'aménagement de sentiers ou pistes multifonctionnels mais, n'étant pas propriétaires des lieux répertoriés, pas plus que juges de leur utilisation, nous avons opté pour le respect des réalités et de la perception des intervenants, ainsi que pour le degré de responsabilité et de convivialité de chacun. L'utilisation d'un sentier multifonctionnel par un adepte de raquette ou de marche hivernale ne nous apparaît pas, dans la majorité des cas, comme la meilleure façon de découvrir la nature. De toute façon, elle nécessite de sa part une plus grande vigilance, garantissant sa sécurité, mais l'empêchant d'apprécier pleinement son expérience.

## Précautions

Quels que soient l'attention et les soins apportés à rendre les lieux de raquette et de marche hivernale plus accessibles et sécuritaires, le pratiquant restera toujours le principal responsable de la qualité de sa promenade ou de sa randonnée. Sa préparation et sa planification devront être proportionnels à sa capacité physique et au caractère plus ou moins sauvage de la destination choisie. Il devra aussi, à l'occasion, se montrer attentif aux autres usages des lieux qu'il fréquente, et prudent face au partage dont nous parlions précédemment. Finalement, nos hivers étant souvent capricieux, il devra porter une attention particulière aux conditions climatiques et aux prévisions météo.

### Avertissement

L'inscription dans ce recueil ne donne aucun droit au pratiquant de raquette ou de marche hivernale de se rendre effectivement sur les lieux répertoriés si les gestionnaires ou les personnes en autorité sur ces lieux en ont, depuis, interdit ou limité l'accès. Des événements à caractère naturel ou autre peuvent aussi être survenus et avoir rendu certaines des informations transmises inexactes ou périmées. N'hésitez pas à vous informer aux numéros de téléphone apparaissant à la fin de chaque lieu si vous désirez effectuer une vérification.

# Pour bien utiliser ce répertoire

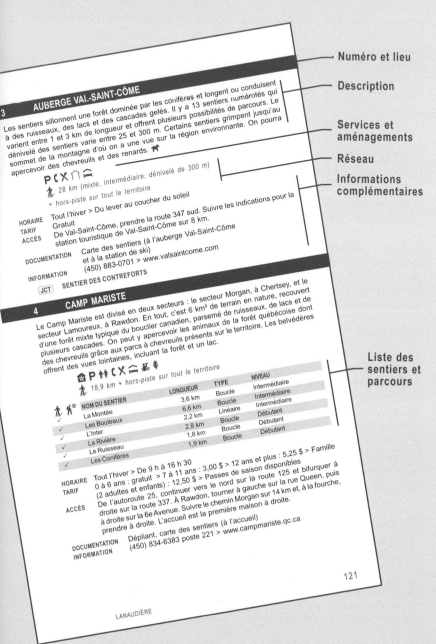

Numéro et lieu

Description

Services et aménagements

Réseau

Informations complémentaires

Liste des sentiers et parcours

**3  AUBERGE VAL-SAINT-CÔME**

Les sentiers sillonnent une forêt dominée par les conifères et longent ou conduisent à des ruisseaux, des lacs et des cascades gelés. Il y a 13 sentiers numérotés qui varient entre 1 et 3 km de longueur et offrent plusieurs possibilités de parcours. Le dénivelé des sentiers varie entre 25 et 300 m. Certains sentiers grimpent jusqu'au sommet de la montagne d'où on a une vue sur la région environnante. On pourra apercevoir des chevreuils et des renards.

P C X ∩ ⌂

28 km (mixte, intermédiaire, dénivelé de 300 m)
+ hors-piste sur tout le territoire

HORAIRE      Tout l'hiver > Du lever au coucher du soleil
TARIF        Gratuit
ACCÈS        De Val-Saint-Côme, prendre la route 347 sud. Suivre les indications pour la
             station touristique de Val-Saint-Côme sur 8 km.
DOCUMENTATION Carte des sentiers (à l'auberge Val-Saint-Côme
             et à la station de ski)
INFORMATION  (450) 883-0701 > www.valsaintcome.com

JCT  SENTIER DES CONTREFORTS

**4  CAMP MARISTE**

Le Camp Mariste est divisé en deux secteurs : le secteur Morgan, à Chertsey, et le secteur Lamoureux, à Rawdon. En tout, c'est 6 km² de terrain en nature, recouvert d'une forêt mixte typique du bouclier canadien, parsemé de ruisseaux, de lacs et de plusieurs cascades. On peut y apercevoir les animaux de la forêt québécoise dont des chevreuils grâce aux parcs à chevreuils présents sur le territoire. Les belvédères offrent des vues lointaines, incluant la forêt et un lac.

P ⚲ C X ⌂ ⚑

18,9 km + hors-piste sur tout le territoire

| NOM DU SENTIER | LONGUEUR | TYPE | NIVEAU |
|---|---|---|---|
| La Montée | 3,6 km | Boucle | Intermédiaire |
| Les Bouleaux | 6,6 km | Boucle | Intermédiaire |
| L'Inter | 2,2 km | Linéaire | Débutant |
| La Rivière | 2,8 km | Boucle | Débutant |
| Le Ruisseau | 1,8 km | Boucle | Débutant |
| Les Conifères | 1,9 km | Boucle | |

HORAIRE      Tout l'hiver > De 9 h à 16 h 30
TARIF        0 à 6 ans : gratuit  > 7 à 11 ans : 3,00 $ > 12 ans et plus : 5,25 $ > Famille
             (2 adultes et enfants) : 12,50 $ > Passes de saison disponibles
ACCÈS        De l'autoroute 25, continuer vers le nord sur la route 125 et bifurquer à
             droite sur la route 337. À Rawdon, tourner à gauche sur la rue Queen, puis
             à droite sur la 6e Avenue. Suivre le chemin Morgan sur 14 km et, à la fourche,
             prendre à droite. L'accueil est la première maison à droite.
DOCUMENTATION Dépliant, carte des sentiers (à l'accueil)
INFORMATION  (450) 834-6383 poste 221 > www.campmariste.qc.ca

121

LANAUDIÈRE

Les lieux répertoriés sont présentés par région touristique. Vous trouverez donc 20 sections.

Chaque lieu peut comporter les éléments suivants :

**NUMÉRO**  Il réfère au même numéro apparaissant sur la carte de la région, permettant de localiser le lieu.

**LIEU**  Le nom du lieu est orthographié tel que le gestionnaire nous l'a transmis.

**⚐**  Tronçon ou lieu comportant un tronçon du Sentier national.

## Description

Elle présente brièvement et objectivement ce qui caractérise le lieu. Aucune interprétation subjective des paysages n'est faite. Ainsi, on n'utilisera pas de qualificatifs tels que *magnifique, le plus beau* ou *panorama à couper le souffle*. L'appréciation des lieux est laissée aux marcheurs.

**🐕**  Chiens autorisés à accompagner leur maître dans le lieu ou une partie du lieu.

Notez que tous les chiens doivent être tenus en laisse. Même si vous considérez avoir un contrôle absolu de votre chien et que celui-ci est très doux, le marcheur que vous rencontrez l'ignore. Il peut avoir peur des chiens ou tout simplement ne pas les aimer. Le confort du marcheur est plus important que celui de votre chien. De plus, vous devez ramasser ses excréments et demeurez responsable de tout dégât qu'il pourrait causer.

Lorsque ce pictogramme n'apparaît pas, vous devez comprendre qu'il s'agit d'une interdiction formelle de faire entrer votre chien dans ce lieu.

**★**  Note mettant en évidence un attrait particulier du lieu.

**⚠**  Note d'avertissement.

## Services et aménagements

Ils se trouvent à l'intérieur des limites officielles du lieu ou à l'entrée du lieu. La présence d'un pictogramme indique qu'on trouve cet aménagement ou ce service à au moins un endroit dans le lieu.

**Pavillon d'accueil :** il s'agit d'un bâtiment dans lequel le public peut entrer. Il y trouvera, selon le cas, un comptoir avec une personne préposée aux renseignements, un présentoir de dépliants ou des informations affichées. Dans certains cas, un commerce peut avoir été désigné pour servir d'accueil.

**Point d'accueil :** il s'agit d'un point d'accueil où le public n'entre pas. Ce peut être une guérite avec une personne préposée aux renseignements et à la perception des frais d'accès, un aménagement extérieur comportant diverses informations affichées ou tout simplement un panneau indiquant le nom du lieu.

**Stationnement**

**Toilettes :** il peut s'agir de toilettes fonctionnant à l'eau ou de toilettes sèches, communément appelées « bécosses ».

**Téléphone public**

**Restauration :** il peut s'agir d'un restaurant, d'une cafétéria ou d'une cantine, mais pas de machines distributrices.

**Épicerie :** il peut s'agir d'un marché d'alimentation ou d'un dépanneur, mais pas de machines distributrices.

**Abri :** il s'agit d'un endroit où l'on peut s'abriter de la pluie ou du vent. Ce peut être un bâtiment fermé mais non chauffé, ou une construction comportant un toit avec ou sans murs.

**Abri chauffé :** il s'agit d'un bâtiment fermé équipé d'un poêle à bois ou d'un autre moyen de chauffage. Dans certains cas, le feu n'est pas entretenu mais du bois coupé est mis à la disposition des randonneurs.

**Hébergement :** il peut s'agir d'une auberge, d'un hôtel, d'un motel, d'un gîte ou d'un chalet.

**Refuge :** il s'agit d'un bâtiment fermé plus ou moins aménagé dans lequel le randonneur peut passer la nuit. Il se situe en bordure ou près d'un sentier. Généralement, on ne peut s'y rendre qu'à pied.

**Tente prospecteur :** il s'agit d'un refuge fabriqué de toile épaisse et résistante aux intempéries.

**Camping d'hiver :** il s'agit d'un emplacement désigné où l'on peut monter sa tente. Les services à proximité peuvent être absents ou limités.

**Appentis (lean-to) :** il s'agit d'une construction rudimentaire constituée d'un toit et de trois murs, et dans laquelle on peut passer la nuit.

**Igloo :** il s'agit d'une construction faite de blocs de neige et dans laquelle on peut passer la nuit.

**Belvédère :** il s'agit d'une construction donnant accès à un point de vue. Les belvédères naturels ne sont pas identifiés.

**Tour d'observation :** il s'agit d'une construction en hauteur donnant accès à un point de vue.

**Pont suspendu :** il s'agit d'un pont piétonnier dont le tablier est supporté par des câbles.

**Passerelle :** il s'agit d'un pont piétonnier étroit dont les deux extrémités du tablier sont posées sur des bases solides.

**Centre d'interprétation :** il s'agit d'une construction où sont rassemblés divers documents donnant des explications sur divers éléments de la nature ou de l'histoire présents dans le lieu.

**Interprétation de la nature :** il peut s'agir de panneaux situés en bordure d'un sentier ou d'un parcours, ou d'un document explicatif sur un ou plusieurs éléments reliés aux sciences naturelles.

**Interprétation historique :** il peut s'agir de panneaux situés en bordure d'un sentier ou d'un parcours, ou d'un document explicatif sur un ou plusieurs éléments reliés à des faits ou à des événements du passé.

**Service de navette :** il s'agit d'un service où le transport des randonneurs est fourni pour se rendre à l'entrée d'un sentier ou pour en revenir. Dans certains cas, le service consiste à conduire la voiture du randonneur à l'autre extrémité du sentier. Des frais s'ajoutent pour ce service.

**Transport de bagages :** il s'agit d'un service où le pourvoyeur transporte les bagages du randonneur d'un point à l'autre. Le randonneur ne porte que son sac à dos d'un jour, son équipement pour dormir et manger ayant été déposé sur les lieux où il passera la nuit. Des frais s'ajoutent pour ce service.

**Location de raquettes :** le randonneur trouvera dans le lieu une boutique de location de raquettes.

## Réseau

Pour chacune des activités, on indique la longueur totale des sentiers et parcours. Lorsqu'un lieu ne comporte qu'un seul sentier ou parcours, ou lorsqu'il n'est pas justifié de donner les détails, on indique entre parenthèses, après la longueur totale, le type général du réseau, ainsi que le niveau de difficulté et parfois le dénivelé.

 **Raquette :** les sentiers doivent, au minimum, être balisés.

 **Marche hivernale :** les sentiers doivent être déblayés ou damés.

*Hors-piste* Cela indique qu'il est permis de circuler en raquettes en dehors des sentiers. Ce peut être sur tout le territoire ou sur une partie seulement.

*Multi* Cela indique que des sentiers ou portions de sentiers sont partagés avec le ski de fond ou nordique.

## Liste des sentiers et parcours

Lorsqu'un lieu comporte plusieurs sentiers, ceux-ci sont détaillés.

🏃 🚶❄ On indique l'usage du sentier : raquette ou marche hivernale.

NOM DU SENTIER    Il est indiqué tel que le gestionnaire nous l'a transmis.

LONGUEUR    Distance aller seulement pour un sentier ou parcours linéaire, totale pour un sentier ou parcours en boucle. La longueur n'est pas calculée à partir de l'accueil, mais correspond uniquement au sentier ou parcours nommé, quel que soit l'endroit où il débute.

TYPE    « Boucle » pour un tracé qui revient à son point de départ.

« Linéaire » pour un tracé menant d'un point à un autre, obligeant la personne à revenir sur ses pas ou à prendre un autre tracé pour revenir à son point de départ.

« Mixte » pour un tracé ou les deux formes se retrouvent dans des longueurs ne justifiant pas de les traiter séparément.

NIVEAU    Il y a trois niveaux de difficultés : débutant, intermédiaire et avancé. Les niveaux indiqués dans ce recueil ne découlent pas de critères appliqués à l'échelle du Québec, mais plutôt de la perception du gestionnaire quant à la difficulté relative des tracés situés dans un lieu. Ainsi, un sentier de niveau « Débutant » en Gaspésie pourra être plus exigeant qu'un sentier de niveau « Avancé » à Laval. L'information du niveau de difficulté dans ce recueil n'est donc qu'indicative.

DÉNIVELÉ    Il s'agit de l'écart entre le point le plus bas et le point le plus haut sur un sentier ou parcours. C'est un bon indicatif pour estimer la difficulté d'un sentier. Ainsi, un dénivelé de 300 m sur un sentier de 1 km indique une pente raide. Par contre, le même dénivelé sur un sentier de 10 km indique une pente douce ou en paliers.

## Informations complémentaires

HORAIRE    Même si nous savons que plusieurs lieux sont ouverts toute l'année et en tout temps, on n'indique ici que la période où le public peut accéder au lieu pendant la période hivernale. Ainsi, on peut y retrouver des dates, des mois, des heures ou l'indication « du lever au coucher du soleil ». L'information ne touche pas les personnes séjournant déjà dans l'enceinte du lieu.

TARIF    Il s'agit des frais demandés à chaque personne pour accéder à certains lieux, les autres étant gratuits. Les frais peuvent varier selon l'âge et l'activité pratiquée. Des frais peuvent s'ajouter pour d'autres activités et services offerts dans le lieu, comme par exemple pour un camping, une navette ou une visite guidée.

Note : au moment de votre visite, certains prix ou informations inscrits dans le présent recueil pourraient avoir changé.

**ACCÈS**  C'est la description du chemin le plus simple pour se rendre à l'entrée du lieu. Si plusieurs voies d'accès sont possibles, on peut en décrire deux ou trois.

**Transport public >** Cette information n'apparaît que pour les régions de Laval, Montréal et Québec. Nous avons choisi comme point de départ un terminus ou une station de métro. Pour d'autres options, vous pouvez communiquer avec les réseaux de transport concernés :

*Laval :* Société de transport de Laval (STL)
(450) 688-6520
www.stl.laval.qc.ca

*Montréal :* Société de transport de Montréal (STM)
(514) 786-4636
www.stm.info/index.htm

*Québec :* Réseau de Transport de la Capitale (RTC)
(418) 627-2511
www.rtcquebec.ca

**DOCUMENTATION**  Cela peut être des cartes, des dépliants ou des brochures. Selon la nature des documents, ils peuvent être donnés, prêtés ou vendus. On indique entre parenthèses l'endroit où se les procurer.

Note : plusieurs documents sont disponibles également aux bureaux de la Fédération québécoise de la marche.

**INFORMATION**  Pour obtenir plus de détails sur le lieu, on indique un ou deux numéros de téléphone, ainsi que le site Web. L'adresse de courrier électronique n'est indiquée que dans les cas où il n'y a pas de site Web.

JCT  Il s'agit de l'indication d'une connexion avec un autre lieu de raquette ou de marche hivernale. Le randonneur aura donc ainsi la possibilité de prolonger son excursion.

# Appel aux lecteurs

Même si cet ouvrage a été préparé avec le plus grand soin, il n'est pas à l'abri des omissions, des erreurs ou des lacunes. La collaboration que nous ont apportée les adeptes de raquette et de marche hivernale a été très appréciée.

Nous souhaitons maintenant que toutes les personnes qui utiliseront la présente publication aient à cœur le même intérêt de nous informer de ce qu'elles constateront dans les lieux visités, que cela concerne l'aménagement, l'entretien, le balisage ou les services disponibles dans le lieu. Leurs commentaires sur ce recueil seront également bienvenus.

Toutes les informations que vous nous ferez parvenir, de même que les documents que vous pourrez y joindre, seront classés dans chacun des dossiers des lieux concernés et nous serviront à préparer une prochaine édition et à orienter nos futures validations.

Ce recueil est un outil pour vous, adeptes de la raquette et de la marche hivernale, et la Fédération québécoise de la marche, qui a créé les Éditions Bipède pour diffuser l'information, est convaincue qu'il deviendra, à l'image du Répertoire des lieux de marche au Québec, LA référence d'identification des ressources existantes au Québec pour la pratique de la raquette et de la marche hivernale.

Pour tout envoi ou correspondance :

Éditions Bipède
Fédération québécoise de la marche
Case postale 1000, succursale M
Montréal (Québec)  H1V 3R2
editionsbipede@fqmarche.qc.ca

# Les régions touristiques du Québec

1 Abitibi-Témiscamingue
2 Bas-Saint-Laurent
3 Cantons-de-l'Est
4 Centre-du-Québec
5 Charlevoix
6 Chaudière-Appalaches
7 Duplessis
8 Gaspésie
9 Îles-de-la-Madeleine
10 Lanaudière

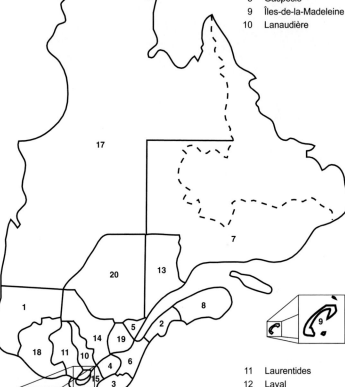

11 Laurentides
12 Laval
13 Manicouagan
14 Mauricie
15 Montérégie
16 Montréal
17 Nord-du-Québec — Baie-James
18 Outaouais
19 Québec
20 Saguenay — Lac-Saint-Jean

Abitibi-Témiscamingue

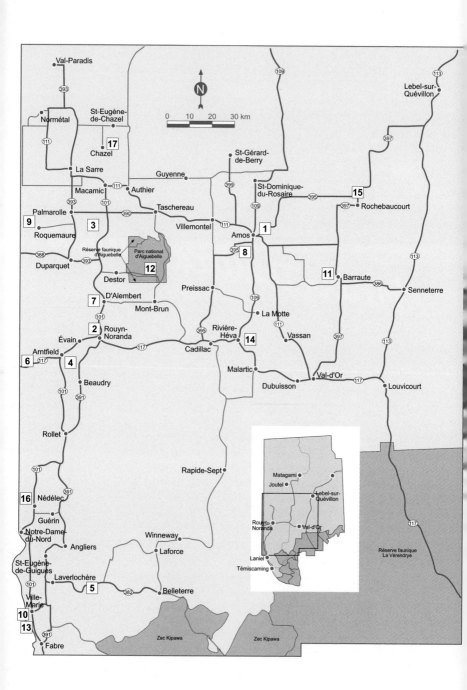

## 1   AMOS CHEF-LIEU DE L'ABITIBI

Amos, située à la jonction de la rivière Harricana et du chemin de fer Transcontinental, est la première ville de l'Abitibi. Le circuit d'interprétation débute près de la rivière Harricana et fait découvrir l'histoire de la ville grâce à ses principaux sites et bâtiments représentant le patrimoine. On retrouvera 16 panneaux d'interprétation historique répartis sur 8 stations thématiques. 🐴

**✶ P ⛷**

🚶* 4 km (linéaire, débutant)

HORAIRE    Tout l'hiver > Du lever au coucher du soleil
TARIF      Gratuit
ACCÈS      Le circuit d'interprétation est situé en plein cœur d'Amos. Le départ s'effectue sur le boulevard Mercier, au croisement de la rivière Harricana et de la voie ferrée.

DOCUMENTATION   Guide (à la maison de la culture et à la maison du tourisme)
INFORMATION     (819) 732-6070 > www.societehistoireamos.com

## 2   CIRCUITS D'INTERPRÉTATION HISTORIQUE DE ROUYN-NORANDA

La ville de Noranda fut créée en 1926 par la compagnie minière Noranda Mines Limited, à la suite de la découverte d'un gisement d'or et de cuivre. Le Vieux-Noranda fut le premier quartier de cette ville, témoin d'une ruée vers l'or, qui accueillit des immigrants de divers pays d'Europe. Ce circuit permet de découvrir l'histoire du « pays de l'or » à travers 25 panneaux répartis sur 13 stations. On verra, entre autres, le site historique de la Maison Dumulon, comprenant un magasin général, un bureau de poste et une résidence familiale de cette époque. 🐴

**✶ P 👫 ⊂ ⛷**

🚶* 3,3 km (mixte, débutant)

HORAIRE    Tout l'hiver > Du lever au coucher du soleil
TARIF      Gratuit
ACCÈS      On accède au circuit d'interprétation au cœur même de la ville de Rouyn-Noranda. Le départ s'effectue à partir de la Maison Dumulon.

INFORMATION     (819) 797-7101 > www.rouyn-noranda.ca

## 3   CLUB SKINORAMIK

Les sentiers, situés au bas de la montagne, sillonnent une forêt composée, entre autres, de trembles, de bouleaux, de cèdres, d'épinettes et de sapins. Ils grimpent sur la montagne jusqu'à deux belvédères et une tour d'observation, offrant des vues sur d'autres montagnes, sur les municipalités avoisinantes et, par temps clair, sur le lac Macamic. On pourra apercevoir des renards, des lièvres, des perdrix et des traces d'orignaux. Fait étonnant, on verra parfois des castors. 🐴 *Autorisé sur les sentiers de marche hivernale seulement*

**🏠 P 👫 ✕ 🏚 🚞 ▯**

🚶 8 km + hors-piste sur tout le territoire          🚶* 4 km

| 🚶 🎿* | NOM DU SENTIER | LONGUEUR | TYPE | NIVEAU |
|---|---|---|---|---|
| ✓ | Passe-pied | 4,0 km | Linéaire | Intermédiaire |
| ✓ | Sentier-Est | 4,5 km | Linéaire | Intermédiaire |
| ✓ | Sentier-Sud | 3,5 km | Linéaire | Intermédiaire |

HORAIRE    De décembre à avril > Du lever au coucher du soleil
TARIF      Adulte : 2,50 $
ACCÈS      De Rouyn-Noranda, emprunter la route 101 en direction nord. Tourner à gauche sur le chemin des 1er et 10e Rangs, et à droite sur la route du 1er au 2e Rang. Tourner encore à droite sur le chemin des 2e et 3e Rangs. Le club Skinoramik se trouve au bout de ce chemin.

DOCUMENTATION    Dépliant (à l'accueil)
INFORMATION      (819) 787-6168 > (819) 333-7201 > bernjob@hotmail.com

## 4 COLLINES KÉKÉKO

Le massif des collines Kékéko, d'une superficie de 32 km², est recouvert par une forêt pratiquement vierge, composée de pins gris, de pins blancs et de feuillus. On longera et traversera des cours d'eau, on passera sur des barrages de castors et on gravira des collines offrant plusieurs points de vue panoramique. On parcourra plusieurs escarpements rocheux. Au bout du sentier des Crevasses, on trouvera une formation géologique particulière : un labyrinthe minéral, plein de crevasses, murailles et abris sous roches. Le sentier des Remparts longe une muraille composée de sédiments d'origine glaciaire datant de près de 2 milliards d'années. On verra une statuette de la Vierge Marie sur le sentier Despériers. Des cours d'eau gelés et des cascades agrémentent le parcours. 🐾

🚶 37,8 km

| 🚶 🎿* | NOM DU SENTIER | LONGUEUR | TYPE | NIVEAU | DÉNIVELÉ |
|---|---|---|---|---|---|
| ✓ | Sentier des Remparts | 1,6 km | Linéaire | Intermédiaire | |
| ✓ | Sentier du Réflecteur | 0,5 km | Linéaire | Intermédiaire | 125 m |
| ✓ | Sentier panoramique Despériers | 2,2 km | Boucle | Débutant | |
| ✓ | Sentier du Trappeur, boucle 1 et 2 | 9,7 km | Boucle | Avancé | 50 m |
| ✓ | La Transkékéko | 18,0 km | Linéaire | Avancé | |
| ✓ | Sentier de la Falaise | 2,3 km | Linéaire | Débutant | 80 m |
| ✓ | Sentier du Ruisseau | 1,7 km | Linéaire | Débutant | |
| ✓ | Ligne du prospecteur | 1,2 km | Linéaire | Débutant | |
| ✓ | Sentier des Crevasses | 0,6 km | Linéaire | Intermédiaire | |

HORAIRE    Tout l'hiver > Du lever au coucher du soleil
TARIF      Gratuit
ACCÈS      De Rouyn-Noranda, prendre la route 391 sud sur 11 km. Un premier accès, non-annoncé, se trouve à l'entrée du sentier du Trappeur. Un deuxième accès se trouve 1 km plus loin.

DOCUMENTATION    Carte des sentiers (sur le site Web)
INFORMATION      (819) 762-0931 poste 1184 > www.cegepat.qc.ca/sitekekeko

## 5 DOMAINE DE LA BAIE GILLIES

Ce domaine, situé sur les rives du lac des Quinze, a une superficie de 283 hectares. Les sentiers passent à travers le boisé et conduisent au sommet d'une colline, d'où on a une vue sur la baie et le paysage environnant. 🐎

🏠 P 👫 🅲 🏠 🌿

🎿 13 km

|  | NOM DU SENTIER | LONGUEUR | TYPE | NIVEAU | DÉNIVELÉ |
|---|---|---|---|---|---|
| ✓ | Les Étangs | 3 km | Boucle | Débutant | |
| ✓ | Le Sommet | 2 km | Boucle | Débutant | 75 m |
| ✓ | La Vallée des Schtroumpfs | 3,5 km | Boucle | Débutant | |
| ✓ | La Gravière | 4,5 km | Boucle | Débutant | |

HORAIRE  Tout l'hiver > De 9 h à 17 h
TARIF  Adulte : 4,00 $ > Enfant : 2,00 $ > Tarifs spéciaux pour famille
ACCÈS  De la route 101 à Ville-Marie, prendre la route 382 est. Dépasser Fugèreville et tourner au chemin de la Baie Gillies.

INFORMATION  (819) 747-2548 > www.temiscamingue.net/domaine.baiegillies

## 6 LA YOL

Cette piste, située en montagne, débute au centre de ski alpin du mont Kanasuta. Le milieu forestier est composé, entre autres, de trembles, de bouleaux, d'épinettes et de pins gris. La rive du lac Entremont permet de voir la station de pompage pour les canons à neige fabriquée. On passera par des zones pierreuses comme la Caillasse d'enfer, une allée d'éboulis chaotique. On apercevra des vestiges historiques de l'occupation des garde-feu comme une ancienne tour et un segment de ligne télégraphique. Le parcours est agrémenté de plusieurs panoramas dont un sur le contour des collines Kékéko et un autre de 180 degrés offrant une vue sur l'archipel des îles du lac Dasserat. 🐎

✳ P

🎿 7 km (boucle, intermédiaire, dénivelé de 170 m)

HORAIRE  Tout l'hiver > Du lever au coucher du soleil
TARIF  Gratuit
ACCÈS  De Rouyn-Noranda, suivre la route 117 nord (en direction de l'Ontario) sur une dizaine de kilomètres et tourner à droite sur le chemin du Club de ski Kanasuta. L'entrée du sentier est un peu plus loin sur ce chemin.

INFORMATION  1 800 808-0706 > (819) 279-2333
www.ville.rouyn-noranda.qc.ca/kanasutatrek

## 7 LES COLLINES D'ALEMBERT

Les collines d'Alembert, situées près de Rouyn-Noranda, offrent un territoire avec une vue panoramique, des escarpements et des cours d'eau gelés. Sur le sentier des Mésanges, ces oiseaux viennent manger dans la main. Le sentier de la Griffe est en montagne et fait passer à travers un tunnel dans la roche. On peut voir un barrage de castor et son environnement sur le sentier des Castors. En parcourant le sentier des Grottes, on peut apercevoir plusieurs petites grottes et on sera salué par un personnage au regard de pierre. On pourra également observer le phénomène de lave coussinée. Fait particulier, les sentiers sont balisés avec des inukshuks. 🐎

★ P 🪑 🌿
🚶 5,2 km

| 🚶 | 🎿* | NOM DU SENTIER | LONGUEUR | TYPE | NIVEAU | DÉNIVELÉ |
|---|---|---|---|---|---|---|
| ✓ | | Sentier des Mésanges | 0,5 km | Mixte | Débutant | |
| ✓ | | Sentier de la Griffe | 1,5 km | Mixte | Intermédiaire | 75 m |
| ✓ | | Retour en montagne | 0,2 km | Linéaire | Débutant | |
| ✓ | | Sentier des Grottes | 1,5 km | Linéaire | Intermédiaire | 60 m |
| ✓ | | Sentier des Castors | 1,4 km | Linéaire | Intermédiaire | |
| ✓ | | Sentier du Quartz | 0,1 km | Linéaire | Débutant | |

HORAIRE    Tout l'hiver > Du lever au coucher du soleil
TARIF    Gratuit
ACCÈS    De Rouyn-Noranda, prendre la route 101 en direction nord sur une distance de 15 km.

DOCUMENTATION    Carte (au bureau du quartier D'Alembert, au kiosque d'information touristique, au bureau du CLD et à l'hôtel de ville)
INFORMATION    (819) 797-0007 > (819) 797-7111 > www.ville.rouyn-noranda.qc.ca

## 8    LES PIEDS FARTÉS D'AMOS

Ce réseau de sentiers est sur un terrain au relief vallonné. La partie boisée est composée de bouleaux, d'épinettes et d'une pinède, forêt de pins gris. On se promène sur l'esker Saint-Mathieu-Lac-Berry, à travers lequel l'eau du lac s'écoule et alimente ainsi la ville d'Amos. Cette eau a été décrétée meilleure au monde en 2001. On apercevra des lièvres et des perdrix. On aura une vue sur l'usine d'embouteillage d'eau et, par temps clair, sur les environs d'Amos. 🐎

🏠 P 👫 ( X ⛺ 🏑🎿    *Autre : vestiaire avec douches*
🚶 *11,6 km + hors-piste sur tout le territoire*

| 🚶 | 🎿* | NOM DU SENTIER | LONGUEUR | TYPE | NIVEAU |
|---|---|---|---|---|---|
| ✓ | | Sentier vert | 4,2 km | Mixte | Débutant |
| ✓ | | Sentier bleu | 3,6 km | Mixte | Intermédiaire |
| ✓ | | Sentier noir | 3,8 km | Mixte | Avancé |

HORAIRE    De mi-décembre à mi-avril > De 10 h à 16 h
TARIF    Adulte : 2,00 $ > Passe familiale de saison : 20,00 $
ACCÈS    D'Amos, emprunter la route 395 sud sur 7 km. Suivre les indications pour le camp Dudemaine.

DOCUMENTATION    Carte des sentiers (à l'accueil)
INFORMATION    (819) 732-8453 > www.cableamos.com/piedsfartesamos

## 9    MARAIS ANTOINE

Ce marais, aménagé en bordure du lac Abitibi par Canards illimités, a une superficie de 2,8 km². Outre le marais lui-même, où on peut voir des quenouilles et des huttes de rats musqués et de castors, on retrouve une forêt composée d'épinettes noires, de trembles, de bouleaux et de quelques mélèzes. On verra des escaliers qu'on pourra contourner pour gravir une colline. Au sommet, un promontoire aménagé sur un cap rocheux offre une vue sur le marais, sur le lac Abitibi et sur le barrage maintenant le niveau de l'eau. On pourra apercevoir des oiseaux, des renards et des traces de belettes. 🐎

**✶P**

🎿 *Hors-piste sur tout le territoire*

HORAIRE   Tout l'hiver > Du lever au coucher du soleil
TARIF     Gratuit
ACCÈS     De Rouyn-Noranda, suivre la route 101 nord sur une quarantaine de kilomètres. Tourner à gauche vers Roquemaure. L'entrée du sentier se situe à 6 km à l'ouest de Roquemaure sur le chemin des 2e et 3e Rangs.

DOCUMENTATION   Dépliant (à la municipalité de Roquemaure et au bureau d'information touristique)
INFORMATION     (819) 787-6311 > munroc@hotmail.com

## 10   MARAIS LAPERRIÈRE

Le marais est utilisé pour la raquette l'hiver. Il est situé dans une vallée encadrée de montagnes. Autour du marais, on retrouve des zones boisées composées en majorité de frênes, mais aussi de bouleaux et de conifères. Des nichoirs permettent d'observer quelques oiseaux. 🐦

**✶P🎬**

🎿 *Hors-piste sur tout le territoire*

HORAIRE   De décembre à mars > Du lever au coucher du soleil
TARIF     Gratuit
ACCÈS     De Ville-Marie, prendre la rue Notre-Dame Sud sur 2,4 km.

INFORMATION   (819) 629-2522 > www.temiscaming.net

## 11   MONT VIDÉO

Un réseau de sentiers permet de faire le tour de la colline et de la gravir. Un sentier grimpe jusqu'au sommet grâce à 210 marches aux endroits les plus escarpés. On retrouve au sommet des panneaux sur la géomorphologie de la montagne et un belvédère offrant une vue sur 100 km incluant le lac Roy, une station de ski et les villes avoisinantes dont Amos. Le sentier du ruisseau est un sentier d'interprétation de la nature avec 20 petites stations. On y verra une chute de 3 m qui ne gèle pas. Un autre sentier permet de voir les phénomènes de failles et de marmites. La forêt est composée de sections de conifères et de sections de feuillus comme l'érable, le tremble et le bouleau. On pourra y apercevoir des lièvres, des perdrix, des martres, des écureuils, des suisses et, avec de la chance, des orignaux ou des lynx. 🐦

**🎫P👫⌓✗🛏🔥🌲🎍⛲**

🎿 *5,9 km + hors-piste sur tout le territoire*   🚶*⁕11,9 km*   **Multi 8,5 km**

| 🎿 | 🚶⁕ | NOM DU SENTIER | LONGUEUR | TYPE | NIVEAU | DÉNIVELÉ |
|----|----|----|----|----|----|----|
| ✓ | ✓ | Ascension de la montagne | 3,4 km | Boucle | Intermédiaire | 105 m |
|   | ✓ | Tour de la montagne | 8,5 km | Boucle | Débutant | |
| ✓ |   | La Blanche Vallée | 2,5 km | Boucle | Intermédiaire | 70 m |

HORAIRE   Tout l'hiver > Du lever au coucher du soleil
TARIF     Gratuit
ACCÈS     De Val-d'Or, prendre la route 397 nord jusqu'à Barraute. Emprunter ensuite le chemin du Mont-Vidéo sur 12 km environ. On accède aux sentiers en empruntant la piste de ski principale sur environ 100 m, puis en se dirigeant à gauche pour franchir le portillon.

DOCUMENTATION   Carte des sentiers (au chalet d'accueil)
INFORMATION     (819) 734-3193 > 1 866 734-3193 > www.montvideo.com

Ce parc, d'une superficie de 268 km², est peuplé par l'épinette noire et le sapin baumier, ainsi que le bouleau jaune et le frêne noir qui sont plus rares. Il est caractérisé par la chaîne de collines Abijévis, dont les formations rocheuses datent de plus de 2,7 milliards d'années. Le Castor grimpe une colline où on verra des traces de la martre d'Amérique. La Loutre mène à la faille du lac La Haie, où on verra une passerelle de 64 m, suspendue à 22 m au-dessus du lac, et des escarpements rocheux. On pourra apercevoir des orignaux et des pistes de tétras, ainsi que plusieurs barrages de castors. On verra les marques du passage des glaciers et celles de la présence du lac post-glaciaire qui inondait toute la région, ainsi que des phénomènes géologiques et géomorphologiques comme les marmites de géant.

🏠 P ♟ ⛄ ⌂ 🏠 ⛷ 🛷 🛷 💼 ¶🍴 *Autre :* location de traîneau

*Note :* les refuges ne sont pas accessibles en voiture et l'eau potable n'est pas disponible

🎿 12,9 km

| 🚶 🎿 | NOM DU SENTIER | LONGUEUR | TYPE | NIVEAU | DÉNIVELÉ |
|---|---|---|---|---|---|
| ✓ | Le Loup | 3,5 km | Linéaire | Intermédiaire | 150 m |
| ✓ | La Loutre | 5,3 km | Boucle | Débutant | |
| ✓ | Le Castor | 1,5 km | Boucle | Débutant | |
| ✓ | Le Lièvre | 2,6 km | Boucle | Débutant | |

HORAIRE    De janvier à début avril > De 8 h 30 à 16 h 30 (lundi au vendredi) > De 10 h à 15 h 30 (samedi et dimanche) > Horaire spécial durant la période des fêtes

TARIF    Adulte (18 ans et plus) : 3,50 $ > Enfant (6 à 17 ans) : 1,50 $ > Enfant (moins de 6 ans) : gratuit > Famille : 7,00 $ > Laissez-passer annuel pour un parc : 16,50 $/7,50 $ > Laissez-passer annuel pour l'ensemble des parcs nationaux du Québec : 30,00 $/15,00 $ > Autres tarifs disponibles

ACCÈS    De Rouyn-Noranda, emprunter la route 101 nord jusqu'à D'Alembert. Tourner à droite vers Saint-Norbert-de-Mont-Brun et suivre les indications pour le parc. L'hiver, le parc est accessible uniquement par le centre de services de Mont-Brun.

DOCUMENTATION    Journal du parc et cartes (à l'accueil et à la Fédération québécoise de la marche)

INFORMATION    (819) 637-7322 > 1 800 665-6527 > www.parcsquebec.com

Le sentier, situé sur un domaine d'environ 70 hectares, grimpe sur la montagne. On passera à travers une forêt composée, entre autres, de pins, d'épinettes rouges, de sapins et de cèdres. On atteindra deux belvédères, l'un offrant une vue sur le lac Témiscamingue et l'autre sur une partie de Duhamel-Ouest. Des mangeoires permettent d'observer quelques oiseaux. On pourra aussi apercevoir des lièvres.

P ⛄ ✗ 🛏 ⌂ ⛷ ¶🍴

🎿 2 km (boucle, intermédiaire, dénivelé de 200 m)

HORAIRE    Tout l'hiver > De 9 h à 16 h
TARIF    Gratuit
ACCÈS    De Ville-Marie, prendre la route 101 en direction sud sur environ 5 km. Tourner à droite sur le chemin du Vieux-Fort et suivre les indications.

DOCUMENTATION    Dépliant (à l'accueil)
INFORMATION    (819) 622-0922 > www.bannik.qc.ca

## 14    SENTIER DE LA NATURE DE RIVIÈRE-HÉVA

Ce réseau de sentiers sillonne une forêt composée de sapins, d'épinettes, de trembles, de bouleaux et de pins gris. On verra un étang à castors et, grâce à des mangeoires, on pourra observer plusieurs oiseaux comme des mésanges et des geais bleus. 🐕

✳P

🏃 *4 km (mixte, débutant) + hors-piste sur tout le territoire*

HORAIRE    Tout l'hiver > Du lever au coucher du soleil
TARIF    Gratuit
ACCÈS    De Malartic, suivre la route 117 nord sur un peu plus de 5 km et tourner à droite sur la rue du Lac-Malartic. Le stationnement est situé à 4,6 km.

INFORMATION    (819) 735-3521

## 15    SENTIER DES RAPIDES

Ce sentier est situé à proximité de Rochebaucourt. Au début du sentier, on retrouve un des trois ponts couverts de la région, le pont Les Chutes. On traverse ensuite un milieu sauvage le long de la rivière Laflamme jusqu'à un abri en bois rond. Le parcours est agrémenté par des chutes et des rapides. 🐕

✳P⌂

🏃 *3 km (linéaire, débutant)*

HORAIRE    Tout l'hiver > Du lever au coucher du soleil
TARIF    Gratuit
ACCÈS    De Val-d'Or, prendre la route 397 nord jusqu'à Rochebaucourt. Continuer après le village sur 3 km, tourner à droite sur le rang 9-10 Est et rouler encore 4 km. Le sentier se situe à gauche tout de suite après le pont couvert.

INFORMATION    (819) 754-5681 > (819) 754-2083

## 16    SENTIER ÉCOLOGIQUE DE NÉDÉLEC

Le sentier écologique de Nédélec permet d'admirer la nature. Le sentier sillonne un boisé de conifères et de feuillus dans lequel on peut apercevoir des renards, des perdrix et d'autres petits animaux sauvages. On peut aussi voir des affleurements rocheux. 🐕

✳P 🪑 🌿

🏃 *2 km (boucle, débutant) + hors-piste sur tout le territoire*

HORAIRE    Tout l'hiver > Du lever au coucher du soleil
TARIF    Gratuit
ACCÈS    De la route 101 à Nédélec, prendre la rue Principale. Le sentier débute derrière le centre des loisirs.

INFORMATION    (819) 784-3311 > municipalitenedelec@sympatico.ca

La randonnée débute sur un ancien chemin forestier traversant une forêt mixte. À mesure que l'on monte sur la montagne, les arbres cèdent la place à des affleurements rocheux. Au sommet, un belvédère et une tour d'observation offrent des vues sur les îles du lac Macamic et la région. On peut apercevoir des orignaux, des lièvres et des perdrix. Treize panneaux renseignent sur la faune et la flore. 🐾

🎋 👫 🏛 🛁 🌿

🎿 *1,7 km (mixte, débutant, dénivelé de 50 m) + hors-piste sur tout le territoire*

HORAIRE    Tout l'hiver > Du lever au coucher du soleil

TARIF    Gratuit

ACCÈS    D'Amos, prendre la route 111 nord. Dépasser la ville de Macamic de 5 km puis tourner à droite vers Chazel. Suivre les panneaux bleus sur environ 9 km.

INFORMATION    (819) 782-4604 poste 225 > villemacamic_gd@cablevision.qc.ca

Bas-Saint-Laurent

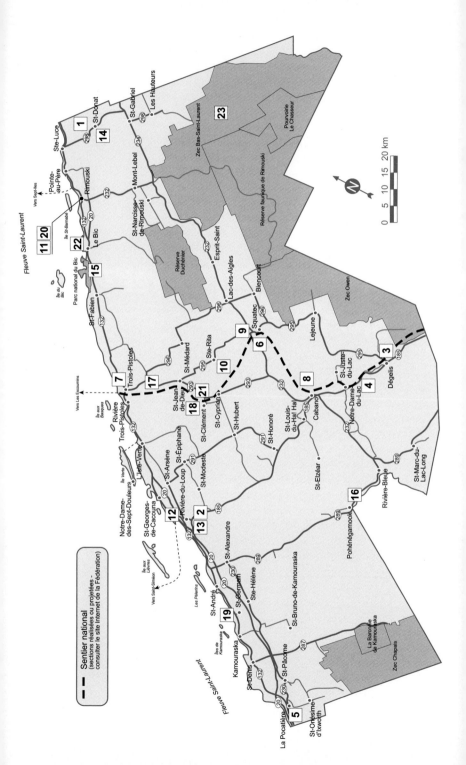

Fleuve Saint-Laurent

## 1  AU BOIS JOLI

Au Bois Joli est un territoire recouvert d'un boisé mixte dense, d'une superficie de 52 hectares, sur lequel on retrouve un lac. Les sentiers sillonent plusieurs secteurs dont ceux des Érables, du Petit gibier et de la Gélinotte. Le territoire est parsemé d'animaux en bois. 🐾

🏃 *7,4 km + hors-piste sur tout le territoire*     🚶※ *3,8 km*     **Multi** *5,9 km*

| 🏃 | 🚶※ | NOM DU SENTIER | LONGUEUR | TYPE | NIVEAU | DÉNIVELÉ |
|----|-----|----------------|----------|------|--------|----------|
| ✓ | ✓ | L'épinette blanche | 1,6 km | Linéaire | Débutant | |
| ✓ | | Le petit cayon | 1,2 km | Boucle | Débutant | |
| ✓ | | Le labyrinthe | 0,9 km | Boucle | Débutant | |
| ✓ | | La pente rude | 1,5 km | Linéaire | Intermédiaire | 85 m |
| ✓ | ✓ | La randonnée | 2,2 km | Boucle | Débutant | |

**HORAIRE**   Tout l'hiver > De 9 h à 21 h
**TARIF**   Adulte : 2,00 $
**ACCÈS**   De la route 132, prendre la route 298 vers Saint-Donat-de-Rimouski.

**DOCUMENTATION**   Dépliant-carte (à l'accueil)
**INFORMATION**   (418) 739-5073

## 2  CIRCUIT PATRIMONIAL RIVIÈRE-DU-LOUP

Le village de Fraserville changea de nom en 1919. Le nouveau nom provient de trois légendes : la venue d'un bateau nommé le Loup, une tribu amérindienne appelée les Loups et la présence de nombreux loups marins à l'embouchure de la rivière à l'époque. Le circuit patrimonial Rivière-du-Loup, situé au cœur de la ville, débute au bureau d'information touristique et se termine au manoir Fraser. Durant ce parcours, on verra plusieurs bâtiments ayant une valeur historique comme le premier hôpital de la ville, l'ancien bureau de poste et des églises. 🐾

🚶※ *6 km (mixte, débutant)*

**HORAIRE**   Tout l'hiver > Du lever au coucher du soleil
**TARIF**   Gratuit
**ACCÈS**   Le circuit patrimonial débute au bureau d'information touristique situé au 189, rue Hôtel-de-Ville, au centre-ville de Rivière-du-Loup.

**DOCUMENTATION**   Brochure « Au cœur des souvenirs »
(au bureau d'information touristique)
**INFORMATION**   (418) 862-1981 > www.tourismeriviereduloup.ca

[JCT]   PARC DES CHUTES

## 3  DÉGELIS 🏃

Ce tronçon du Sentier national mesure 9,7 km. Il commence au Centre de plein air Le Montagnais, à Dégelis, et se termine au Camping-plage de Dégelis. On passera par une érablière, une jeune forêt de sapins, une plantation d'épinettes de Norvège et une forêt mixte composée, entre autres, de bouleaux. Ce tronçon, tout en étant en pleine forêt, se caractérise par la proximité des installations de villégiature et de la civilisation. C'est ici que prend fin le Sentier national dans la région du Bas-Saint-Laurent. 🐾

**✳ P ♟ ( Ⅹ ⬮ ⌂**

🚶 *9 km (linéaire, avancé)*

HORAIRE Tout l'hiver > Du lever au coucher du soleil
TARIF Gratuit
ACCÈS De Dégelis, prendre la route 295 nord sur 2 km. L'entrée du sentier se trouve au camping municipal de Dégelis.
DOCUMENTATION Topo-guide Sentier national au Québec – Bas-Saint-Laurent
(en librairie et à la Fédération québécoise de la marche)
INFORMATION (418) 867-8882 > www.leterroirbasque.ca/sentiernational.htm

JCT LA GRANDE BAIE

## 4    LA GRANDE BAIE 🏕

Ce tronçon du Sentier national mesure 14,3 km. Il commence à l'extrémité est du chemin du Lac, à Saint-Juste-du-Lac, et se termine au Centre de plein air Le Montagnais, à Dégelis. Le caractère strictement forestier et de nombreux accès au lac agrémentent le paysage de cette portion du sentier. On passera par une forêt composée majoritairement de trembles, d'épinettes blanches, de pins blancs et de thuyas, ainsi que dans une forêt mature de résineux. On longera le lac Témiscouata et on atteindra un secteur très rocheux. 🐴

**✳ P**

🚶 *14,3 km (linéaire, avancé)*

HORAIRE Tout l'hiver > Du lever au coucher du soleil
TARIF Gratuit
ACCÈS Du village de Saint-Juste-du-Lac : prendre le chemin Principal vers l'ouest sur environ 3 km, soit jusqu'au chemin du Lac, puis tourner à gauche. Le stationnement se trouve au bout du chemin, soit à environ 3 km. Du pont de glace de Notre-Dame-du-Lac : rejoindre le chemin du Lac, puis tourner à droite. Le stationnement se trouve au bout du chemin, soit à environ 2 km.

DOCUMENTATION Topo-guide Sentier national au Québec – Bas-Saint-Laurent
(en librairie et à la Fédération québécoise de la marche)
INFORMATION (418) 867-8882 > www.leterroirbasque.ca/sentiernational.htm

JCT DÉGELIS; LES CASCADES SUTHERLAND – MONTAGNE À FOURNEAU – RIVIÈRE TOULADI

## 5    LA MONTAGNE DU COLLÈGE DE SAINTE-ANNE-DE-LA-POCATIÈRE

Les sentiers de cette montagne ont été tracés il y a plus de 100 ans. Ils traversent une forêt mixte dont une partie comporte des pins blancs et des pins rouges ayant 200 ans. Le sentier de longue randonnée permet de voir quatre grottes naturelles et se rend au sommet où un belvédère offre une vue sur la région. Sur le sentier religieux, on retrouve des statues, le Calvaire datant de 1904 et un cimetière d'une certaine importance historique. 🐴

**✿ P ♟ ( 🎿 🍃 ⬮** *Note : la plupart des services sont disponibles au collège.*
🚶 *3 km Multi 1,4 km*

| 🚶 🎿 | NOM DU SENTIER | LONGUEUR | TYPE | NIVEAU | DÉNIVELÉ |
|---|---|---|---|---|---|
| ✓ | Sentier religieux | 0,6 km | Boucle | Débutant | |
| ✓ | Sentier courte randonnée | 0,8 km | Boucle | Débutant | 50 m |
| ✓ | Sentier longue randonnée | 1,6 km | Boucle | Inter./Avancé | 130 m |

HORAIRE   Tout l'hiver > Du lever au coucher du soleil
TARIF     Gratuit
ACCÈS     La montagne se situe au cœur de La Pocatière, à côté du collège.
INFORMATION   (418) 856-3012 > info@leadercsa.com

## 6   LAC ANNA 🏕

Ce tronçon du Sentier national mesure 7,6 km. Il commence à la route 232, à Squatec, et se termine à la jonction de la bretelle d'accès au lac Anna. Cette section strictement forestière se trouve en territoire public. De belles érablières ainsi que des forêts de conifères, ces dernières constituant l'habitat de prédilection du cerf de Virginie, parsèment ce territoire. Le relief montagneux et une faune diversifiée agrémentent ce parcours. Notez les trous ronds dans les arbres et l'écorce endommagée : il s'agit de l'habitat du grand pic. 🐴

✷ P

🚶 7,6 km (linéaire, avancé)

HORAIRE   Tout l'hiver > Du lever au coucher du soleil
TARIF     Gratuit
ACCÈS     À partir de Squatec, suivre la route 232 ouest. Le stationnement se situe à gauche, 800 m après le motel Le Chevalier.
DOCUMENTATION   Topo-guide Sentier national au Québec – Bas-Saint-Laurent (en librairie et à la Fédération québécoise de la marche)
INFORMATION   (418) 867-8882 > www.leterroirbasque.ca/sentiernational.htm

JCT   LES CASCADES SUTHERLAND – MONTAGNE À FOURNEAU – RIVIÈRE TOULADI ; LES ÉRABLES;

## 7   LE LITTORAL BASQUE 🏕

Ce tronçon du Sentier national mesure 12,1 km. Il débute au Parc de l'Aventure basque en Amérique (PABA), à Trois-Pistoles, et se termine à la passerelle Basque, entre Notre-Dame-des-Neiges et Saint-Éloi. Le long de la rivière des Trois Pistoles, les randonneurs passeront d'un paysage marin à un paysage forestier où on traversera une érablière. Cette section est le lieu des prémices de l'occupation et de la colonisation du territoire. On a une vue sur les cours d'eau, l'île aux Basques et la chute du sault Mackenzie. 🐴

✷ P 👫 ( X 🛋 🛏 🎋 🚏 🚃

🚶 12,1 km (linéaire, avancé)

HORAIRE   Tout l'hiver > Du lever au coucher du soleil
TARIF     Gratuit
ACCÈS     Le PABA est situé à 600 m de la traverse Trois-Pistoles - Les Escoumins, soit au 66, rue du Parc, à Trois-Pistoles.
DOCUMENTATION   Topo-guide Sentier national au Québec – Bas-Saint-Laurent (en librairie et à la Fédération québécoise de la marche)
INFORMATION   (418) 867-8882 > www.leterroirbasque.ca/sentiernational.htm

JCT   RIVIÈRE DES TROIS PISTOLES

NOTE  Ces trois sections du Sentier national au Bas-Saint-Laurent, praticables séparément durant la période estivale, forment un circuit de longue randonnée de 3 jours durant l'hiver.

Le relief montagneux et le paysage forestier des Cascades Sutherland, dominé par les érables, favorisent une présence faunique importante et diversifiée. On verra aussi, à la fin d'une descente, deux énormes pins blancs. Le secteur de Montagne à Fourneau est strictement forestier et est tout en altitude. Ce dernier n'est pas accessible en voiture. La présence d'un écosystème forestier exceptionnel vaut à lui seul le déplacement. Ce secteur abrite aussi l'un des plus grands ravages de cerfs de Virginie au Québec. La présence du lac Témiscouata est importante dans le secteur de Rivière Touladi. On verra plusieurs milieux forestiers : vieille friche régénérée en jeunes résineux, cèdres, érables, épinettes, trembles... On passera aussi à travers champs. Ce territoire est caractérisé par une présence amérindienne vieille de plus de 3 000 ans. Ce tronçon se termine par un paysage agroforestier. 🐾

⭐ 👪 🏠 🛏 🚌 *Autre* : *déplacement de véhicule*

*Important* : *il est* obligatoire *de réserver les refuges avant de faire la randonnée.*

🎿 *34.8 km*

| | NOM DU SENTIER | LONGUEUR | TYPE | NIVEAU | DÉNIVELÉ |
|---|---|---|---|---|---|
| ✓ | Les Cascades Sutherland | 9,6 km | Linéaire | Avancé | 100 m |
| ✓ | Montagne à Fourneau | 9,6 km | Linéaire | Avancé | 150 m |
| ✓ | Rivière Touladi | 15,6 km | Linéaire | Avancé | 100 m |

HORAIRE  Tout l'hiver > Du lever au coucher du soleil
TARIF  Gratuit
ACCÈS  Les Cascades Sutherland : de Cabano, prendre la route 232 en direction est sur 7 km. Une indication du Sentier national pour le lac Anna est présente en bordure de la route. Stationner la voiture à cet endroit et marcher 2 km sur le chemin enneigé avant d'atteindre la bretelle d'accès du sentier. Rivière Touladi : de Notre-Dame-du-Lac, prendre le pont de glace afin de traverser le lac Témiscouata. Du quai de Saint-Juste, emprunter le chemin du Lac vers le nord jusqu'à la route Principale. Emprunter celle-ci et rouler sur 1,6 km, soit jusqu'à l'intersection de la route et du Sentier national. Stationner en bordure de la route et marcher sur le sentier vers le nord.

DOCUMENTATION  Topo-guide Sentier national au Québec – Bas-Saint-Laurent
(en librairie et à la Fédération québécoise de la marche)
INFORMATION  (418) 867-8882 > www.leterroirbasque.ca/sentiernational.htm

JCT  LA GRANDE BAIE; LAC ANNA

**9**  LES ÉRABLES  🏔

Ce tronçon du Sentier national mesure 14,2 km. Il débute au rang des Sept-Lacs, à Sainte-Rita, et se termine à la route 232, à Squatec. Cette section se distingue par une ambiance strictement forestière, ce territoire faisant partie de la forêt publique du Grand-Portage. La présence d'érablières et d'une faune variée caractérise cette portion du Sentier national. À cet endroit, l'impression d'évasion de la civilisation est complète. 🐾

⭐ P 👪 🏠

🎿 *14,2 km (linéaire, avancé)*

**HORAIRE**   Tout l'hiver > Du lever au coucher du soleil
**TARIF**     Gratuit
**ACCÈS**     De Saint-Cyprien, prendre la route Grande Ligne vers le sud (route 293) sur 3 km. Tourner à gauche sur le rang C qui change de nom pour rang des Sept-Lacs. Le stationnement se situe à gauche, en haut de la grande côte. De Sainte-Rita, emprunter la route Neuve sur 3,5 km en direction sud. Tourner à droite sur le rang des Sept-Lacs. Le stationnement est sur la droite, 3,5 km plus loin.

**DOCUMENTATION**   Topo-guide Sentier national au Québec – Bas-Saint-Laurent (en librairie et à la Fédération québécoise de la marche)
**INFORMATION**     (418) 867-8882 > www.leterroirbasque.ca/sentiernational.htm

[JCT]   **LES SEPT LACS; LAC ANNA**

## 10    LES SEPT LACS 🏃

Ce tronçon du Sentier national mesure 11,3 km. Il commence au camping Leblond de Saint-Cyprien et se termine au rang des Sept-Lacs à Sainte-Rita. Cette section est caractérisée par un paysage forestier représentatif des hauts plateaux et des contreforts des monts Notre-Dame. On traversera plusieurs peuplements forestiers dont une érablière où on peut apercevoir une vieille cabane à sucre. À la fin du tronçon, on aura une vue sur la vallée formée par les Sept Lacs. 🐕

### ✶ P

🎿 *11,3 km (linéaire, avancé)*

**HORAIRE**   Tout l'hiver > Du lever au coucher du soleil
**TARIF**     Gratuit
**ACCÈS**     Du village de Saint-Cyprien, suivre la route 293 sud (Grande Ligne). On stationne le long de la route à moins de 1 km après la sortie du village. L'entrée du sentier se trouve à droite à 1 km environ, au bout du camping Leblond.

**DOCUMENTATION**   Topo-guide Sentier national au Québec – Bas-Saint-Laurent (en librairie et à la Fédération québécoise de la marche)
**INFORMATION**     (418) 867-8882 > www.leterroirbasque.ca/sentiernational.htm

[JCT]   **LES ÉRABLES; TOUPIKÉ**

## 11    PARC BEAUSÉJOUR

Le parc Beauséjour, situé en bordure de la rivière Rimouski, est un parc en milieu urbain d'une superficie de 32 hectares. En parcourant les sentiers, on passera par des zones dégagées et des zones boisées. On accédera aussi à un belvédère. 🐕 *Accessible sur le sentier de marche uniquement*

🎿 *1 km + hors-piste sur une portion du territoire*     🏃* *3,2 km*

| 🎿 | 🏃* | NOM DU SENTIER | LONGUEUR | TYPE | NIVEAU |
|----|-----|----------------|----------|------|--------|
|    | ✓   | Sentier de marche hivernale | 3,2 km | Mixte | Débutant |
| ✓  |     | Sentier de raquette | 1,0 km | Mixte | Débutant |

**HORAIRE**   De mi décembre à fin avril > Du lever au coucher du soleil
**TARIF**     Gratuit
**ACCÈS**     De la route 132 à Rimouski, prendre le boulevard de la Rivière.

DOCUMENTATION    Carte des sentiers (à l'accueil et à la Corporation d'aménagement
                 des espaces verts)
INFORMATION      (418) 724-3167 > (418) 724-3157 > www.tourisme-rimouski.org

JCT    **SENTIERS DU LITTORAL ET DE LA RIVIÈRE RIMOUSKI**

## 12    PARC DE LA POINTE DE RIVIÈRE-DU-LOUP

Ce parc, de forme ovale, a une longueur de 5 km. Le sentier longe le fleuve Saint-Laurent, une ancienne voie ferrée et la rivière du Loup. On pourra apercevoir de belles résidences rappelant le passage de familles bien nanties, ainsi que la tête d'indien, une masse rocheuse ayant les traits d'un visage humain. 🐕

✷P 🏕 🚂

🚶 *5 km (boucle, débutant) + hors-piste sur tout le territoire*

HORAIRE    Tout l'hiver > Du lever au coucher du soleil
TARIF      Gratuit
ACCÈS      À Rivière-du-Loup, suivre la route 132 est jusqu'à la pointe de Rivière-du-Loup où l'entrée du parc est identifiée.

DOCUMENTATION    Dépliant (à l'hôtel de ville)
INFORMATION      (418) 862-9810 > (418) 862-0906 > www.ville.riviere-du-loup.qc.ca

## 13    PARC DES CHUTES

Ce parc est un boisé de 53 hectares avec trois niveaux de hauteur. Certains sentiers longent une rivière. Selon le sentier emprunté, on traversera une forêt mixte, une cédrière ou un verger-arboretum ancestral. On verra des chutes, un cap rocheux et une centrale hydroélectrique centenaire. On apercevra des oiseaux, comme la mésange, et des écureuils. Un belvédère, un poste d'observation et le sommet d'un promontoire offrent des vues sur la rivière, la chute de la centrale, le fleuve et ses îles. Une croix illuminée est érigée au centre du parc. 🐕

✷P 🏕 🚂 🌿 🎿

🚶 *3,1 km + hors-piste sur tout le territoire*    🏃❄ *2,8 km*    **Multi** *3 km*

| 🚶 | 🏃❄ | NOM DU SENTIER | LONGUEUR | TYPE | NIVEAU |
|---|---|---|---|---|---|
| | ✓ | La Tournée | 1,4 km | Boucle | Débutant |
| ✓ | | La Falaise | 1,0 km | Mixte | Débutant |
| | ✓ | Le Sentier de la Nature | 0,2 km | Linéaire | Débutant |
| ✓ | | Le Sous-Bois | 0,8 km | Boucle | Débutant |
| | ✓ | Les Talus | 0,9 km | Linéaire | Débutant |
| ✓ | | Le Haut Plateau | 0,7 km | Linéaire | Débutant |
| ✓ | | Verger-Arboretum | 0,4 km | Linéaire | Débutant |
| | ✓ | L'Étang | 0,3 km | Mixte | Débutant |
| ✓ | | L'Évitement | 0,2 km | Linéaire | Débutant |

HORAIRE    Tout l'hiver > Du lever au coucher du soleil
TARIF      Gratuit
ACCÈS      Du centre-ville de Rivière-du-Loup, prendre la rue Lafontaine et suivre les indications.

DOCUMENTATION    Dépliant (à l'hôtel de ville)
INFORMATION      (418) 862-9810 > (418) 862-0906 > www.ville.riviere-du-loup.qc.ca

JCT    **CIRCUIT PATRIMONIAL RIVIÈRE-DU-LOUP**

Le parc du Mont-Comi, situé à 30 km de Rimouski, fait partie de la chaîne de montagnes des Appalaches. On y retrouve deux sentiers longeant des versants différents de la montagne. Ces sentiers passent à travers une érablière. On peut y apercevoir des perdrix. 🦌

🏠 P 👫 ( X 🏠 🏢 ⛲⚡

🚶 *7,5 km (mixte, débutant) + hors-piste sur tout le territoire*

HORAIRE   De janvier à mars > De 9 h à 15 h 30 (du mercredi au dimanche)
TARIF   Gratuit
ACCÈS   De la route 132 à Sainte-Luce, emprunter la route 298 et poursuivre en suivant les indications.

DOCUMENTATION   Carte (à la billetterie)
INFORMATION   (418) 739-4858 > 1 866 739-4859 > www.mont-comi.qc.ca

Ce parc national, d'une superficie de 33,2 km², est situé au bord du fleuve Saint-Laurent. Il est caractérisé par la présence de barres rocheuses alignées parallèlement au fleuve et par son relief de caps, de pointes rocheuses, de baies, d'anses, d'îles et de montagnes. Ce lieu a été occupé par des tribus amérindiennes il y a 7 000 ans. On peut se rendre au pic Champlain, d'une altitude de 345 m. Les sentiers passent sur le littoral et dans la forêt. Grâce à plusieurs points de vue, on apercevra le phoque commun, l'emblème du parc. ⚠ Ne pas tenter d'aider un jeune phoque échoué sur la plage car la manipulation humaine modifie les odeurs du petit et ce dernier risque d'être abandonné par sa mère.

🏠 P 👫 ( ⛺ 🏢 ⛺ 🏠 🚂 🌿 ⛲⚡

🚶 *23,9 km*   ❄ *4,7 km*   **Multi** *18,9 km*

| 🚶 | ❄ | NOM DU SENTIER | LONGUEUR | TYPE | NIVEAU | DÉNIVELÉ |
|----|----|----|----|----|----|----|
| ✓ | | Le Pic-Champlain | 3,0 km | Linéaire | Avancé | 300 m |
| ✓ | | La Citadelle | 4,2 km | Linéaire | Intermédiaire | 150 m |
| ✓ | | Les Anses-aux-Bouleaux | 2,0 km | Linéaire | Intermédiaire | |
| ✓ | | La Coulée C | 5,0 km | Linéaire | Intermédiaire | |
| ✓ | | La Grève (B) | 5,0 km | Linéaire | Débutant | |
| ✓ | ✓ | La Pointe-aux-Épinettes | 0,7 km | Linéaire | Débutant | |
| ✓ | ✓ | Le Portage (A) | 4,0 km | Linéaire | Débutant | |

HORAIRE   De mi-décembre à fin mars > De 10 h à 17 h (mercredi au dimanche)
TARIF   Adulte (18 ans et plus) : 3,50 $ > Enfant (6 à 17 ans) : 1,50 $ > Enfant (moins de 6 ans) : gratuit > Famille : 7,00 $ > Laissez-passer annuel pour un parc : 16,50 $/7,50 $ > Laissez-passer annuel pour l'ensemble des parcs nationaux du Québec : 30,00 $/15,00 $ > Autres tarifs disponibles
ACCÈS   De Trois-Pistoles, suivre la route 132 est jusqu'à l'entrée identifiée « Parc du Bic – secteur Rivière-du-Sud-Ouest ».

DOCUMENTATION   Journal du parc (à l'accueil et à la Fédération québécoise de la marche)
INFORMATION   (418) 736-5035 > 1 800 665-6527 > www.parcsquebec.com

## 16 POHÉNÉGAMOOK SANTÉ PLEIN AIR

À proximité du lac Pohénégamook, ce centre est situé au milieu d'un ravage comptant 500 chevreuils. Selon le sentier emprunté, on peut longer le lac ou avoir une vue panoramique grâce à la montagne. Le long du sentier d'escalade, on peut voir deux parois dédiées à cette activité. Le territoire est recouvert de forêt mixte. On y retrouve des feuillus comme des érables et des merisiers, ainsi que des conifères. On retrouve aussi deux ruisseaux gelés.

🏠 P �♁ ( X 🏠 🏢 ⚘ ♁⚶

🎿 *11 km + hors-piste sur tout le territoire*

| 🎿 | 🎿* | NOM DU SENTIER | LONGUEUR | TYPE | NIVEAU | DÉNIVELÉ |
|----|-----|----------------|----------|------|--------|----------|
| ✓ | | Sentier écologique | 3,2 km | Boucle | Débutant | 80 m |
| ✓ | | Sentier des sommets | 4,8 km | Boucle | Intermédiaire | 340 m |
| ✓ | | Sentier d'escalade | 3,0 km | Boucle | Intermédiaire | 267 m |

HORAIRE   Tout l'hiver > De 8 h 30 à 17 h
TARIF      Adulte : 6,00 $ par jour > Accès + location de raquette : 13,00 $
ACCÈS     De la sortie 488 de l'autoroute 20, emprunter la route 289 sud et continuer jusqu'à Pohénégamook.

DOCUMENTATION   Dépliant, carte des sentiers (au bureau du gestionnaire)
INFORMATION       1 800 463-1364 > (418) 859-2405 > www.pohenegamook.com

## 17 RIVIÈRE DES TROIS PISTOLES 🔺

Ce tronçon du Sentier national mesure 13,2 km. Il commence à la passerelle Basque, à la jonction des municipalités de Notre-Dame-des-Neiges et de Saint-Éloi, et se termine au pont des Trois-Roches, entre Saint-Éloi et Saint-Jean-de-Dieu. Le paysage de cette section est caractérisé par l'omniprésence de la rivière des Trois Pistoles qui, dans sa partie encaissée, procure des vues plongeantes. Tantôt on longera la rivière, où on pourra voir une île et des trembles abattus par des castors, tantôt on passera dans la forêt. En plein centre de la rivière, on apercevra la Grosse Roche. 🐕

✳ P 🛏 ⬜

🎿 *13,2 km (linéaire, avancé)*

HORAIRE   Tout l'hiver > Du lever au coucher du soleil
TARIF      Gratuit
ACCÈS     À Rivière-Trois-Pistoles, emprunter la route du Sault. Utiliser le stationnement du Sault McKenzie pour accéder à la passerelle Basques, situé à 2,4 km de marche.

DOCUMENTATION   Topo-guide Sentier national au Québec – Bas-Saint-Laurent (en librairie et à la Fédération québécoise de la marche)
INFORMATION       (418) 867-8882 > www.leterroirbasque.ca/sentiernational.htm

[JCT]   LE LITTORAL BASQUE; SÉNESCOUPÉ

## 18    SÉNESCOUPÉ ⚠

Ce tronçon du Sentier national mesure 15,7 km. Il commence au pont des Trois-Roches, à la jonction des municipalités de Saint-Éloi et de Saint-Jean-de-Dieu, et se termine à la passerelle Sénescoupé, à Saint-Clément. Les écores, soit l'escarpement des bords des rivières des Trois Pistoles et Sénescoupé, offrent plusieurs points de vue intéressants. La proximité des villages permet d'entrer en contact avec le mode de vie rural des gens de cette partie du Bas-Saint-Laurent. On longera ou traversera des champs et plusieurs peuplements forestiers. Du haut d'une falaise, un belvédère permet d'admirer une succession de trois chutes. 🐴

### ✶ P 👫 ⛟ 🛶 ▥

🏃 *15,7 km (linéaire, avancé, dénivelé de 50 m)*

HORAIRE    Tout l'hiver > Du lever au coucher du soleil
TARIF         Gratuit
ACCÈS       Du village de Saint-Jean-de-Dieu, prendre la rue Gauvin Ouest sur 4 km,
               soit jusqu'au pont des Trois Roches.

DOCUMENTATION    Topo-guide Sentier national au Québec – Bas-Saint-Laurent
                         (en librairie et à la Fédération québécoise de la marche)
INFORMATION         (418) 867-8882 > www.leterroirbasque.ca/sentiernational.htm

   [JCT]   RIVIÈRE DES TROIS PISTOLES; TOUPIKÉ

## 19    SENTIER DU CABOURON

Ce sentier rustique, qui fait partie du circuit des Monadnocks, est situé sur la montagne des Cabourons. La forêt est composée de feuillus et de résineux. Sur la zone rocheuse au sommet, on retrouve une forêt de pins gris qui ressemblent à des bonsaïs dû au fait qu'ils poussent dans le roc. Cette forêt est âgée d'environ 70 ans. Des points de vue offrent un vaste panorama sur la région, le fleuve et les montagnes de Charlevoix. On pourra apercevoir des lièvres et des chevreuils, ainsi que des traces de la présence d'une colonie de porc-épics. 🐴

### ✶ ⛟

🏃 *4 km (linéaire, intermédiaire, dénivelé de 50 m)*

HORAIRE    Tout l'hiver > Du lever au coucher du soleil
TARIF         Gratuit
ACCÈS       Le sentier débute en face du cimetière de Saint-Germain. On peut aussi
               accéder au sentier par le rang Mississipi.

DOCUMENTATION    Brochure de Kamouraska (au bureau de Tourisme-Kamouraska)
INFORMATION         (418) 492-1295 > maisondu.rendez-vous@sympatico.ca

## 20    SENTIERS DU LITTORAL ET DE LA RIVIÈRE RIMOUSKI

Les sentiers ont été aménagés en plein cœur de Rimouski. Ils ont été séparés en tronçons caractéristiques des divers aspects de la région. Les sentiers l'Éboulis et Le Draveur mènent à une vallée façonnée par la nature et par l'homme. On observera des oiseaux grâce aux mangeoires installées. Sur le sentier l'Éboulis, on verra un amphithéâtre façonné par un important glissement de terrain en 1950. En explorant le territoire, on verra un mélèze de 250 ans, le barrage de la Pulpe, et les parois où Bernard Voyer s'est initié à l'alpinisme avant de devenir explorateur. Un secteur lui est d'ailleurs consacré. On pourra aussi accéder à la plage du Rocher Blanc, d'où on peut voir la Côte-Nord à une distance de 50 km. 🐴

**✖ P ⚌ ⌂ ⌐ ⚎ ⟝ ⎀**

*Note : le pavillon est ouvert tous les jours, de la mi-décembre à la fin mars, de 9 h à 17 h, et de 18 h à 21 h. Le dimanche, il n'est pas ouvert en soirée.*

*⚌ ⚌⁂ 15,1 km + raquette hors-piste sur tout le territoire*   **Multi 15,1 km**

| ⚌ | ⚌⁂ | NOM DU SENTIER | LONGUEUR | TYPE | NIVEAU |
|---|---|---|---|---|---|
| ✓ | ✓ | Sentier du Littoral | 5,5 km | Mixte | Débutant |
| ✓ | ✓ | Sentier Le Draveur | 5,1 km | Linéaire | Intermédiaire |
| ✓ | ✓ | Sentier l'Éboulis | 4,5 km | Linéaire | Intermédiaire |

**HORAIRE**   Tout l'hiver > Du lever au coucher du soleil

**TARIF**   Gratuit

**ACCÈS**   Les sentiers prennent leur départ à l'entrée ouest de Rimouski, par la route 132. En fait, il y a 20 accès possibles dont 11 avec des stationnements. Les deux accès principaux se trouvent au parc Beauséjour (boul. de la Rivière) et à l'embouchure de la rivière Rimouski, à l'intersection de la route 132 (boul. René-Lepage Ouest) et la rue des Berges.

**DOCUMENTATION**   Dépliant-carte (à l'office du tourisme de Rimouski)

**INFORMATION**   1 800 746-6875 > (418) 724-3167
www.tourisme-rimouski.org > www.rimouskiweb.com/espverts

[JCT]   PARC BEAUSÉJOUR

---

## 21   TOUPIKÉ ⚌

Ce tronçon du Sentier national mesure 11,5 km. Il commence à la passerelle Sénescoupé, à Saint-Clément, et se termine au camping Leblond, à Saint-Cyprien. Le paysage agroforestier est prédominant. Le sentier traverse une forêt de thuyas et une autre de pins. Le passage sur les hauts plateaux permet d'apercevoir au loin les monts Notre-Dame. On retrouve une rivière à chaque extrémité du tronçon : la Sénescoupé au début et la Toupiké à la fin. On verra un petit gouffre et un impressionnant escarpement rocheux. ⚌

**✖ P ⚌ ⚎ ⟝ ⎀**

*⚌ 11,5 km (linéaire, avancé)*

**HORAIRE**   Tout l'hiver > Du lever au coucher du soleil

**TARIF**   Gratuit

**ACCÈS**   Du village de Saint-Clément, stationner au début de la rue du Parc qui est située à la sortie est du village. Cette rue n'est pas déblayée durant l'hiver. On doit donc marcher sur une longueur de 1,3 km pour atteindre la bretelle d'accès du sentier.

**DOCUMENTATION**   Topo-guide Sentier national au Québec – Bas-Saint-Laurent
(en librairie et à la Fédération québécoise de la marche)

**INFORMATION**   (418) 867-8882 > www.leterroirbasque.ca/sentiernational.htm

[JCT]   LES SEPT LACS; SÉNESCOUPÉ

## 22 VILLAGE DU BIC

Le secteur du village où se situe la route du Golf est apprécié des marcheurs. En suivant cette route, on apercevra la chute de la rivière du Bic ainsi que le parc national du Bic sous des angles différents. On accédera ensuite à une grève où la promenade se poursuit. Au cœur du village, on retrouve un circuit patrimonial, agrémenté de panneaux d'interprétation, qui fait découvrir l'histoire de cette localité.

*4,9 km*

| | | NOM DU SENTIER | LONGUEUR | TYPE | NIVEAU |
|---|---|---|---|---|---|
| | ✓ | Route du Golf/Pointe aux Anglais | 2,9 km | Linéaire | Débutant |
| | ✓ | Circuit patrimonial (rue Sainte-Cécile) | 2,0 km | Linéaire | Débutant |

HORAIRE   Tout l'hiver > Du lever au coucher du soleil
TARIF   Gratuit
ACCÈS   À environ 18 km à l'ouest de Rimouski, on peut accéder à ces circuits à partir de la route 132, en plein cœur du village du Bic.

INFORMATION   (418) 736-5833 > (418) 736-4833
dirlois.munlebic@globetrotter.qc.ca

## 23 ZEC BAS-SAINT-LAURENT

La zec Bas-Saint-Laurent, d'une superficie de 1 017 km², est un territoire sauvage recouvert d'une forêt mixte et sur lequel on retrouve plus de 100 lacs. Le sentier, conçu pour l'interprétation des micro-paysages, fait le tour du lac Chic-Choc. En parcourant le territoire, on pourra accéder au mont à la Lunette, l'un des monts les plus élevés de la zec.

*6,2 km + hors-piste sur tout le territoire*

| | | NOM DU SENTIER | LONGUEUR | TYPE | NIVEAU |
|---|---|---|---|---|---|
| | ✓ | Sentier du lac Chic-Choc | 6,2 km | Boucle | Intermédiaire |

HORAIRE   Tout l'hiver > Du lever au coucher du soleil
TARIF   Gratuit
ACCÈS   De Rimouski, suivre la route 232 ouest jusqu'à la jonction de la route 234. De là, continuer tout droit et suivre les indications pour le poste d'accueil de la zec Bas-Saint-Laurent sur 5 km. La zec se situe à environ 22 km de Rimouski.

DOCUMENTATION   Dépliant (à la Société de gestion des ressources, au 188, rue Lavoie)
INFORMATION   (418) 735-2542 > (418) 723-5766 > www.zecbsl.com

# Cantons-de-l'Est

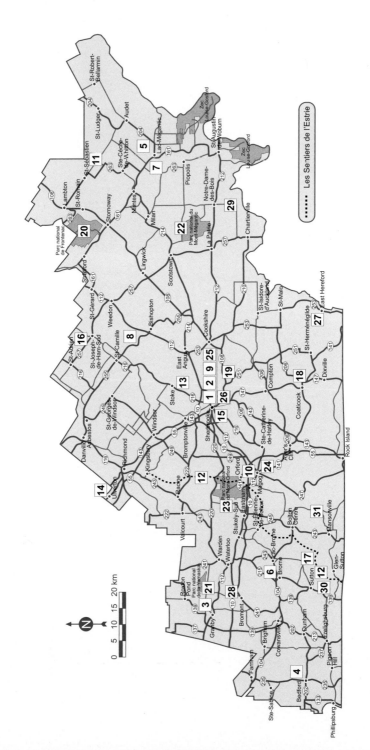

Les Sentiers de l'Estrie

# 1     BASE PLEIN AIR ANDRÉ NADEAU

Le territoire est quelque peu vallonné. Le sentier traverse une forêt dominée par le sapin et l'épinette. On y retrouve aussi des feuillus, surtout des bouleaux, ainsi que quelques aulnes dû à un coin marécageux. On verra un petit ruisseau glacé, ainsi qu'un village indien et des tipis. Le chalet offre une vue sur le mont Orford.

🏠 P ♛♛ ☾ ⌂ ⌂ ♉♨

🏃 🏃* *3,5 km (boucle, débutant) + raquette hors-piste sur une portion du territoire*

HORAIRE    De décembre à mars > De 13 h à 22 h (semaine) > De 9 h 30 à 22 h (fin de semaine)

TARIF    Passeport quotidien : 2,00 $ par personne > Passeport saisonnier : 10,00 $ par personne

ACCÈS    De la sortie 140 de l'autoroute 10, suivre la route 410, puis tourner à gauche sur le boulevard de l'Université. Tourner ensuite à droite sur le chemin Sainte-Catherine, et encore à droite sur le chemin Blanchette. La base se situe au numéro 5302.

DOCUMENTATION    Dépliant (au bureau d'arrondissement de Rock Forest – Saint-Élie – Deauville)

INFORMATION    (819) 564-7444 > (819) 864-4505 > www.basepleinair.ca

# 2     BOIS BECKETT

Située dans la ville de Sherbrooke, la forêt du Bois Beckett a été classée zone d'aménagement naturel. On parcourra une érablière, autrefois exploitée par la famille ayant donné son nom au bois, qui a été reconnue par le ministère des Ressources naturelles du Québec comme écosystème forestier exceptionnel à titre de forêt ancienne. 🦌

🏃 P

🏃 *Hors-piste sur tout le territoire*

HORAIRE    Tout l'hiver > Du lever du soleil à 23 h

TARIF    Gratuit

ACCÈS    De la route 112 à Sherbrooke, emprunter le boulevard Jacques-Cartier vers le nord et tourner à gauche sur la rue Beckett. L'entrée se trouve à environ 100 m.

DOCUMENTATION    Carte des sentiers (à l'entrée du Bois et au bureau d'information touristique)

INFORMATION    (819) 565-5857

# 3     CENTRE D'INTERPRÉTATION DE LA NATURE DU LAC BOIVIN
## (C.I.N.L.B.)

À la suite de travaux d'aménagement dans la région de Granby, les rives du lac Boivin ont évolué en marais. Les sentiers sillonnent ce territoire de 289 hectares. La Prucheraie, un sentier d'interprétation, passe par le marais, une cédrière et des forêts de transition, et mène à une tour d'observation d'une hauteur de 10 m. Sur Les Ormes, on verra des arbres rongés ou tombés, signe de la présence de castors. On observera aussi des arbres courbés à la suite du verglas de 1998. On apercevra des oiseaux dont des mésanges qui viennent manger dans la main.

🏠 P ♛♛ ☾ ♐♉♨

🏃 *1,4 km*     🏃* *1,4 km*

| 🛷 🎿* | NOM DU SENTIER | LONGUEUR | TYPE | NIVEAU |
|---|---|---|---|---|
| ✓ | La Prucheraie | 1,4 km | Boucle | Débutant |
| ✓ | Les Ormes | 1,4 km | Linéaire | Débutant |

**HORAIRE** Tout l'hiver > De 6 h à 22 h
**TARIF** Gratuit
**ACCÈS** De la sortie 74 de l'autoroute 10, continuer sur environ 5 km en suivant les indications pour « Centre de la nature ».

**DOCUMENTATION** Dépliant, brochure (au pavillon d'accueil)
**INFORMATION** (450) 375-3861 > vsenay@b2b2c.ca

## 4  CENTRE D'INTERPRÉTATION DE LA RIVIÈRE AUX BROCHETS

Le sentier Keith Sornberger longe la rivière aux Brochets. La moitié du sentier passe à travers une forêt mixte tandis que l'autre traverse une plaine. 🏇

P 🏠 🌿
🎿 2 km

| 🛷 🎿* | NOM DU SENTIER | LONGUEUR | TYPE | NIVEAU |
|---|---|---|---|---|
| ✓ | Sentier Keith Sornberger | 2,0 km | Boucle | Débutant |

**HORAIRE** Tout l'hiver > Du lever au coucher du soleil
**TARIF** Gratuit
**ACCÈS** Accès 1 : de la route 133, prendre la route 202 vers l'est. Au centre-ville de Bedford, tourner à gauche sur la rue du Pont, à gauche encore sur la rue Champagnat et continuer jusqu'au bout, soit environ 1 km. Accès 2 : de Farnham, prendre la route 235 vers le sud. Au centre-ville de Bedford, prendre la rue Wheeler, tourner à droite sur la rue Champagnat et continuer jusqu'au bout, soit environ 1 km.

**INFORMATION** (450) 248-2440 > bertrand@ville.bedford.qc.ca

## 5  CIRCUIT PÉDESTRE À LA DÉCOUVERTE DE LAC-MÉGANTIC

Le circuit Cœur de la ville a comme point de départ le quai municipal, à la marina. Il fait découvrir plus de 150 ans d'histoire grâce à l'interprétation de lieux et de bâtiments patrimoniaux. Les églises, dont deux datent des années 1800, sont un pilier important de la découverte architecturale. Ce circuit permet de revivre l'activité industrielle et ferroviaire de Lac-Mégantic au siècle dernier. Le circuit Agnès, quant à lui, est un prolongement de cette découverte. 🏇

P 🏃 🏠 🍴 🛏 🌿 ⛷
🎿* 5,6 km

| 🛷 🎿* | NOM DU SENTIER | LONGUEUR | TYPE | NIVEAU |
|---|---|---|---|---|
| ✓ | Circuit Cœur de la ville | 3,0 km | Boucle | Débutant |
| ✓ | Circuit Agnès – Quartier Sud | 2,6 km | Boucle | Débutant |

**HORAIRE** Tout l'hiver > Du lever au coucher du soleil
**TARIF** Gratuit
**ACCÈS** Les deux circuits débutent en plein cœur de la ville de Lac-Mégantic.

**DOCUMENTATION** Dépliant du circuit (au BAT, 3295, rue Laval, Lac-Mégantic)
**INFORMATION** 1 800 363-5515 > (819) 583-5515 > tourisme-megantic.com

## 6    CIRCUIT PÉDESTRE DE KNOWLTON (LAC-BROME)

Le village, portant autrefois le nom de Coldbrook, est situé en bordure du lac Brome, au pied des montagnes. Il a été fondé en 1802 et occupé au départ par les Loyalistes. Ce circuit est divisé en deux secteurs, promenade centre Knowlton et promenade rue Victoria. Un sentier longe l'étang Millpond et l'autre la rivière Coldbrook. On pourra admirer les habitations et les bâtiments de style victorien datant de la fin du XIX<sup>e</sup> siècle tels que l'hôtel de ville et la petite maison bleue.

**✶ P**

🏃 *Hors-piste sur tout le territoire*    🏃* *4,2 km (mixte, débutant)*    **Multi** *4,2 km*

**HORAIRE**    Tout l'hiver > Du lever au coucher du soleil
**TARIF**    Gratuit
**ACCÈS**    De la sortie 90 de l'autoroute 10, prendre la route 243 sud jusqu'à Lac-Brome (Knowlton). Le circuit débute au 130, rue Lakeside, et le sentier, au stationnement municipal, sur la même rue.

**INFORMATION**    (450) 243-6111 > reception@villedelacbrome.com

## 7    CLUB DE SKI ALPIN LAC-MÉGANTIC

Le territoire a une superficie de 283 hectares. Les sentiers, ayant comme point de départ la rive du lac Mégantic, sont utilisés par les raquetteurs d'un côté et par les marcheurs de l'autre. En les parcourant, on passera à travers un boisé mixte dominé par le sapin, l'érable et le merisier. On grimpera sur un plateau faisant office de sommet de la montagne, où l'on ne verra que des arbres. En chemin, on pourra rencontrer des chevreuils et des lièvres.

**⊞ P ⋔ ( X ⌂ ⌂ ⌂ ⇌ ⥌ ⇆**

🏃 🏃* *8,5 km + raquette hors-piste sur tout le territoire*

| 🚶 | 🏃* | NOM DU SENTIER | LONGUEUR | TYPE | NIVEAU | DÉNIVELÉ |
|---|---|---|---|---|---|---|
| ✓ | ✓ | Rouge | 2,5 km | Boucle | Intermédiaire | 50 m |
| ✓ | ✓ | Bleu | 2,8 km | Linéaire | Intermédiaire | 100 m |
| ✓ | ✓ | Jaune | 3,2 km | Linéaire | Intermédiaire | 100 m |

**HORAIRE**    De mi-décembre à mi-mars > De 8 h à 16 h
**TARIF**    Adulte : 3,00 $ > Enfant : 1,00 $
**ACCÈS**    De Cookshire, suivre la route 108 en direction est jusqu'à Stornoway, puis la route 161 sud vers Lac-Mégantic. Tourner finalement à droite sur la route 263. L'accès au club se situe sur la gauche.

**DOCUMENTATION**    Carte des sentiers (à la billetterie)
**INFORMATION**    (819) 583-3965 > (819) 583-3969 > www.baiedessables.com

## 8    FORÊT HABITÉE DE DUDSWELL

Cette forêt mixte, dominée par les feuillus dont l'érable et le noisetier, a une superficie de 400 hectares. Deux sentiers, situés en montagne, sont accessibles l'hiver. Le sentier du Ravage porte ce nom car on y retrouve un ravage de chevreuils. On y retrouve des points de vue sur le village et sur l'étendue blanche du marais. Le sentier des Crêtes conduit à une tour d'observation donnant sur la vallée et au sommet qui offre un panorama sur le mont Mégantic et le lac d'Argent. On pourra voir des lièvres et des traces de la présence de coyotes.

✖ P ♥♥ ( X ⚏ 🏛 🍃 🎿
🏃 5,5 km

| 🏃 | 🎿* | NOM DU SENTIER | LONGUEUR | TYPE | NIVEAU | DÉNIVELÉ |
|---|---|---|---|---|---|---|
| ✓ | | Sentier du Ravage | 2,5 km | Mixte | Intermédiaire | 100 m |
| | ✓ | Sentier des Crêtes | 3,0 km | Mixte | Intermédiaire | 100 m |

**HORAIRE** Tout l'hiver > Du lever au coucher du soleil
**TARIF** Gratuit
**ACCÈS** À peu près à mi-chemin entre East Angus et Weedon Centre sur la route 112, suivre les indications pour Dudswell. Le bureau d'information touristique se situe à la jonction de la rue Principale et du chemin du Lac.

**INFORMATION** (819) 832-4914 > www.mrchsf.com/cld

## 9     LE CIRCUIT DU VIEUX NORD DE SHERBROOKE

Ce circuit auto-guidé à l'aide d'un baladeur et d'une carte débute au Centre d'interprétation de l'histoire de Sherbrooke. Celui-ci est situé sur la rue Dufferin et présente des expositions sur l'histoire régionale. On marchera surtout dans des quartiers paisibles, en entendant des descriptions de maisons de l'époque victorienne et de la vie de leurs habitants. 🐴

🏠 P ♥♥ ( X ⌂ 🏛 🎿 *Note : le centre d'interprétation est ouvert en semaine de 9 h à midi et de 13 h à 17 h, et la fin de semaine de 13 h à 17 h.*
🎿*3 km (boucle, débutant)*

**HORAIRE** Tout l'hiver > De 9 h à 14 h 30 (semaine) > De 13 h à 14 h 30 (samedi et dimanche)
**TARIF** Location audiocassette : 10,00 $ par appareil > Carte : 2,50 $ > Taxes incluses
**ACCÈS** De la route 112 en plein cœur de Sherbrooke, prendre la rue Belvédère en direction nord. Tourner à droite sur la rue Marquette qui devient rue Dufferin. Le Centre d'interprétation de l'histoire est situé au 275.

**DOCUMENTATION** Audiocassette, carte (au centre d'interprétation)
**INFORMATION** (819) 821-5406 > shs.ville.sherbrooke.qc.ca

## 10     LE MARAIS DE LA RIVIÈRE AUX CERISES

Situé à mi-chemin entre le parc national du Mont-Orford et le lac Memphrémagog, le marais a une superficie de 1,5 km². Le territoire est majoritairement couvert par le marais gelé et une forêt mature de feuillus. Les sentiers traversent une forêt mixte, une cédrière et une érablière. Une tour d'observation de 6 m donne une vue sur le massif du mont Orford et sur le lac Memphrémagog. On peut observer des mammifères tels que le vison, le cerf de Virginie et l'écureuil volant. 🐴

P ♥♥ ⌂ ⚏ 🏛 🛋 🍃
*Note : on peut utiliser le stationnement du musée d'art naïf de novembre à mai.*
🏃 🎿*5 km + raquette hors-piste sur tout le territoire*

| 🏃 | 🎿* | NOM DU SENTIER | LONGUEUR | TYPE | NIVEAU |
|---|---|---|---|---|---|
| ✓ | ✓ | Le Pionnier | 2,5 km | Boucle | Débutant |
| ✓ | ✓ | Le Lièvre | 0,6 km | Boucle | Débutant |
| ✓ | ✓ | Gros Pin | 0,5 km | Boucle | Débutant |
| ✓ | ✓ | Petit Houx | 1,1 km | Boucle | Débutant |
| ✓ | ✓ | L'Aulnaie | 0,3 km | Boucle | Débutant |

HORAIRE  Tout l'hiver > De 6 h à 23 h
TARIF  Gratuit
ACCÈS  Prendre la sortie 118 de l'autoroute 10 en direction de Magog et suivre les indications pour le marais.
DOCUMENTATION  Dépliant et carte (au bureau d'information touristique de Memphrémagog)
INFORMATION  (819) 843-8118 > www.lamrac.org

## 11  LE SENTIER DU MORNE

Près d'un centre d'interprétation du granit, on retrouve le sentier grimpant sur le mont Saint-Sébastien qui est composé de cette roche. L'introduction de celle-ci dans la chaîne des Appalaches daterait de 365 millions d'années. Des panneaux traitant de la géologie, de la nature et de l'histoire des Abénakis agrémentent le parcours. À la fin du sentier, à 820 m d'altitude, une tour d'observation offre une vue de 360 degrés s'étalant sur 300 km. Des tables de lecture en granit interprètent le paysage qu'on y voit.

🚶 2,4 km (mixte, intermédiaire, dénivelé de 200 m)

HORAIRE  Tout l'hiver > Du lever au coucher du soleil
TARIF  Gratuit
ACCÈS  De Lac-Mégantic, prendre la route 161 nord, puis la route 263 nord. Suivre les indications pour Lac-Drolet, puis celles pour la Maison du granit. On accède aux sentiers en face de celle-ci.

INFORMATION  (418) 483-5524 > sentierdumorne@sogetel.net

## 12  LES SENTIERS DE L'ESTRIE

Ce sentier traverse les Cantons-de-l'est sur plus de 100 km. Il débute à la frontière, près de Sutton, et mène à Kingsbury. Il passe par plusieurs sommets dont les monts Sutton, Écho et Orford. On peut faire une courte randonnée grâce aux nombreux accès au sentier, ou faire une longue randonnée grâce aux sites de camping, aux refuges et aux auberges. Le point culminant de ce sentier est le sommet du Round Top, dans la zone Sutton. Dans la zone Écho, on pourra apercevoir plusieurs cerfs de Virginie. On trouvera une tour d'observation au mont Foster, dans la zone Bolton. La zone Orford passe dans le parc de ce mont. Au milieu de la zone Kingsbury, on verra la rivière au Saumon et sa vallée. Le parcours est principalement en forêt mais on aura aussi plusieurs panoramas depuis des sommets dégagés.

🚶 140 km

| 🚶 | 🚶* | NOM DU SENTIER | LONGUEUR | TYPE | NIVEAU | DÉNIVELÉ |
|---|---|---|---|---|---|---|
| ✓ | | Zone 1 : Sutton | 22,3 km | Linéaire | Avancé | 568 m |
| ✓ | | Zone 2 : Écho | 15,0 km | Linéaire | Avancé | 496 m |
| ✓ | | Zone 3 : Glen | 13,3 km | Linéaire | Avancé | 426 m |
| ✓ | | Zone 4 : Bolton | 28,0 km | Linéaire | Intermédiaire | 460 m |
| ✓ | | Zone 5 : Orford | 5,0 km | Linéaire | Avancé | 571 m |
| ✓ | | Zone 6 : Brompton | 12,5 km | Linéaire | Intermédiaire | 225 m |
| ✓ | | Zone 7 : Kingsbury | 15,5 km | Linéaire | Débutant | 175 m |

HORAIRE  Tout l'hiver > Du lever au coucher du soleil
TARIF  Permis quotidien : 5,00 $ *Carte de membre annuelle disponible*

ACCÈS Extrémité nord : de l'autoroute 55 près de Richmond, emprunter la route 243 vers le sud sur environ 4 km, puis tourner à gauche sur le chemin Frank. Le sentier prend son départ dans le village de Kingsbury. Extrémité sud : de Sutton, emprunter la route 139 vers le sud, tourner à gauche sur le chemin Brookfall, puis à droite sur le chemin Scenic. Continuer sur 10 km environ et tourner à gauche sur le chemin de la Vallée Missisquoi. L'entrée du sentier se situe non loin à gauche. *Note : une vingtaine d'accès sont possibles le long des Sentiers de l'Estrie et sont décrits dans le topo-guide.*

**DOCUMENTATION** Topo-guide et cartes topo (commander par Internet et à la Fédération québécoise de la marche)

**INFORMATION** (819) 864-6314 > www.lessentiersdelestrie.qc.ca

[JCT] PARC D'ENVIRONNEMENT NATUREL DE SUTTON;
PARC NATIONAL DU MONT-ORFORD; STATION DE MONTAGNE AU DIABLE VERT

## 13 LES SENTIERS DE L'ESTRIE : PIC CHAPMAN

Ce sentier fait partie du réseau des Sentiers de l'Estrie. Il est situé dans l'arc volcanique des monts Stoke. Son point culminant est le pic Chapman, d'une hauteur de 625 m, duquel on peut observer les montagnes, la vallée de la haute Saint-François et la plate-forme appalachienne de l'extrême est de la région. On parcourra la crête de la chaîne de montagnes et, à la descente vers le sud-ouest, on accèdera à une petite grotte au pied d'une paroi rocheuse, la grotte de l'Ours.

✶ P 🏠 🌿

🚶 *10,3 km (linéaire, débutant, dénivelé de 335 m)*

**HORAIRE** Tout l'hiver > Du lever au coucher du soleil

**TARIF** Permis journalier : 5,00 $ *Carte de membre annuelle disponible*

**ACCÈS** Accès ouest : de Sherbrooke, prendre la route 216 vers l'est sur une distance d'environ 21 km. Tourner à droite sur le rang XI et poursuivre jusqu'au bout. Accès est : de Sherbrooke, suivre la route 216 vers l'est sur environ 27 km et tourner à droite sur le rang XIV. L'entrée du sentier se situe à 2,2 km.

**DOCUMENTATION** Topo-guide et cartes topo (commander par Internet et à la Fédération québécoise de la marche)

**INFORMATION** (819) 864-6314 > www.lessentiersdelestrie.qc.ca

## 14 LES SENTIERS DU MOULIN À LAINE D'ULVERTON

Le moulin d'Ulverton, qui sert de boutique spécialisée en produits faits en laine, a été construit au milieu du XIX$^e$ siècle et reconnu monument historique en 1977. Son territoire est entrecoupé à plusieurs endroits par la rivière Ulverton, qu'on peut traverser grâce à des passerelles et des ponts suspendus. Les sentiers, tracés autour du moulin, parcourent les berges de la rivière à travers une forêt mixte. On pourra admirer une chute depuis le belvédère et nourrir des moutons dans les enclos. 🐴

🏛 P 👫 C X 🏠 🎿 🚶 🚍 🎵 🌿 🎿

🚶 *12,2 km + hors-piste sur tout le territoire*    👟 *2,8 km*

| 🚶 | 👟 | NOM DU SENTIER | LONGUEUR | TYPE | NIVEAU |
|----|-----|----------------|----------|------|--------|
| | ✓ | Sentier de la Brebis | 0,9 km | Boucle | Débutant |
| ✓ | | Sentier rustique | 2,2 km | Boucle | Débutant |
| | ✓ | Sentier du Berger | 1,9 km | Boucle | Débutant |
| ✓ | | Sentier de la Rivière | 10,0 km | Boucle | Intermédiaire |

| HORAIRE | De mi-décembre à mi-avril > De 10 h à 17 h |
|---|---|
| TARIF | Adulte : 3,00 $ > Aîné et étudiant : 2,50 $ > Enfant (7 à 12 ans) : 1,00 $ > Enfant (0 à 6 ans) : gratuit |
| ACCÈS | De la sortie 103 ou 88 de l'autoroute 55, suivre les indications pour le moulin. |
| DOCUMENTATION | Dépliant (à l'accueil) |
| INFORMATION | (819) 826-3157 > www.moulin.ca |

## 15    MONT BELLEVUE

Le mont Bellevue est une petite montagne située au centre de la ville de Sherbrooke. On pourra se promener à travers la forêt mixte, dans laquelle on pourra rencontrer des cerfs, des ratons laveurs et des oiseaux. On atteindra un belvédère érigé au sommet, près d'une croix lumineuse, qui offre une vue sur les pistes de ski alpin, sur une partie de la ville de Sherbrooke et sur la région environnante.

🌟 P ♔ ( X ⚒ 🍴 *Note : les services sont disponibles au centre de ski alpin.*

🏃 *Hors-piste sur tout le territoire*

| HORAIRE | Tout l'hiver > Du lever au coucher du soleil |
|---|---|
| TARIF | Gratuit |
| ACCÈS | De la rue Galt Ouest à Sherbrooke, prendre la rue Brébeuf jusqu'à la rue Jogues. Le centre de ski alpin, situé au 1300, donne accès au territoire. On peut également accéder au territoire de l'autre côté de la montagne en prenant la rue Galt Ouest, puis en tournant sur la rue Belvédère vers le sud. Tourner enfin à droite sur le chemin Dunant. |
| DOCUMENTATION | Carte (à la billetterie et au chalet d'accueil) |
| INFORMATION | (819) 821-5872 > www.ville.sherbrooke.qc.ca |

## 16    MONT HAM

Le mont Ham est l'un des plus hauts sommets de la région. En parcourant les sentiers, on verra des caps rocheux et on accèdera à un panorama de 360 degrés offrant une vue sur la plaine environnante et s'étendant jusqu'au mont Mégantic et à la frontière américaine. ★ Il est possible aussi de faire de la raquette sur le sentier de ski de fond d'une longueur de 5,5 km.

🌟 P ♔ ( X ⌂ Å* ⚒ *Autre : hébergement en tipis*

🏃 *12,1 km + hors-piste sur tout le territoire*

| 🏃 | ⛷* | NOM DU SENTIER | LONGUEUR | TYPE | NIVEAU | DÉNIVELÉ |
|---|---|---|---|---|---|---|
| | ✓ | Sentier l'Intrépide | 1,7 km | Linéaire | Intermédiaire | 360 m |
| ✓ | | Sentier du Button | 4,5 km | Linéaire | Intermédiaire | 150 m |
| ✓ | | Sentier des Cèdres | 0,8 km | Linéaire | Intermédiaire | 150 m |
| ✓ | | Sentier Panoramique | 2,1 km | Linéaire | Intermédiaire | 100 m |
| ✓ | | Sentier du Sommet | 0,5 km | Linéaire | Intermédiaire | |
| ✓ | | Sentier Art Nature | 1,0 km | Boucle | Débutant | |
| ✓ | | Sentier Téméraire | 1,0 km | Linéaire | Avancé | |
| ✓ | | Sentier Boréal | 0,5 km | Linéaire | Intermédiaire | |

| HORAIRE | De décembre à mars > De 9 h à 17 h (du mercredi au dimanche) |
|---|---|
| TARIF | Adulte : 4,00 $ > Enfant (6 à 12 ans) : 2,00 $ > Enfant (0 à 5 ans) : gratuit > Famille : 12,00 $ |

ACCÈS De Sherbrooke, prendre la route 216 vers l'est jusqu'à Saint-Camille. Poursuivre tout droit vers Ham-Sud, tourner à gauche sur la route 257 nord et continuer sur 4,2 km, soit jusqu'à l'accueil.

DOCUMENTATION Dépliant-carte (à l'accueil)
INFORMATION (819) 828-3608 > www.montham.qc.ca

## 17    PARC D'ENVIRONNEMENT NATUREL DE SUTTON

Les sentiers font le tour de la station de ski des monts Sutton. Le sentier du Round Top mène à un belvédère au sommet, à 968 m d'altitude, offrant une vue sur les montagnes Vertes des États-Unis et la rivière Missisquoi. Le sentier Dos d'Orignal passe par un plateau et une érablière à bouleau jaune. Son belvédère permet de voir les monts Écho et Orford. On verra aussi des arbres ayant perdu leur tête lors du verglas de 1998. Le sentier du Lac Mohawk mène à ce lac caché entre des sommets en passant par une érablière, une pinède et une forêt en reboisement. On verra des escarpements rocheux et des falaises. Dû à leur abondance dans la région, on pourra apercevoir des cerfs. 🐾

🌟 P 👫 X 🏕 🚊 🌿 🎿

🏃 55 km

| 🏃 | 👟* | NOM DU SENTIER | LONGUEUR | TYPE | NIVEAU | DÉNIVELÉ |
|---|---|---|---|---|---|---|
| ✓ | | Lac Spruce | 3,2 km | Boucle | Intermédiaire | 510 m |
| ✓ | | Sentier du Round Top | 4,5 km | Boucle | Avancé | 728 m |
| ✓ | | Dos d'Orignal | 7,5 km | Boucle | Intermédiaire | 370 m |
| ✓ | | Lac Mohawk | 6,0 km | Boucle | Avancé | 650 m |
| ✓ | | Marmite des Sorcières | 1,1 km | Linéaire | Débutant | 100 m |
| ✓ | | Sentier des Caps | 1,1 km | Linéaire | Débutant | |

HORAIRE Tout l'hiver > Du lever au coucher du soleil
TARIF Adulte : 4,00 $ > Enfant : 2,00 $ > Famille : 10,00 $
ACCÈS De la sortie 74 de l'autoroute 10, prendre la route 241 sud. Prendre ensuite la route 139 sud jusqu'à Sutton. Emprunter le chemin Maple et suivre les indications pour ski Sutton, puis Val Sutton. Continuer jusqu'au bout du chemin Réal.

DOCUMENTATION Carte (à l'accueil, au bureau d'information touristique et à la Fédération québécoise de la marche)
INFORMATION (450) 538-4085 > 1 800 565-8455 > www.parcsutton.com

JCT LES SENTIERS DE L'ESTRIE; STATION DE MONTAGNE AU DIABLE VERT

## 18    PARC DE LA GORGE DE COATICOOK

Les noms des sentiers proviennent de leurs caractéristiques. Le sentier Le cardio est très à pic. Sur Le chevreuil, on en voit plusieurs. Le sentier Paysage offre de grandes ouvertures ainsi qu'un grand dégagement au sommet offrant un point de vue sur la région. L'endurance est le sentier le plus long. Il passe à travers une érablière. Tous les sentiers sont dans des boisés très diversifiés. On y retrouve des bouleaux, des érables et des conifères. ★ La plus longue passerelle suspendue au monde s'y trouve (169 m). ⚠ Les entrées sur le site s'arrêtent 1 h 15 avant la fermeture.

🏰 P 👫 C X 🏠 🏕 🚊 🎪 🌿 🎿 🍷

🏃 24,5 km

| 🚶 ⛷ ❄ | NOM DU SENTIER | LONGUEUR | TYPE | NIVEAU |
|---|---|---|---|---|
| ✓ | R1 – Le cardio | 3,5 km | Boucle | Avancé |
| ✓ | R2 – Le chevreuil | 5,0 km | Boucle | Débutant |
| ✓ | R3 – Paysage | 5,0 km | Boucle | Débutant |
| ✓ | R4 – L'endurance | 11,0 km | Boucle | Avancé |

**HORAIRE** Tout l'hiver > De 9 h à 17 h
**TARIF** Adulte : 7,50 $ > Enfant (moins de 12 ans) : 4,50 $ > Taxes incluses
**ACCÈS** De la sortie 21 de l'autoroute 55 sud, prendre la route 141 est jusqu'à Coaticook et suivre les indications.

**DOCUMENTATION** Carte et dépliant (à l'accueil)
**INFORMATION** (819) 849-2331 > 1 888 LA GORGE > www.gorgedecoaticook.qc.ca

## 19 PARC ÉCOFORESTIER DE JOHNVILLE

Le site du boisé de Johnville fait 180 hectares. Les sentiers permettent de traverser des plantations et de longer un ruisseau. Ils sont en majorité dans des forêts matures. On a des chances d'admirer la faune active en hiver, notamment le cerf de Virginie et les lièvres. À cela s'ajoute des orignaux et des porcs-épics. On note la présence de signes de la dernière glaciation : un esker, constitué de dépôts de sable, de gravier et de rochers formant de longs et sinueux bourrelets escarpés. 🐴

🚶 7,8 km

| 🚶 ⛷ ❄ | NOM DU SENTIER | LONGUEUR | TYPE | NIVEAU |
|---|---|---|---|---|
| ✓ | Piste 1 | 3,9 km | Boucle | Intermédiaire |
| ✓ | Piste 1A | 2,3 km | Mixte | Débutant |
| ✓ | Piste 2 | 1,6 km | Linéaire | Débutant |

**HORAIRE** Tout l'hiver > De 8 h au coucher du soleil
**TARIF** Gratuit
**ACCÈS** De Sherbrooke, suivre la route 108 est, puis tourner à droite sur la route 251 sud et poursuivre jusqu'à Johnville. À l'entrée du village, tourner à gauche sur le chemin North. L'entrée du parc est située à environ 1 km.

**DOCUMENTATION** Dépliant (au bureau d'information touristique et dans les bureaux municipaux)
**INFORMATION** (819) 569-9388 > www.parc-johnville.qc.ca

## 20 PARC NATIONAL DE FRONTENAC

Le parc national de Frontenac, entourant le lac Saint-François, occupe environ 155 km². La majorité des sentiers longent des cours d'eau où s'y rendent. C'est le cas de la piste cyclable, qui passe aussi par la forêt. Sur L'Érablière, on retrouve, comme son nom l'indique, une érablière ainsi qu'une colline. Les Grands Pins côtoie d'immenses pins blancs. La Passerelle relie les pistes L'Érablière et La Colline. On peut observer le cerf de Virginie sur les collines feuillues.

🚶 42,7 km    **Multi** 22,5 km

| 🚶 👟 | NOM DU SENTIER | LONGUEUR | TYPE | NIVEAU |
|---|---|---|---|---|
| ✓ | L'Érablière | 4,0 km | Boucle | Intermédiaire |
| ✓ | La Colline | 3,0 km | Boucle | Intermédiaire |
| ✓ | Le Sous-bois | 1,6 km | Linéaire | Débutant |
| ✓ | La Passerelle | 1,0 km | Linéaire | Intermédiaire |
| ✓ | Les Grands Pins | 6,2 km | Boucle | Débutant |
| ✓ | Les Vallons | 0,5 km | Linéaire | Débutant |
| ✓ | Des Cascades | 4,0 km | Linéaire | Intermédiaire |
| ✓ | Le Portage | 0,4 km | Linéaire | Débutant |
| ✓ | Les Trois Moulins | 6,0 km | Linéaire | Intermédiaire |
| ✓ | Le Massif | 8,0 km | Linéaire | Intermédiaire |
| ✓ | Piste cyclable | 8,0 km | Linéaire | Débutant |

**HORAIRE** Début décembre à fin mars > de 9 h à 18 h

**TARIF** Adulte (18 ans et plus) : 3,50 $ > Enfant (6 à 17 ans) : 1,50 $ > Enfant (moins de 6 ans) : gratuit > Famille : 7,00 $ > Laissez-passer annuel pour un parc : 16,50 $/7,50 $ > Laissez-passer annuel pour l'ensemble des parcs nationaux du Québec : 30,00 $/15,00 $ > Autres tarifs disponibles

**ACCÈS** Secteur Saint-Daniel : de Thetford Mines, prendre la route 267 sud jusqu'à Saint-Daniel et suivre les indications. Secteur Sud : de Sherbrooke, suivre la route 108 vers l'est jusqu'à Saint-Romain, puis tourner à gauche sur la route 263 et continuer jusqu'à l'entrée du parc.

**DOCUMENTATION** Journal du parc (au bureau administratif)

**INFORMATION** 1 800 665-6527 > (418) 486-2300 > www.parcsquebec.com

## 21 PARC NATIONAL DE LA YAMASKA

Le parc national de la Yamaska a une superficie de 12,89 km² et fait le tour du réservoir Choinière. La digue principale s'élève à plus de 20 m, permettant un coup d'œil sur la région. Chaque sentier a ses particularités : La digue nous fait voir l'étendue blanche du réservoir et le paysage des basses terres appalachiennes. La rivière se trouve en milieu forestier (une forêt de pins) et on peut observer la rivière Yamaska Nord ainsi que des canards car il s'agit d'une portion de la rivière qui ne gèle pas. Et sur La Grande Baie, on voit les composantes de la forêt et on note des traces de l'activité faunique. Note : Les distances sont mesurées à partir du pavillon de la plage.

🚶 19 km    👟 4 km

| 🚶 👟 | NOM DU SENTIER | LONGUEUR | TYPE | NIVEAU |
|---|---|---|---|---|
| ✓ | La Digue | 4,0 km | Boucle | Débutant |
| ✓ | La Grande Baie | 12,0 km | Boucle | Débutant |
| ✓ | La Rivière | 3,0 km | Boucle | Débutant |
| | ✓ Sentier de marche hivernale | 4,0 km | Mixte | Débutant |

**HORAIRE** Tout l'hiver > De 8 h à 16 h

**TARIF** Adulte (18 ans et plus) : 3,50 $ > Enfant (6 à 17 ans) : 1,50 $ > Enfant (moins de 6 ans) : gratuit > Famille : 7,00 $ > Laissez-passer annuel pour un parc : 16,50 $/7,50 $ > Laissez-passer annuel pour l'ensemble des parcs nationaux du Québec : 30,00 $/15,00 $ > Autres tarifs disponibles

ACCÈS De Montréal, suivre l'autoroute 10 est jusqu'à la sortie 68. Prendre ensuite la route 139 nord qui devient le boulevard David-Bouchard. Le parc se situe au 1780, boulevard David-Bouchard.

DOCUMENTATION Dépliant hivernal (au parc et sur le site Internet)
INFORMATION (450) 776-7182 > www.parcsquebec.com

## 22 PARC NATIONAL DU MONT-MÉGANTIC

Le parc national du Mont-Mégantic a une superficie de près de 55 km². Sur la partie nord-est de la montagne, occupant 8 km², on retrouve une réserve écologique. Le territoire est montagneux, avec des falaises et quelques collines. Des sentiers mènent aux sommets des monts Saint-Joseph et Mégantic, chacun ayant plus de 1 000 m d'altitude. Le sommet du mont Mégantic offre un panorama sur le territoire du parc, une étendue blanche parsemée d'arbres enneigés. On a aussi une vue sur la région et sur les montagnes du New Hampshire, du Maine et du Vermont. La végétation est composée de forêt de feuillus et de conifères. On note la présence de plusieurs mammifères, dont le lynx roux qui est très rare dans cette zone. Certains sentiers passent à travers la forêt et traversent plusieurs ruisseaux. Note : Les sentiers linéaires peuvent être combinés pour former des boucles.

26,4 km

| NOM DU SENTIER | LONGUEUR | TYPE | NIVEAU | DÉNIVELÉ |
|---|---|---|---|---|
| Sentier du Ruisseau-Fortier | 3,0 km | Linéaire | Avancé | 310 m |
| Sentier du Mont-Mégantic | 3,1 km | Linéaire | Avancé | 320 m |
| Sentier du Col | 2,3 km | Linéaire | Avancé | 290 m |
| Sentier des Crêtes | 1,0 km | Linéaire | Débutant | 60 m |
| Sentier du Mont-Saint-Joseph | 3,5 km | Linéaire | Avancé | 480 m |
| Sentier d'Andromède | 3,0 km | Linéaire | Intermédiaire | 150 m |
| Sentier de la Fourche | 1,0 km | Linéaire | Débutant | 100 m |
| Sentier de la Grande-Ourse | 1,2 km | Linéaire | Débutant | 70 m |
| Sentier des Pléiades | 1,7 km | Linéaire | Débutant | |
| Chemin de la Chapelle | 1,5 km | Linéaire | Intermédiaire | 190 m |
| Sentier du Mont-Notre-Dame | 5,1 km | Boucle | Avancé | 290 m |

HORAIRE De décembre à avril > De 9 h à 17 h
TARIF Adulte (18 ans et plus) : 3,50 $ > Enfant (6 à 17 ans) : 1,50 $ > Enfant (moins de 6 ans) : gratuit > Famille : 7,00 $ > Laissez-passer annuel pour un parc : 16,50 $/7,50 $ > Laissez-passer annuel pour l'ensemble des parcs nationaux du Québec : 30,00 $/15,00 $ > Autres tarifs disponibles
ACCÈS De l'extrémité est de l'autoroute 10, continuer sur la route 112 vers East-Angus, puis prendre la route 253 jusqu'à Cookshire. Emprunter ensuite la route 212 vers La Patrie et suivre les indications « Parc du Mont-Mégantic, sect. Observatoire ». Le parc se trouve au 189, route du Parc à Notre-Dame-des-Bois.

DOCUMENTATION Journal du parc, carte (à l'accueil et à la Fédération québécoise de la marche)
INFORMATION (819) 888-2941 > 1 800 665-6527 > www.parcsquebec.com

# PARC NATIONAL DU MONT-ORFORD

Le parc national du Mont-Orford, d'une superficie de 58,37 km², est recouvert à plus de 80 % par des érables à sucre. On y retrouve un paysage de collines et de montagnes. Les plus importantes sont le mont Orford, d'une hauteur de 853 m, et le mont Chauve, avec ses 600 m, séparées par la rivière aux Cerises. Le sentier du mont Chauve offre un belvédère. Le sentier des Loutres mène au belvédère de l'étang Fer-de-Lance. On peut y apercevoir des loutres. Le sentier A relie les extrémités de la rivière aux Cerises et le sentier Z offre un point de vue panoramique. On retrouve un pont sur le sentier de marche hivernale. On retrouve sur le territoire la pruche du Canada qui attire le pic maculé, le porc-épic et le cerf de Virginie. ⚠ L'accès au sentier des Crêtes est interdit durant l'hiver en raison de la présence de deux ravages d'orignaux.

🏠 P 👫 C X ⛺ ⛺ 🏠 🏠 ⚒ ⚒ 🚃 🚂 💼 ⛽

*Note : le transport de bagages est disponible seulement pour les groupes scolaires.*

🚶 *23,2 km* 🚶* *1,6 km*

| 🚶 | 🚶* | NOM DU SENTIER | LONGUEUR | TYPE | NIVEAU | DÉNIVELÉ |
|---|---|---|---|---|---|---|
| ✓ | | Sentier du mont Chauve | 7,8 km | Boucle | Avancé | 330 m |
| ✓ | | Sentier A | 3,8 km | Linéaire | Débutant | |
| ✓ | | Sentier Z | 4,1 km | Linéaire | Débutant | |
| | ✓ | Sentier de marche hivernale | 1,6 km | Linéaire | Débutant | |
| ✓ | | Sentier des Loutres | 7,5 km | Boucle | Intermédiaire | 120 m |

HORAIRE   Tout l'hiver > Du lever au coucher du soleil

TARIF      Adulte (18 ans et plus) : 3,50 $ > Enfant (6 à 17 ans) : 1,50 $ > Enfant (moins de 6 ans) : gratuit > Famille : 7,00 $ > Laissez-passer annuel pour un parc : 16,50 $/7,50 $ > Laissez-passer annuel pour l'ensemble des parcs nationaux du Québec : 30,00 $/15,00 $ > Autres tarifs disponibles

ACCÈS     De la sortie 118 de l'autoroute 10, prendre la route 141 nord et suivre les indications pour le secteur Stukely.

DOCUMENTATION   Carte (à l'accueil Le Cerisier)

INFORMATION    (819) 843-9855 > 1 800 665-6527 > www.parcsquebec.com

[JCT]   LES SENTIERS DE L'ESTRIE

---

## 24   PARCS DE LA BAIE-DE-MAGOG ET DE LA POINTE MERRY

À proximité du cœur de la ville de Magog, en bordure du lac Memphrémagog, on a tracé un sentier longeant les parcs de la Baie-de-Magog et de la Pointe Merry. Des zones ouvertes donnent une vue sur le lac et la marina, les parcs, un marais gelé, le mont Orford et la chaîne des Appalaches. On passera aussi à travers une forêt mixte. On observera plusieurs oiseaux.

🏠 P 👫 C ⛺ ⚒

🚶* *5,5 km (boucle, débutant)*

HORAIRE   Tout l'hiver > Du lever au coucher du soleil

TARIF      Gratuit

ACCÈS     Accès 1 : à l'entrée ouest de Magog par la route 112, on peut accéder à la promenade à partir du stationnement Cabana, en face du bureau d'information touristique. Accès 2 : de la rue Principale au centre-ville de Magog, prendre la rue Merry Sud, et juste avant le pont, tourner à droite.

INFORMATION    (819) 843-2744 > 1 800 267-2744
                 www.tourisme-memphremagog.com

## 25    PROMENADE DU LAC-DES-NATIONS

Cette promenade fait le tour du lac des Nations, au cœur de Sherbrooke. Le sentier passe entre le lac et un boisé dominé par des feuillus comme l'érable, le pin et le bouleau. On y retrouve aussi quelques conifères. On pourra observer plusieurs oiseaux, ainsi que la faune grâce à une gloriette près de la passerelle des Draveurs. Les passerelles permettent de traverser le lac. On verra des chutes d'une hauteur d'environ 9 m et on aura plusieurs points de vue sur le mont Orford, le lac, un barrage, le parc Jacques-Cartier et la ville de Sherbrooke. Des panneaux d'interprétation et des œuvres d'arts agrémentent le parcours. 🐴

✳ P 👫 ( ⌂ ⌂ 🚃 🍃 🎿

🚶✳ *3,5 km (boucle, débutant)*

HORAIRE    Tout l'hiver > De 6 h à 23 h
TARIF    Gratuit
ACCÈS    De l'autoroute 10, prendre la sortie 146. Tourner à gauche sur le boulevard Saint-François, à droite sur la rue King Ouest et à gauche sur la rue Marchant. L'accès à la promenade est juste après avoir traversé le parc.

DOCUMENTATION    Dépliant (à la Cité des rivières)
INFORMATION    (819) 560-4280 > www.citedesrivieres.com

## 26    RÉSEAU DES GRANDES-FOURCHES

En parcourant les différents sentiers, on traversera des milieux urbains, des parcs, des forêts et des marais gelés. On longera également les rivières Saint-François, Massawippi et Magog. Le marais de la Saint-François comporte un circuit d'auto-interprétation de la faune et de la flore. Une tour d'observation offre une vue sur les 30 hectares de marais gelés. Un parc linéaire, situé sur les deux rives de la rivière Magog, comporte deux réseaux de sentiers. L'un donne accès à des sites champêtres. L'autre, situé au centre-ville, permet d'observer la rivière Magog s'élancer à travers une gorge escarpée, dévalant d'une chute à l'autre sur plus d'un kilomètre. On verra des vestiges archéologiques et la centrale Frontenac. 🐴

🏠 P 👫 ( ✗ 🛏 🛋 ⛏ 🚻 🚃 🍃 🎿

🏃 *Hors-piste sur une portion du territoire*    🚶✳ *64 km*    **Multi** *52 km*

| 🏃 🚶✳ | NOM DU SENTIER | LONGUEUR | TYPE | NIVEAU |
|---|---|---|---|---|
| ✓ | Axe Saint-François | 9,0 km | Linéaire | Débutant |
| ✓ | Axe Massawippi | 14,0 km | Linéaire | Débutant |
| ✓ | Axe Magog | 29,0 km | Linéaire | Débutant |
| ✓ | Boisé Blanchard | 8,5 km | Linéaire | Débutant |
| ✓ | Jardin du Grand Saule | 2,5 km | Linéaire | Débutant |
| ✓ | Champ des Buttes | 1,0 km | Linéaire | Débutant |

HORAIRE    Tout l'hiver > Du lever au coucher du soleil
TARIF    Gratuit
ACCÈS    De la route 112 à Sherbrooke, prendre le boulevard Saint-François Sud jusqu'au stationnement public. Il est possible de stationner au parc Jacques-Cartier situé au coin des rues Jacques-Cartier et King. Il est possible aussi de stationner au parc Lucien-Blanchard. Plusieurs autres accès sont possibles le long du parcours.

DOCUMENTATION    Dépliant, carte (au bureau d'information touristique et à la Maison de l'Eau de Sherbrooke)
INFORMATION    1 800 561-8331 > (819) 821-1919 > www.sdes.ca/fr/index.html

## 27    SENTIER PÉDESTRE NEIL-TILLOTSON

Le sentier serpente à travers une forêt mixte dominée par le sapin baumier et grimpe jusqu'au sommet du mont Hereford, une des montagnes les plus élevées des Cantons-de-l'Est avec ses 864 m, où on a un panorama de 360 degrés sur les montagnes et les vallées américaines. En chemin, on pourra apercevoir des orignaux. 🐎

🎿 P

🎿 5,5 km (linéaire, avancé, dénivelé de 400 m)    ***Multi*** 5,5 km

| | |
|---|---|
| HORAIRE | Tout l'hiver > Du lever au coucher du soleil |
| TARIF | Gratuit |
| ACCÈS | De Coaticook, prendre la route 206 vers l'est et tourner à droite sur la rue Desrosiers. Continuer sur 30 km jusqu'à East Hereford. Le stationnement est situé à droite juste avant le chemin Lépine. |
| INFORMATION | (819) 844-2463 > (819) 849-6669 |
| | www.municipalite.easthereford.qc.ca |

## 28    SENTIERS DE BROMONT

Ces sentiers, situés en pleine nature, sillonnent un milieu boisé. La Villageoise serpente à travers un relief vallonné. La Ceinture de randonnée fait le tour du mont Brome, une des collines montérégiennes, et offre une vue sur le lac Bromont. 🐎

🏚 🎿 P 👫 ( X 🍽 🛌

🎿 🚶❄ 22 km

| 🚶 | 🚶❄ | NOM DU SENTIER | LONGUEUR | TYPE | NIVEAU | DÉNIVELÉ |
|---|---|---|---|---|---|---|
| ✓ | ✓ | La Villageoise | 2,7 km | Linéaire | Débutant | |
| ✓ | ✓ | Sentier du Mont-Berthier | 1,6 km | Linéaire | Débutant | 50 m |
| ✓ | ✓ | Sentier du Village | 2,5 km | Linéaire | Débutant | |
| ✓ | ✓ | Ceinture de randonnée du Mont-Brome | 15,2 km | Boucle | Avancé | |

| | |
|---|---|
| HORAIRE | Tout l'hiver > Du lever au coucher du soleil |
| TARIF | Gratuit |
| ACCÈS | Plusieurs accès sont possibles à Bromont. On peut stationner au bureau d'information touristique, à l'église, à l'aréna ou à la station de ski alpin. |
| DOCUMENTATION | Carte touristique (à l'hôtel de ville |
| | et au bureau d'information touristique) |
| INFORMATION | (450) 534-2021 > www.bromont.com |

## 29    SENTIERS FRONTALIERS

Le parcours débute au sud du parc national du Mont-Mégantic et mène aux crêtes frontalières du mont Gosford en longeant la frontière Canada-États-Unis sur une bonne distance. Les sentiers sont répartis en deux secteurs : la montagne de Marbre et le mont Gosford. Ce dernier est l'un des 10 plus hauts sommets du Québec avec une altitude de 1 189 m. La montée abrupte conduit au sommet où une tour d'observation offre une vue de 360 degrés. Le sommet de la montagne de Marbre offre plusieurs points de vue sur le mont Washington et les montagnes Blanches, ainsi que sur la vallée et les montagnes avoisinantes. La forêt est composée, entre autres, par l'érable. 🐎 *Sur une portion de 106 km*

🎿 109,6 km + hors-piste sur une portion du territoire    ***Multi*** 104,5 km

| 🚶✳ | NOM DU SENTIER | LONGUEUR | TYPE | NIVEAU | DÉNIVELÉ |
|---|---|---|---|---|---|
| ✓ | Sentier principal | 83,0 km | Linéaire | Avancé | 900 m |
| ✓ | Sentier des Sommets (secteur Montagne de Marbre) | 3,3 km | Linéaire | Avancé | 250 m |
| ✓ | Sentier de la Chouette (secteur Montagne de Marbre) | 1,0 km | Linéaire | Intermédiaire | 100 m |
| ✓ | Chemin forestier (secteur Montagne de Marbre) | 2,1 km | Linéaire | Intermédiaire | |
| ✓ | Sentier du Petit-Lac-Danger (secteur Montagne de Marbre) | 2,2 km | Linéaire | Intermédiaire | 100 m |
| ✓ | Sentier du Ruisseau-Morin (secteur Mont Gosford) | 9,4 km | Linéaire | Avancé | 150 m |
| ✓ | Sentier du Cap-Frontière (secteur Mont Gosford) | 6,8 km | Linéaire | Avancé | 200 m |
| ✓ | Sentier du Col (secteur Mont Gosford) | 1,8 km | Linéaire | Avancé | 350 m |

HORAIRE  Tout l'hiver > Du lever au coucher du soleil

TARIF  Gratuit sauf 5,00 $ par voiture pour la forêt habitée du mont Gosford

ACCÈS  <u>Secteur Montagne de Marbre</u> : de Sherbrooke, prendre la route 108 vers l'est jusqu'à Cookshire, puis la route 212 jusqu'à Notre-Dame-des-Bois. Au cœur du village, tourner à droite en direction sud et poursuivre sur environ 7 km. <u>Secteur Mont Gosford</u> : de Sherbrooke, prendre la route 108 vers l'est jusqu'à Cookshire. Emprunter ensuite la route 212 et tourner à droite sur le rang Tout-de-Joie. Suivre les indications pour l'accueil Gosford. D'autres accès sont possibles, notamment dans le secteur du mont Mégantic et de la montagne de Marbre.

DOCUMENTATION  Carte topo (à l'accueil et à la Fédération québécoise de la marche)

INFORMATION  (819) 544-9004 > (819) 544-2027 > www.sentiersfrontaliers.qc.ca

## 30    STATION DE MONTAGNE AU DIABLE VERT

Les sentiers, sillonnant ce territoire de 104 hectares, sont tous en montagne. Chose rare, un champ de montagne permet un panorama de 360 degrés sur les montagnes Vertes du Vermont, les sommets des monts Sutton et la vallée Missisquoi. On traversera une forêt mixte dominée par les feuillus dont l'érable. On retrouve aussi des résineux près du ruisseau. On verra de petites cascades et on apercevra des oiseaux et, avec de la chance, des chevreuils. 🦌

🎪 P 👫 🛈 🚗 🏢 🌿 💼 🍷

🚶 *12,3 km + hors-piste sur tout le territoire*    **Multi** *7,3 km*

| 🚶✳ | NOM DU SENTIER | LONGUEUR | TYPE | NIVEAU |
|---|---|---|---|---|
| ✓ | Sentier des squatteurs | 0,8 km | Linéaire | Intermédiaire |
| ✓ | Sentier des falaises | 1,6 km | Linéaire | Intermédiaire |
| ✓ | Écho des bois | 0,6 km | Linéaire | Intermédiaire |
| ✓ | Montée de l'enfer | 0,3 km | Linéaire | Avancé |
| ✓ | Sentier de l'érablière | 1,0 km | Linéaire | Intermédiaire |
| ✓ | Le vieux chemin | 0,8 km | Linéaire | Débutant |
| ✓ | Sentier des coureurs des bois | 2,8 km | Linéaire | Intermédiaire |
| ✓ | Sentier des cascades | 1,0 km | Linéaire | Avancé |
| ✓ | Sentier du pré | 1,2 km | Linéaire | Débutant |
| ✓ | Sentier du ruisseau | 2,2 km | Linéaire | Intermédiaire |

HORAIRE    Tout l'hiver > De 9 h au coucher du soleil
TARIF      5,00 $ par personne
ACCÈS      À la sortie sud du village de Sutton sur la route 139, tourner à gauche sur le
           chemin Brookfall, à droite sur le chemin Scenic, puis à gauche sur le chemin
           de la Vallée Missisquoi et le suivre sur 1,5 km.

DOCUMENTATION    Carte des sentiers (à l'accueil)
INFORMATION      (450) 538-5639 > 1 888 779-9090 > www.audiablevert.qc.ca

[JCT]    LES SENTIERS DE L'ESTRIE; PARC D'ENVIRONNEMENT NATUREL DE SUTTON

## 31    STATION TOURISTIQUE OWL'S HEAD

Cette station touristique est située sur les rives du lac Memphrémagog, près des frontières du Vermont. On pourra parcourir la base de la montagne, d'une altitude d'environ 540 m, ou grimper dessus. On passera par un boisé mixte où on pourra apercevoir des chevreuils, des renards et des orignaux. On aura plusieurs points de vue sur le lac et les montagnes. 🦌

🏠 P ⛷ ( ✗ 🚗 ⚡

🏃 *Hors-piste sur tout le territoire*

HORAIRE    Tout l'hiver > Du lever au coucher du soleil
TARIF      Gratuit
ACCÈS      De l'autoroute 10, emprunter la sortie 106 et prendre la route 245 sud jusqu'à
           South Bolton. Poursuivre vers le sud sur la route 243 jusqu'à Mansonville et
           suivre les indications pour Owl's Head sur environ 12 km.

DOCUMENTATION    Dépliant (au centre de ski)
INFORMATION      (450) 292-3342 > 1 800 363-3342 > www.owlshead.com

Centre-du-Québec

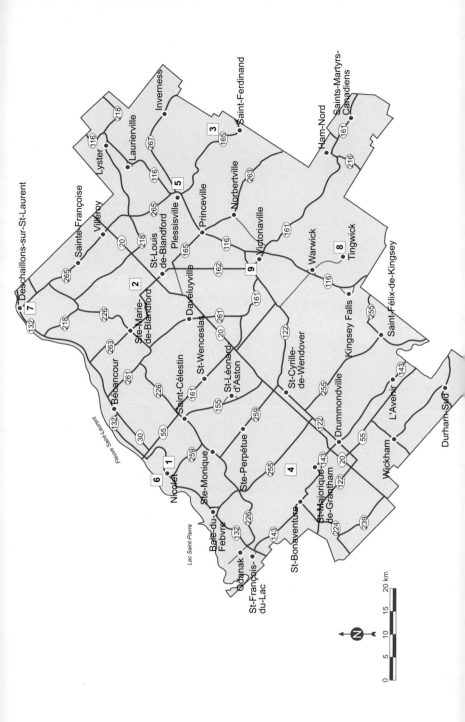

## 1 BOISÉ DU SÉMINAIRE

Le Boisé du Séminaire, partant de l'arrière de la cathédrale, a une superficie de 10 hectares. L'aménagement des sentiers a débuté en 1873. Deux étangs furent ensuite aménagés ainsi que les ponts les traversant. Le boisé est composé de hêtres à grandes feuilles, de bouleaux jaunes, d'érables à sucre, d'érables rouges, de pins blancs et de pruches de l'est. On y retrouve un pin blanc ayant plus de 200 ans. On peut voir les socles de quelques anciennes statues et les clôtures qui encadraient l'Académie, une société littéraire fondée par Gérin-Lajoie.

✵ P ▥

🏃 🚶＊1 km (boucle, débutant)

| HORAIRE | Tout l'hiver > Du lever au coucher du soleil |
|---|---|
| TARIF | Gratuit |
| ACCÈS | On accède à ce boisé à Nicolet, par la route 132. L'entrée principale est identifiée près de la cathédrale. |

| DOCUMENTATION | Dépliant (à l'hôtel de ville de Nicolet) |
|---|---|
| INFORMATION | (819) 293-6158 > www.ville.nicolet.qc.ca |

## 2 DOMAINE DU LAC LOUISE

Ce domaine est vallonné. Le sentier traverse une forêt mixte, comprenant en majorité des conifères. On peut voir le lac gelé et une chapelle. On peut apercevoir des lièvres et des perdrix, ainsi que des chevreuils qui sont nombreux.

P 👫 ℂ ✗ 🌿

🏃 4 km (mixte, débutant) + hors-piste sur tout le territoire

| HORAIRE | De janvier à mars > Du lever au coucher du soleil |
|---|---|
| TARIF | Adulte : 3,00 $ |
| ACCÈS | Prendre la sortie 235 de l'autoroute 20 en direction de la municipalité de Lemieux et suivre les indications pour le Domaine. |

| DOCUMENTATION | Dépliant (à l'accueil) |
|---|---|
| INFORMATION | (819) 364-7002 > www.domainelaclouise.com |

## 3 DOMAINE FRASER

Le Domaine Fraser a une superficie de 200 hectares. La moitié du territoire est un pré, l'autre est recouverte de forêt où la majorité des arbres sont vieux. On retrouve sur le terrain des ruisseaux, deux lacs et une érablière de 6 200 entailles. La chasse y étant interdite, les animaux sauvages y sont un peu domestiqués et peuvent être plus faciles à approcher. Parmi les espèces, on retrouve le chevreuil et le raton laveur. 🐴

🏯 P 👫 ℂ ✗ 🛏 ♨

🏃 8 km + hors-piste sur tout le territoire    🚶＊1 km

| 🏃 | 🚶＊ | NOM DU SENTIER | LONGUEUR | TYPE | NIVEAU |
|---|---|---|---|---|---|
| ✓ | | Sentier 1 | 3 km | Boucle | Débutant |
| ✓ | | Sentier 2 | 5 km | Boucle | Intermédiaire |
| | ✓ | Sentier 3 | 1 km | Boucle | Débutant |

| HORAIRE | De décembre à mars > De 10 h à 16 h |
|---|---|
| TARIF | Adulte : 3,00 $ > Enfant : 2,00 $ > Famille : 9,00 $ |

De la sortie 228 de l'autoroute 20, emprunter la route 165 en suivant les indications pour Thetford Mines. Tourner à gauche à Princeville sur la route 116, puis reprendre la route 165 à Plessisville vers le sud. Le Domaine se trouve à 15 km après Plessisville, sur la gauche.

INFORMATION    (418) 428-9551 > 1 800 856-9551 > www.domainefraser.com

## 4    FORÊT DRUMMOND

La forêt Drummond est le plus gros massif boisé entre Montréal et Québec. Elle est divisée en deux secteurs, Saint-Joachim et Saint-Majorique, par la rivière Saint-François, ce qui crée une ambiance sonore intéressante. Une partie de la forêt est naturelle et l'autre, une plantation. Quelques sentiers en bordure de la rivière permettent d'observer les rapides et la faune aviaire. Un belvédère et une tour d'observation offrent des vues de la région. Des chevreuils sont présents dans la forêt. 🐴

🎋 👫 🚂 🛏 🦌 🎿 🪑

🚶 *11,3 km + hors-piste sur tout le territoire*    🚶❄ *4,8 km*

| 🚶 | 🚶❄ | NOM DU SENTIER | LONGUEUR | TYPE | NIVEAU |
|----|----|----|----|----|----|
| ✓ | ✓ | Le Sylvicole | 1,3 km | Boucle | Débutant |
| ✓ | ✓ | Les Ancêtres | 1,3 km | Boucle | Débutant |
| ✓ | ✓ | L'Intermittent | 1,0 km | Boucle | Débutant |
| ✓ |   | Le Rustique | 3,5 km | Boucle | Débutant |
| ✓ |   | Le Pionnier | 3,0 km | Boucle | Débutant |
| ✓ | ✓ | Le Panoramique | 1,2 km | Linéaire | Débutant |

HORAIRE    Tout l'hiver > Du lever au coucher du soleil
TARIF    Gratuit
ACCÈS    Secteur Saint-Majorique : prendre la sortie 179 de l'autoroute 20. Suivre le chemin du Golf en direction nord jusqu'au centre d'interprétation La Plaine (environ 10 km de l'autoroute 20). Secteur Saint-Joachim : prendre la sortie 181 de l'autoroute 20. Suivre le rang Sainte-Anne jusqu'au village de Saint-Joachim et stationner au parc Jean-Gamelin (environ 10 km de l'autoroute 20).

INFORMATION    (819) 395-2005 > proformen@qc.aira.com

## 5    PARC DE LA RIVIÈRE BOURBON

Le parc de la rivière Bourbon, situé en plein centre-ville, est un parc ouvert bordé d'un boisé mixte. On peut circuler sur les deux rives de la rivière, reliées par une passerelle. De là, on peut voir l'île Louis-Philippe Hébert. Le parc est divisé en trois secteurs. L'un d'eux, le secteur Carrefour de l'Érable, permet de voir le barrage Bertrand et une chute qui ne gèle pas. La passerelle Armand-Vaillancourt est située dans ce secteur. 🐴

✳ P 🪑

🚶 *Hors-piste sur tout le territoire*

HORAIRE    Décembre à mars > Du lever au coucher du soleil
TARIF    Gratuit
ACCÈS    De la route 116 à Plessisville, prendre la rue Saint-Calixte, puis tourner à droite sur l'avenue des Érables, et enfin à gauche sur la rue Trudelle.

INFORMATION    (819) 362-3284 > ville.plessisville.qc.ca

## 6    PARC DE L'ANSE-DU-PORT

Le parc de l'Anse-du-Port est situé sur les rives du fleuve Saint-Laurent. Le parcours se fait sur deux passerelles surélevées passant au-dessus de la zone inondable du lac Saint-Pierre. La première traverse une érablière argentée et l'étendue gelée du marais. Elle mène à une tour d'observation haute de 12,3 m offrant une vue sur le lac et le fleuve. La deuxième permet d'avancer vers les rives du fleuve. On retrouve sur ces passerelles des panneaux décrivant les écosystèmes du lieu. *Détenir obligatoirement un sac à déchet.*

🏛 P ♀♀ 🛋 ▭ ❧

   *1,5 km (linéaire, débutant) + hors-piste sur tout le territoire*

| | |
|---|---|
| HORAIRE | Tout l'hiver > Du lever au coucher du soleil |
| TARIF | Gratuit |
| ACCÈS | Du pont Laviolette à Trois-Rivières, suivre l'autoroute 55 sud et sortir à Saint-Grégoire. Prendre la route 132 ouest, tourner à droite sur la route du Port et continuer jusqu'au bout. |

| | |
|---|---|
| DOCUMENTATION | Dépliant (à l'accueil, à l'hôtel de ville et au bureau d'information touristique) |
| INFORMATION | (819) 293-6901 > (819) 293-6960 > www.ville.nicolet.qc.ca |

## 7    PARC LINÉAIRE LE PETIT DESCHAILLONS/PARISVILLE

Le Petit Deschaillons transportait autrefois le bois de la seigneurie. Le sentier débute à la vieille gare de Parisville et emprunte l'ancienne voie ferroviaire. D'un côté, on retrouve une prairie, de l'autre, une forêt mixte. On traverse une petite rivière. Le sentier coupe un rang où on peut voir plusieurs érablières. On peut apercevoir des chevreuils et plusieurs oiseaux. *

🏛 P ♀♀ ( ▭ ❧ ⚞

   *3,5 km (linéaire, débutant) + hors-piste sur tout le territoire*

| | |
|---|---|
| HORAIRE | Toute l'année > Du lever au coucher du soleil |
| TARIF | Gratuit |
| ACCÈS | De la sortie 253 de l'autoroute 20, emprunter la route 265 nord sur environ 22 km, soit jusqu'à Parisville. On peut accéder à ce parc en d'autres points le long du parcours. |

| | |
|---|---|
| DOCUMENTATION | Dépliants et carte (à la gare et au bureau municipal) |
| INFORMATION | (819) 292-2222 > mun.parisville@qc.aira.com |

## 8    SENTIER LES PIEDS D'OR

Ce sentier débute à l'arrière de la salle municipale. Il traverse un boisé composé essentiellement de feuillus comme des hêtres, des érables rouges, des peupliers et beaucoup d'arbres à fruits. On y retrouve en très petite quantité le pin et le sapin. On peut y voir une chute qui ne gèle pas toujours l'hiver, une croix et une statue de la Sainte Vierge. Des mangeoires d'oiseaux et un kiosque d'ornithologie ont été installés. *

✳ P ♀♀ ⌂ ❧

   *1,5 km (boucle, débutant)*

| | |
|---|---|
| HORAIRE | Tout l'hiver > Du lever au coucher du soleil |
| TARIF | Gratuit |

ACCÈS De Victoriaville, emprunter la route 116 en direction ouest jusqu'à Warwick. Suivre le chemin de Warwick jusqu'à Tingwick. Le sentier débute à l'arrière de la salle municipale, au 1266, rue Saint-Joseph.

INFORMATION    (819) 359-2443

## 9    VILLE DE VICTORIAVILLE

Deux endroits permettent la pratique de la raquette : le parc de la Terre des Jeunes et le parc du Mont-Arthabaska. Ce mont occupe un territoire d'environ 67 hectares, presque entièrement boisé. Il offre un panorama sur la région. Par temps clair, on peut voir le pont Laviolette de Trois-Rivières, situé à plus de 38 km de là. Des mangeoires, le long d'un sentier accessible par le mont et par l'extrémité sud de la rue Girouard, permettent l'observation de plusieurs oiseaux.

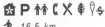

🚶 16,5 km

| 🚶 🚶* | NOM DU SENTIER | LONGUEUR | TYPE | NIVEAU | DÉNIVELÉ |
|---|---|---|---|---|---|
| ✓ | Parc Terre des Jeunes | 6,5 km | Mixte | Débutant | |
| ✓ | Parc du mont Arthabaska | 10,0 km | Boucle | Intermédiaire | 50 m |

HORAIRE    Tout l'hiver > Du lever au coucher du soleil
TARIF    Gratuit
ACCÈS    Les principaux accès se trouvent au cœur de Victoriaville, via la vélo-gare.

INFORMATION    (819) 357-1756 > (819) 357-8247 > www.montarthabaska.com

Charlevoix

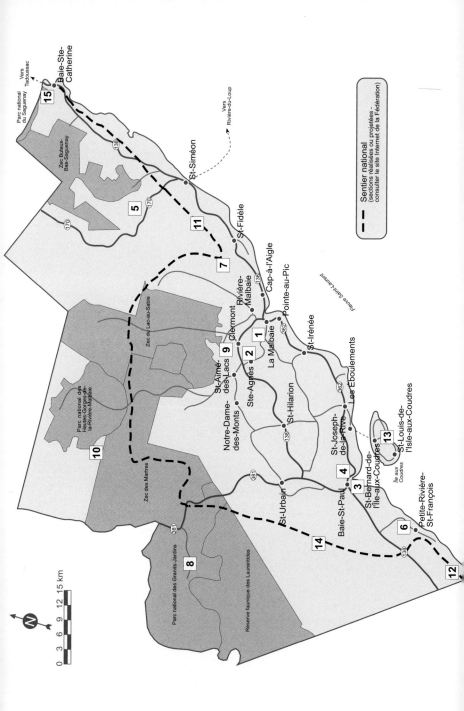

1   CENTRE DE PLEIN AIR LES SOURCES JOYEUSES
2   CENTRE DE SKI LA RANDONNÉE DE SAINTE-AGNÈS
3   LE BOISÉ DU QUAI
4   LE GENÉVRIER
5   LES PALISSADES, PARC D'AVENTURE EN MONTAGNE
6   LES SENTIERS À LIGUORI
7   MONT GRAND-FONDS
8   PARC NATIONAL DES GRANDS-JARDINS
9   PARCOURS DES BERGES
10   POURVOIRIE DU LAC MOREAU
11   SENTIER DE L'ORIGNAC
12   SENTIER DES CAPS DE CHARLEVOIX
13   SENTIER DES CHOUENNEUX
14   SENTIER LES FLORENTS
15   SENTIERS DE BAIE-SAINTE-CATHERINE

# 1    CENTRE DE PLEIN AIR LES SOURCES JOYEUSES

Le centre de plein air Les Sources Joyeuses, d'une superficie de 125 hectares, a été aménagé au cœur du cratère de Charlevoix, un des rares cratères habités. Celui-ci s'est formé à la suite de l'écrasement d'une météorite de 2 km de diamètre, là où se trouve le village des Éboulements. C'est cette météorite qui a façonné le paysage de la région. Le territoire est recouvert d'une forêt de pins gris et d'épinettes blanches. Le relais chauffé offre une vue sur le mont Grand-Fonds, le fleuve et la vallée de la rivière Malbaie. Le point de vue le plus important du site est la tour d'observation Le Mirador. Il s'agit d'une tour en bois d'une hauteur de 8 m, érigée sur l'une des montagnes. Quelques panneaux d'interprétation sont situés sur le sentier La Randonnée. ★ On peut admirer le cratère de Charlevoix sur plus de 40 km de distance de la tour d'observation Le Mirador.

🌼 P ♟ ( X ﯼ ⛏ ♨ ☙ ♗⇌

🚶 5,5 km    🚶* 2,8 km

| 🚶 | 🚶* | NOM DU SENTIER | LONGUEUR | TYPE | NIVEAU | DÉNIVELÉ |
|---|---|---|---|---|---|---|
| | ✓ | La Randonnée (Ma) | 1,0 km | Linéaire | Débutant | 70 m |
| | ✓ | L'Excursion (Mb) | 1,3 km | Linéaire | Débutant | 90 m |
| | ✓ | Le Cratère (Mc) | 0,5 km | Linéaire | Débutant | 70 m |
| ✓ | | L'Explorateur (Ra) | 1,5 km | Linéaire | Débutant | 75 m |
| ✓ | | Raquette de montagne (Rb) | 3,0 km | Linéaire | Intermédiaire | 150 m |
| ✓ | | La Plantation (Rc) | 1,0 km | Linéaire | Débutant | 70 m |

**HORAIRE**    Tout l'hiver **>** De 9 h à 16 h

**TARIF**    **Raquette >** Adulte : 5,00 $ **>** Enfant (moins de 12 ans) : 2,00 $
**Marche hivernale >** Adulte : 2,00 $ **>** Enfant (moins de 12 ans) : 1,00 $

**ACCÈS**    De La Malbaie, suivre les indications pour l'aéroport, près duquel se trouve le Centre.

**DOCUMENTATION**    Dépliant et carte des sentiers (à l'accueil)
**INFORMATION**    (418) 665-4858 **>** (418) 665-4503 **>** lessourcesjoyeuses.site.voila.fr

# 2    CENTRE DE SKI LA RANDONNÉE DE SAINTE-AGNÈS

À partir du chalet des sports, on peut atteindre une grotte où a été aménagée une statue de la Vierge sur un mur de briques. Le sentier passe dans un sous-bois et se rend à un abri chauffé offrant une vue sur les montagnes et le fleuve. ★ Une église centenaire se trouve à deux minutes de marche.

🌼 P ♟ ( X ⌂ ♗⇌

🚶 5 km (linéaire, débutant)

**HORAIRE**    De décembre à mars **>** De 9 h à 16 h
**TARIF**    Adulte : 5,00 $
**ACCÈS**    De La Malbaie, suivre la route 138 en direction ouest et se diriger vers Sainte-Agnès, à gauche. Le chalet se trouve derrière l'ancienne école en briques, sur la droite, avant l'église.

**DOCUMENTATION**    Dépliant (à l'Association touristique de Charlevoix)
**INFORMATION**    (418) 439-2788 **>** forguessylvie@hotmail.com

## 3   LE BOISÉ DU QUAI

Situé sur le littoral du Saint-Laurent, non loin du quai de Baie-Saint-Paul, ce sentier donne accès à un petit boisé et à une plage. Plus loin, une plate-forme d'observation surplombe les marécages gelés. 🐕

✶ P ☖

👟❄ 2 km

| 🚶 | 👟❄ | NOM DU SENTIER | LONGUEUR | TYPE | NIVEAU |
|----|----|----------------|----------|------|--------|
| | ✓ | Sentier de la Tour | 2,0 km | Mixte | Débutant |

HORAIRE     Tout l'hiver **>** Du lever au coucher du soleil
TARIF        Gratuit
ACCÈS      On accède à ce lieu à Baie-Saint-Paul, près du quai.

INFORMATION      (418) 435-2205 **>** www.baiestpaul.com

## 4   LE GENÉVRIER

Le Genévrier est situé dans la vallée de Baie-Saint-Paul, au cœur de Charlevoix. Il est traversé par la rivière de la Mare à la Truite. Les deux rives sont reliées par un pont. On retrouve trois lacs sur le territoire. Les sentiers traversent un milieu boisé où on retrouve des épinettes et des trembles. On peut observer des lièvres et des chevreuils.

❀ P 👫 ( ✗ 🚗

👟 10 km + hors-piste sur tout le territoire

| 🚶 | 👟❄ | NOM DU SENTIER | LONGUEUR | TYPE | NIVEAU | DÉNIVELÉ |
|----|----|----------------|----------|------|--------|----------|
| ✓ | | Petite boucle | 4,0 km | Boucle | Débutant | 30 m |
| ✓ | | Grande boucle | 6,0 km | Boucle | Intermédiaire | 150 m |

HORAIRE     Tout l'hiver **>** De 8 h à 16 h
TARIF        Adulte : 5,50 $ **>** Enfant (12 ans et moins) : 3,50 $ **>** Taxes incluses
ACCÈS      De Québec, suivre la route 138 est. Le Génévrier se trouve à 3 km à l'est de Baie-Saint-Paul.

DOCUMENTATION      Dépliant, carte (à l'accueil)
INFORMATION      (418) 435-6520 **>** 1 877 435-6520 **>** www.genevrier.com

## 5   LES PALISSADES, PARC D'AVENTURE EN MONTAGNE

Les escarpements rocheux qu'on retrouve dans ce lieu ont inspiré le nom de « Palissades ». Les sentiers de raquette sont les mêmes que l'on utilise pour la randonnée pédestre durant la période estivale. Ils longent et surplombent les falaises figurant comme les plus hautes parois en montagne au Québec, avec plus de 400 m de hauteur. 🐕

✶ 🏠 ⛲

👟 17,1 km

| 🚶 🏃* | NOM DU SENTIER | LONGUEUR | TYPE | NIVEAU | DÉNIVELÉ |
|---|---|---|---|---|---|
| ✓ | L'Aigle | 4,4 km | Boucle | Intermédiaire | 200 m |
| ✓ | Le Sylvain | 3,0 km | Linéaire | Débutant | 140 m |
| ✓ | Le Sabot | 1,9 km | Boucle | Débutant | 100 m |
| ✓ | Les Grandes Dalles et Amphithéatre | 3,4 km | Mixte | Avancé | 150 m |
| ✓ | Le Refuge et paroi école | 1,5 km | Linéaire | Intermédiaire | 140 m |
| ✓ | Le Rocher perdu | 2,9 km | Boucle | Intermédiaire | 50 m |

HORAIRE    De décembre à fin avril > Du lever au coucher du soleil
TARIF      Gratuit
ACCÈS      De Saint-Siméon, suivre la route 170 sur environ 13 km. En hiver, on stationne
           en bordure de la route 170.

INFORMATION    (418) 647-4422 > (418) 638-3833 > www.rocgyms.com

## 6    LES SENTIERS À LIGUORI

Ce terrain a appartenu à la famille Simard, du XVIIIe siècle jusqu'en 1976. Son nom est
un legs d'un des derniers propriétaires, Liguori Simard. Le domaine est représentatif de
son époque. On y retrouve un verger, une érablière et des champs. Grâce à la diversité
des habitats présents sur le territoire, on peut apercevoir plusieurs mammifères dont
l'orignal, le chevreuil et le lièvre. On a des points de vue sur le village côtier. 🐎

🏠 P 👥 🎒 ⛏ 🚂 🪑 🌿 🎿 🍴♿

🏃 14 km (mixte, débutant)

HORAIRE    Tout l'hiver > De 9 h à 16 h
TARIF      3,00 $ par personne > Enfant (12 ans et moins) : gratuit > Taxes incluses
ACCÈS      À partir de la route 138, tourner sur la route qui mène à Petite-Rivière-Saint-
           François. Traverser le village. Le sentier est indiqué à droite de la route,
           une dizaine de kilomètres plus loin.

DOCUMENTATION    Dépliant-carte (à l'accueil)
INFORMATION      (418) 632-5551 > (418) 632-5831 > liguori@charlevoix.net

[JCT]    SENTIER DES CAPS DE CHARLEVOIX

## 7    MONT GRAND-FONDS

Situé au cœur de la région de Charlevoix, ce mont a une altitude de 735 m et son relief est
parsemé de conifères enneigés. Les sentiers de raquette sont au sommet de la montagne.
L'un d'eux mène à un belvédère qui offre une vue sur le fleuve Saint-Laurent et les
montagnes de Charlevoix. Un autre sentier de raquette a été aménagé au pied de la
montagne. Il mène au relais de la Promenade, un chalet chauffé où les raquetteurs auront
du café et du chocolat chaud gratuitement. ★ La montagne est considérée comme un
fleuron de l'enneigement naturel au Québec avec ses 650 cm de neige annuellement.

🏠 P 👥 🎒 X 🏠 ⛏ 🍴♿

🏃 16,7 km

| 🚶 🏃* | NOM DU SENTIER | LONGUEUR | TYPE | NIVEAU | DÉNIVELÉ |
|---|---|---|---|---|---|
| ✓ | Le Grand Pic | 3,5 km | Boucle | Intermédiaire | |
| ✓ | Le Lièvre | 4,2 km | Boucle | Intermédiaire | |
| ✓ | Le Renard | 2,1 km | Mixte | Débutant | |
| ✓ | Les Hiboux | 2,9 km | Mixte | Débutant | |
| ✓ | Le Trappeur | 4,0 km | Linéaire | Avancé | 335 m |

HORAIRE    De décembre à mars  **>** En semaine **:** de 10 h à 14 h 30 (dernier départ)
           **>** Fin de semaine : de 9 h à 14 h 30 (dernier départ)
TARIF      Adulte : 5,00 $  **>** Enfant (5 ans et moins) : gratuit
ACCÈS      De Québec, prendre la route 138 est jusqu'à La Malbaie. De là, traverser le
           pont au centre-ville. Longer sur la rive est la rivière Malbaie et tourner à droite
           sur le chemin des Loisirs. Suivre les indications sur les panneaux bleus.

DOCUMENTATION   Carte des sentiers (à l'Association touristique de Charlevoix)
INFORMATION     (418) 665-0095  **>** 1 877 665-0095  **>** www.montgrandfonds.com

## 8    PARC NATIONAL DES GRANDS-JARDINS

Le parc national des Grands-Jardins, situé au nord de Baie-Saint-Paul, a été créé afin de protéger la taïga, forêt clairsemée d'épinettes noires, et le caribou dont la survie dépend de cet habitat. Ce territoire, d'une superficie de 310 km², offre un paysage montagneux avec des sommets atteignant plus de 1 000 m. La flore du parc est très diversifiée. Outre la taïga, on retrouve la toundra, les végétations alpines et subarctiques, ainsi que les forêts de feuillus, de conifères et boréale. On y retrouve plusieurs lacs ainsi que des phénomènes reliés à la dernière période glaciaire. On peut apercevoir des orignaux, des loups, des caribous et des lynx. Le sommet du mont du Lac des Cygnes, à 980 m d'altitude, offre une vue sur le cratère de Charlevoix, le fleuve Saint-Laurent, la vallée du Gouffre et les sommets du parc, grâce à un belvédère.

🚶 *51 km*

| 🚶 | 🎿 | NOM DU SENTIER | LONGUEUR | TYPE | NIVEAU | DÉNIVELÉ |
|----|----|----------------|----------|------|--------|----------|
| ✓ |  | Mont du Lac des Cygnes | 2,6 km | Linéaire | Avancé | 600 m |
|  | ✓ | Sentiers numérotés de 1 à 10 | 48,4 km | Mixte | Intermédiaire | |

HORAIRE    Du 23 décembre au 16 avril (secteur Mont du Lac des Cygnes) > De 8 h à
           18 h
TARIF      Adulte (18 ans et plus) : 3,50 $ > Enfant (6 à 17 ans) : 1,50 $ > Enfant
           (moins de 6 ans) : gratuit > Famille : 7,00 $ > Laissez-passer annuel pour un
           parc : 16,50 $/7,50 $ > Laissez-passer annuel pour l'ensemble des parcs
           nationaux du Québec : 30,00 $/15,00 $ > Autres tarifs disponibles
ACCÈS      De Baie-Saint-Paul, suivre la route 138 est, puis la route 381 jusqu'au parc.

DOCUMENTATION   Carte (à la Fédération québécoise de la marche)
INFORMATION     (418) 439-1730  **>** 1 800 665-6527  **>** www.parcsquebec.com

## 9    PARCOURS DES BERGES

Le parcours des berges commence près du pont Menaud. Il longe la rivière Malbaie et monte sur une petite montagne, offrant ainsi une vue panoramique sur la région. Une bonne partie du sentier est en milieu boisé. On peut apercevoir des représentants de la petite faune comme des écureuils. Des panneaux d'interprétation traitant des origines de la municipalité sont répartis sur le site. 🐕

✳ P 🛷 ⎯ 🎿

🚶 *Hors-piste sur tout le territoire*   🎿 *4 km (linéaire, débutant)*

HORAIRE    Tout l'hiver  > Du lever au coucher du soleil
TARIF      Gratuit

De la route 138 (boul. Notre-Dame) à Clermont, tourner sur la rue Saint-Philippe. Faire 0,6 km et tourner à droite avant le pont Menaud sur la rue de la Rivière. Le parcours débute à quelques mètres du pont.

**DOCUMENTATION** Le Parcours des berges de la rivière Malbaie
(à l'hôtel de ville de Clermont)

**INFORMATION** (418) 439-3773 > (418) 439-3931 > villedeclermont@qc.aira.com

## 10  POURVOIRIE DU LAC MOREAU

La pourvoirie est située à l'est du parc national des Grands-Jardins. Elle est délimitée par la rivière Malbaie et le parc national des Hautes-Gorges-de-la-Rivière-Malbaie. Son territoire couvre une superficie de 81 km² et comprend 32 lacs. Différents sentiers permettent d'accéder à des points d'observation offrant une vue sur la région environnante. Le sommet le plus élevé culmine à 850 m d'altitude. 🐎

🏵 P 👫 ( ✕ 🛖 🎿 🪑 ⚘ 🍴♨

🏃 *10 km (mixte, intermédiaire, dénivelé de 200 m)*
*+ hors-piste sur tout le territoire*

**HORAIRE** Tout l'hiver > Du lever au coucher du soleil

**TARIF** Gratuit

**ACCÈS** De Baie-Saint-Paul, suivre la route 138 est sur 10 km, puis prendre la jonction de la route 381 nord. Continuer sur 55 km, puis tourner à droite sur un chemin forestier. Le stationnement de l'accueil est à 8 km tandis que celui de l'auberge du Ravage est à 14 km. *Note : la majorité des sentiers débute à l'auberge du Ravage.*

**INFORMATION** (418) 665-4400 > 1 888 766-7328 > www.lacmoreau.com

## 11  SENTIER DE L'ORIGNAC 🏃

Le sentier de l'Orignac est un tronçon du Sentier national. Il passe à travers plusieurs écosystèmes, allant de l'érablière à la toundra. On peut observer plusieurs mammifères comme l'orignal, le renard, le loup, le coyote, le lièvre d'Amérique et le lynx du Canada. On peut aussi apercevoir quelques oiseaux dont la gélinotte huppée et le grand duc d'Amérique. Ce sentier offre plusieurs points de vue sur la région, notamment sur la vallée de la rivière Noire et le fleuve Saint-Laurent. Le belvédère de la Roche et la montagne des Taillis offre également une vue sur le fleuve, mais aussi sur la vallée de la faille géologique des Palissades. 🐎

⭐ P 👫 ⛺ 🎿
**Note** : *les toilettes sèches sont dans le secteur du lac McLeod*

🏃 *24 km (linéaire, intermédiaire, dénivelé de 365 m)*

**HORAIRE** Tout l'hiver > Du lever au coucher du soleil

**TARIF** Gratuit

**ACCÈS** Accès Camp Arthur-Savard : de Québec, emprunter la route 138 est jusqu'à Saint-Siméon. Tourner à gauche sur le chemin Saint-Léon. Suivre la signalisation du sentier jusqu'au stationnement.

**DOCUMENTATION** Carte (à la Fédération québécoise de la marche)

**INFORMATION** (418) 840-1221 > amarcoux@qc.aira.com

Un sentier de longue randonnée relie le massif de la Petite-Rivière-Saint-François, à l'est, au Cap Tourmente, à l'ouest, en passant par Saint-Tite-des-Caps. Sur la majorité de sa longueur, il longe la falaise qui borde le Saint-Laurent, offrant plusieurs points de vue sur le fleuve, l'archipel de Montmagny et l'île aux Coudres. Il est également possible d'y faire de courtes randonnées. Les sentiers du secteur de Saint-Tite-des-Cap mènent tous à des belvédères avec vues sur le fleuve. Les sentiers du secteur du sommet du Massif de Petite-Rivière-Saint-François sont partagés avec le ski de fond et mènent également à de jolis points de vue. ★ Une partie du Sentier des Caps a été désigné « Forêt ancienne » par le ministère des Ressources naturelles du Québec. 🐾 *Sur une portion de 56,9 km (Les chiens sont acceptés dans le réseau de randonnée d'un jour et sont interdits en longue randonnée)*

🏠 P ⛄ ( 🍴 🏚 🏔 🎇 🎟 🌿 🛶 🚌 💼 ⛽

🚶 *107,9 km* **Multi** *30,2 km*

| 🚶 🎿 | NOM DU SENTIER | LONGUEUR | TYPE | NIVEAU | DÉNIVELÉ |
|---|---|---|---|---|---|
| ✓ | Sentier des Caps | 51,0 km | Linéaire | Avancé | 750 m |
| ✓ | Sentier de la Chute | 5,0 km | Mixte | Intermédiaire | 250 m |
| ✓ | Sentier du Cap-Rouge | 6,2 km | Boucle | Intermédiaire | 200 m |
| ✓ | Sentier du Cap-Brûlé | 6,0 km | Linéaire | Intermédiaire | |
| ✓ | Sentier de l'Anse de la Montée du Lac | 9,5 km | Boucle | Avancé | 450 m |
| ✓ | Sentier du Lac à Thomas | 8,7 km | Boucle | Débutant | |
| ✓ | Sentier de la Grande Ligori | 7,5 km | Boucle | Intermédiaire | |
| ✓ | Sentier de la Chouette | 3,0 km | Boucle | Débutant | |
| ✓ | Sentier de L'Abattis | 11,0 km | Boucle | Intermédiaire | |

HORAIRE    Tout l'hiver > De 8 h 30 à 17 h

TARIF    5,00 $ par personne > Prix de groupe disponible > Taxes incluses

ACCÈS    De Québec, suivre la route 138 en direction est jusqu'à la municipalité de Saint-Tite-des-Caps. Tourner à gauche entre l'auberge du Capitaine et la station d'essence. L'accueil se situe au 2, rue Leclerc, sur le coin de la route 138.

DOCUMENTATION    Dépliant (à l'accueil et à la Fédération québécoise de la marche)

INFORMATION    (418) 823-1117 > 1 866 823-1117 > www.sentierdescaps.com

JCT    LES SENTIERS À LIGUORI;
RÉSERVE NATIONALE DE FAUNE DU CAP TOURMENTE (QUÉBEC)

L'Isle-aux-Coudres comporte plusieurs lieux historiques ou d'intérêt, regroupés dans un circuit patrimonial. C'est là qu'on retrouve le sentier des Chouenneux. Ce sentier passe à travers un sous-bois composé de conifères et de feuillus. On peut apercevoir des renards, des lièvres, des chouettes et des écureuils. Des panneaux d'interprétation situés le long du sentier expliquent les us et coutumes de l'époque, et la façon dont les gens d'autrefois interprétaient les signes de la nature.

★ 🎟 🌿 🛶

🚶 *3 km (mixte, débutant)*

HORAIRE    Tout l'hiver > Du lever au coucher du soleil

TARIF    Gratuit

ACCÈS    De Baie-Saint-Paul, prendre la route 362 jusqu'à Saint-Joseph-de-la-Rive où on prend le traversier pour l'Isle-aux-Coudres. Sur l'île, le sentier débute immédiatement après la Maison croche, au 808, chemin des Coudriers.

## 14    SENTIER LES FLORENTS

Le sentier Les Florents parcourt les monts des Florents et offre des points de vue sur la rivière du Gouffre, le fleuve Saint-Laurent et les montagnes du parc national des Grands-Jardins. On y a ajouté un tronçon de 6,7 km qui le relie au village de Saint-Urbain. Il offre quelques points de vue comme un ancien site minier. Il mène près des montagnes de l'arrière-pays de Charlevoix en passant par des prairies avec des panoramas sur le village de Saint-Urbain. 🐎

★ P ⛄ ( ✕ 🛏 ▭ ♨

🏃 *15,1 km (linéaire, intermédiaire, dénivelé de 348 m)*

| HORAIRE | Tout l'hiver > Du lever au coucher du soleil |
|---|---|
| TARIF | Gratuit |
| ACCÈS | Accès ouest : de Baie-Saint-Paul, suivre la route 138 est (boulevard Monseigneur-De Laval) sur 6,4 km. Le stationnement se situe à la Maison d'affinage Maurice Dufour, au 1339, boulevard Monseigneur-De Laval. Accès est : de Baie-Saint-Paul, suivre la route 138 est (boulevard Monseigneur-De Laval) sur 9 km. Le stationnement se situe à l'arrière du restaurant-motel Chez Laurent, au 1493, boulevard Monseigneur-De Laval, à l'intersection de la route 138 et de la route 381. |

| DOCUMENTATION | Dépliant-carte (au bureau de la MRC et à l'ATR de Charlevoix) |
|---|---|
| INFORMATION | (418) 435-2639 > www.mrc-charlevoix.com |

## 15    SENTIERS DE BAIE-SAINTE-CATHERINE

Les sentiers de Baie-Sainte-Catherine, situés à l'embouchure du fjord du Saguenay, sont deux sentiers se rejoignant pour former une boucle. Ils offrent une vue sur le fleuve Saint-Laurent et sur des montagnes. Parcourir ces sentiers fait contourner le lac Roger et passer sur un barrage de castors. La majorité du territoire est recouverte de forêt de conifères. On retrouve aussi quelques feuillus. On peut apercevoir des perdrix et des renards. Le sentier des chutes mène à une chute. 🐎

★ P **Note** : *le stationnement est situé au centre de loisirs, tout près*
🏃❄ *10 km*

| 🏃 | 🏃❄ | NOM DU SENTIER | LONGUEUR | TYPE | NIVEAU | DÉNIVELÉ |
|---|---|---|---|---|---|---|
| | ✓ | Sentier des chutes | 3,0 km | Linéaire | Intermédiaire | 50 m |
| | ✓ | Sentier des castors | 7,0 km | Linéaire | Intermédiaire | 50 m |

| HORAIRE | Tout l'hiver > Du lever au coucher du soleil |
|---|---|
| TARIF | Gratuit |
| ACCÈS | De La Malbaie, suivre la route 138 est jusqu'à Baie-Sainte-Catherine. Tourner à gauche sur la rue Leclerc et continuer jusqu'au stationnement se situant à droite. |

| DOCUMENTATION | Carte (à la municipalité de Baie-Sainte-Catherine) |
|---|---|
| INFORMATION | (418) 237-4241 > www.quebecweb.com/hmbsc |

## INFORMATION COMPLÉMENTAIRE SUR LA RÉGION

**La Traversée de Charlevoix :** On autorise la pratique de la raquette lorsque la saison de ski de fond est terminée, soit au mois de mars.

Chaudière-Appalaches

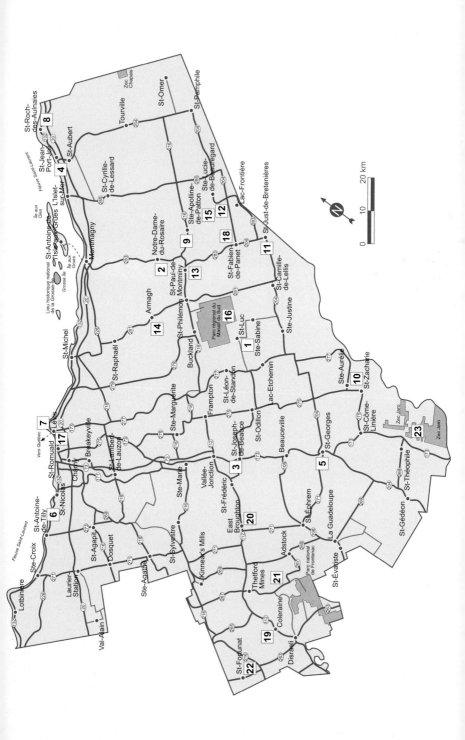

# 1    CAMP FORESTIER DE SAINT-LUC

Le camp forestier de Saint-Luc offre deux sentiers. Le sentier Le Camp a comme point de départ le Camp forestier et mène au Saint-Abdon, le premier rang du village, à travers un territoire de monts et de vallées. Il s'agit d'un sentier d'interprétation passant à travers une forêt de sapins. On y retrouve des informations sur la forêt, de la plantation d'arbres à leur usage dans l'industrie. Le sentier des Mornes, du haut des monts Giroux et Mathias, offre des points de vue sur l'État du Maine.

🏠 P 👫 ✕ 🛏 🏢 🚂 🌿

🚶 22,7 km

| 🚶 | 🎿 | NOM DU SENTIER | LONGUEUR | TYPE | NIVEAU | DÉNIVELÉ |
|---|---|---|---|---|---|---|
| ✓ | | Le Camp | 2,7 km | Mixte | Débutant | |
| | ✓ | Le sentier des Mornes | 20,0 km | Mixte | Intermédiaire | 600 m |

HORAIRE    Tout l'hiver > Du lever au coucher du soleil
TARIF    Adulte : 3,50 $ > Adolescent (14-17 ans) : 3,00 $ > Enfant (5 ans et moins) : gratuit > Taxes incluses
ACCÈS    De l'autoroute 73 (autoroute de la Beauce), emprunter la route 276 vers l'est jusqu'à la route 277. De là, suivre les indications pour Saint-Luc. Les sentiers débutent au 100, rue Fortin.

DOCUMENTATION    Dépliant (à l'accueil)
INFORMATION    (418) 636-2626 > 1 877 436-2626 > www.campforestier.qc.ca

JCT    PARC RÉGIONAL MASSIF DU SUD

# 2    CASCADES DE LA LOUTRE    (Parc régional des Appalaches)

Ce sentier, offrant un parcours en boucle, débute en empruntant sur une courte distance un ancien chemin de ferme longeant un champ jusqu'à un abri au toit rouge. On longera ensuite la rivière à la Loutre en passant à travers la forêt. On aura plusieurs points de vue sur les cascades de la rivière. Des orignaux, des cerfs de Virginie et des oiseaux sont présents sur le territoire.

✶ P 👫 🏠 🚂 🪑 🚌 💼

🚶 2 km

| 🚶 | 🎿 | NOM DU SENTIER | LONGUEUR | TYPE | NIVEAU |
|---|---|---|---|---|---|
| | ✓ | Sentier pédestre Cascades de la Loutre | 2,0 km | Boucle | Débutant |

HORAIRE    Tout l'hiver > Du lever au coucher du soleil
TARIF    Gratuit
ACCÈS    De la sortie 378 de l'autoroute 20, prendre la route 283 sud et traverser le village de Notre-Dame-du-Rosaire. Continuer sur 1 km et tourner à droite sur la rue Principale en direction de Sainte-Euphémie. Le sentier débute au stationnement en bordure de la route.

DOCUMENTATION    Dépliant (au bureau du parc, au 21, route des Chutes, ou au 105, rue Principale, à Sainte-Lucie-de-Beauregard)
INFORMATION    (418) 223-3423 > 1 877 827-3423 > www.parcappalaches.com

## 3  CIRCUIT DE LA GORGENDIÈRE

Le musée Marius-Barbeau, situé dans la plus vieille paroisse de la Beauce, a mis sur pied un circuit pédestre de quelques kilomètres : le circuit de la Gorgendière. En marchant dans la ville, on verra des maisons ancestrales ainsi que leurs caractéristiques architecturales et on aura un bref historique de ceux qui les ont habitées. L'un des attraits du circuit est le presbytère, qui comporte des éléments décoratifs de plusieurs styles architecturaux en vogue à l'époque de sa construction. On visite également la quatrième église depuis la fondation de la paroisse, l'église de Saint-Joseph-de-Beauce. ★ Pour les groupes de 10 personnes et plus et sur réservation, le Seigneur de la Gorgendière, fondateur de la Seigneurie, vous accompagne tout au long de votre marche et vous fait part de ses commentaires. 🐴

🚶※ 5,5 km

| 🖾 | 🚶※ | NOM DU SENTIER | LONGUEUR | TYPE | NIVEAU |
|---|---|---|---|---|---|
| | ✓ | Circuit 1 | 2,5 km | Boucle | Débutant |
| | ✓ | Circuit 2 | 3,0 km | Boucle | Débutant |

HORAIRE     Tout l'hiver > Du lever au coucher du soleil
TARIF       Gratuit > Brochure du circuit : 3,21 $
ACCÈS       Le circuit débute au musée Marius-Barbeau, près de l'église, sur la rue Sainte-Christine, en plein cœur de la ville de Saint-Joseph-de-Beauce.

DOCUMENTATION   Brochure Circuit de la Gorgendière (au musée Marius-Barbeau)
INFORMATION     (418) 397-4039 > www.museemariusbarbeau.com

## 4  DOMAINE DE GASPÉ

Le Domaine de Gaspé est ceinturé par le fleuve Saint-Laurent et la rivière Trois-Saumons. Le sentier de raquette longe cette dernière à travers une forêt mixte. On peut apercevoir des lièvres et quelques oiseaux dont le hibou. On peut se rendre à un promontoire, faisant partie du site historique Philippe-Aubert de Gaspé, qui offre une vue panoramique sur le fleuve. 🐴

✸ P

🚶 1,5 km (linéaire, débutant)

HORAIRE     De janvier à mars > Du lever au coucher du soleil
TARIF       Gratuit
ACCÈS       De la jonction des routes 204 et 132 à  Saint-Jean-Port-Joli, suivre la route 132 ouest sur environ 7 km.

INFORMATION     (418) 598-3084

## 5  DOMAINE DE LA SEIGNEURIE

Les sentiers d'hiver du Domaine de la Seigneurie sillonnent deux grands parcs, soit Veilleux et de l'Île Pozer. Le sentier Île Pozer longe la rivière Chaudière qu'on traverse par une passerelle pour atteindre l'île. L'espace et très dégagé, on y retrouve quelques feuillus. Le sentier Optimiste passe à travers un boisé mixte dominé par les feuillus. Au milieu du parcours, on peut voir un petit étang gelé. ★ Un barrage rétractable, unique au Québec, sert à des fins récréatives.

**✻ P ⛩ ▥**

🚶 *Hors-piste sur tout le territoire* 🎿* *1,5 km*

| 🚶 | 🎿* | NOM DU SENTIER | LONGUEUR | TYPE | NIVEAU |
|---|---|---|---|---|---|
| | ✓ | Sentier Île Pozer | 0,5 km | Linéaire | Débutant |
| | ✓ | Sentier Optimiste | 1,0 km | Boucle | Débutant |

HORAIRE  Tout l'hiver > Du lever au coucher du soleil
TARIF  Gratuit
ACCÈS  De la municipalité de Saint-Côme-Linière, suivre la route 173 nord jusqu'à Saint-Georges. Prendre ensuite la 1$^{re}$ Avenue sur la gauche et continuer jusqu'au centre sportif Lacroix-Dutil. Le départ s'effectue depuis le stationnement.

INFORMATION  (418) 228-8155 > carole.paquet@ville.sg-bce.qc.ca

---

## 6    DOMAINE FORESTIER PLAISIRS D'AUTOMNE

Ce vaste domaine surplombant le fleuve Saint-Laurent sert, entre autres, de parc d'élevage. Pour accéder aux sentiers, on passera d'abord entre un verger de 3 500 arbres et une aire d'enclos, qui caractérise ce lieu, où on pourra observer des wapitis, des sangliers, des daims, des cerfs rouges et des cerfs sika. On passera ensuite entre deux lacs. Les sentiers traversent un boisé dominé par les conifères dans lequel on retrouve quelques érables. On pourra y voir des oiseaux dont la perdrix. Le sentier du temps des sucres mène à une cabane à sucre. Les autres sont pourvus de décorations changeant à chaque année. Par exemple, on pourrait voir sur le sentier du bûcheron une hache plantée dans un arbre et une salopette.

**✿ P ♟ ( X ⌂**

🚶 *2,3 km + hors-piste sur tout le territoire* **Multi** *2,3 km*

| 🚶 | 🎿* | NOM DU SENTIER | LONGUEUR | TYPE | NIVEAU |
|---|---|---|---|---|---|
| ✓ | | Sentier du temps des sucres | 0,6 km | Boucle | Débutant |
| ✓ | | Sentier coureur des bois | 0,8 km | Boucle | Débutant |
| ✓ | | Sentier du bucheron | 0,9 km | Boucle | Débutant |

HORAIRE  Tout l'hiver > Du lever au coucher du soleil
TARIF  Gratuit
ACCÈS  De Lévis, suivre la route 132 en direction ouest. L'entrée est située le long de la route, à gauche, à la limite entre les villages de Saint-Nicolas et de Saint-Antoine-de-Tilly.

DOCUMENTATION  Dépliant (au bureau d'information touristique)
INFORMATION  (418) 886-2412 > www.plaisirsdautomne.com

---

## 7    JE MARCHE MA VILLE, JE MARCHE MON QUARTIER

On retrouve à Lévis cinq parcours de 5 km dans chacun des trois arrondissements. Chacun des parcours est identifié par une affiche indiquant le départ et des pas peints en blanc montrant la route à suivre. Il s'agit d'une initiative pour encourager les gens à marcher 5 km régulièrement. Pour chaque circuit, une carte permet de s'autoguider. On peut visiter des quartiers résidentiels, industriels ou historiques, ainsi que des coins de nature. 🐾

**✿ P ♟ ( ❦ ✗**

🎿* *75 km (mixte, débutant)*

HORAIRE   Tout l'hiver > Du lever au coucher du soleil
TARIF     Gratuit
ACCÈS     Les circuits prennent leur départ dans des quartiers différents de la ville bien indiqués sur les plans des parcours.

DOCUMENTATION   Feuillet de chaque parcours (dans les bibliothèques de Lévis)
INFORMATION     (418) 835-4960 poste 4977 > (418) 838-4154 > www.ville.levis.qc.ca

## 8    LA SEIGNEURIE DES AULNAIES

Le territoire du site d'interprétation du régime seigneurial de la seigneurie des Aulnaies est en partie recouvert d'un boisé mixte dominé par les conifères. En parcourant le sentier qui ceinture le site, on verra une pinède et un verger, ainsi qu'un étang gelé. Les deux principaux cours d'eau, les rivières Ferrée et Le Bras, sont traversés par des passerelles. Un belvédère offre une vue sur la rivière Ferrée et son barrage, où on trouve une des deux petites chutes gelées du site. On pourra admirer les bâtiments patrimoniaux comme le manoir, le moulin et la maison du meunier. On apercevra plusieurs espèces d'oiseaux.

*Note :* on conseille de téléphoner afin de connaître les heures d'ouverture du pavillon d'accueil.

3 km (linéaire, débutant)    **Multi** 3 km

HORAIRE   De décembre à avril > De 9 h à 17 h
TARIF     Gratuit
ACCÈS     De l'autoroute 20, prendre la sortie 430 et suivre les indications sur la route 132.

INFORMATION   (418) 354-2800 > 1 877 354-2800
              www.laseigneuriedesaulnaies.qc.ca

## 9    LAC CARRÉ   (Parc régional des Appalaches)

Le centre de plein air est situé près de la paroisse de Sainte-Apolline-de-Patton, en bordure du lac Carré. On pourra y emprunter le sentier des Collines, qui contourne une partie du lac Carré. On passera ensuite par les lacs Couture et du Curé, et le Petit lac des Vases. Le parcours, agrémenté de panneaux d'interprétation, permet d'admirer les collines appalachiennes.

12 km

| | NOM DU SENTIER | LONGUEUR | TYPE | NIVEAU |
|---|---|---|---|---|
| ✓ | Sentier des Collines (n° 9) | 12,0 km | Linéaire | Intermédiaire |

HORAIRE   Tout l'hiver > Du lever au coucher du soleil
TARIF     Gratuit
ACCÈS     De la sortie 378 de l'autoroute 20, prendre la route 283 sud. 10 km après Notre-Dame-du-Rosaire, tourner à gauche sur la route 216 et continuer jusqu'à Sainte-Apolline-de-Patton. Suivre ensuite les indications pour le lac Carré ou le Centre de plein air.

DOCUMENTATION   Dépliant (au bureau du parc, au 21, route des Chutes, ou au 105, rue Principale, à Sainte-Lucie-de-Beauregard)
INFORMATION     (418) 223-3423 > 1 877 827-3423 > www.parcappalaches.com

## 10    LE DOMAINE DES SPORTIFS DE SAINTE-AURÉLIE

Ce domaine est situé à l'est de la ville de Sainte-Aurélie, près des frontières du Maine, à proximité du lac Giguère. En parcourant les sentiers menant à un belvédère, on verra un ancien clocher d'église servant de nichoir aux oiseaux. On pourra apercevoir des chevreuils et des orignaux.

🏠 P 👫 ( 🏠 🏛 🌿

🧍 *3 km + hors-piste sur tout le territoire*

| 🧍 🎿 | NOM DU SENTIER | LONGUEUR | TYPE | NIVEAU |
|---|---|---|---|---|
| ✓ | Sentier d'auto-interprétation | 2,0 km | Boucle | Débutant |
| ✓ | Sentier des Fleurs | 1,0 km | Boucle | Débutant |

HORAIRE    Tout l'hiver > De 9 h à 17 h
TARIF    3,00 $ par personne
ACCÈS    De Saint-Georges, emprunter la route 204 est sur 19 km. Tourner à droite sur la route 275 et poursuivre sur 12 km. Prendre ensuite la route 277 jusqu'à Sainte-Aurélie, puis suivre les indications.

INFORMATION    (418) 593-3786 > (418) 593-3886 > www.domainesportif.8k.com

## 11    LES TOURBIÈRES   (Parc régional des Appalaches)

Les tourbières et leur environnement sont situés sur le plateau appalachien, en bordure de la rivière Daaquam. Il est conseillé de s'enregistrer au préalable à la Pourvoirie Daaquam. Les parcours sillonnent une forêt mixte. Le sentier Le Trappeur traverse une zone peuplée de conifères. Par le sentier Le Frontalier, on accèdera à la frontière canado-américaine. Le sentier Les Tourbières conduit à l'étendue blanche d'une vieille tourbière.

🏠 P 👫 ( X 🏠 🏛 🚃 🌿 🎿 🚌 🛍 ⛺

*Note : les services sont disponibles de 8 h 30 à 17 h*

🧍 *13 km*

| 🧍 🎿 | NOM DU SENTIER | LONGUEUR | TYPE | NIVEAU |
|---|---|---|---|---|
| ✓ | Sentier Les Tourbières (n° 17) | 5,0 km | Boucle | Débutant |
| ✓ | Sentier Le Trappeur (n° 15) | 4,0 km | Boucle | Débutant |
| ✓ | Sentier Le Frontalier (n° 16) | 4,0 km | Boucle | Débutant |

HORAIRE    Tout l'hiver > Du lever au coucher du soleil
TARIF    Gratuit
ACCÈS    De la sortie 348 de l'autoroute 20, prendre la route 281 sud sur 68 km. Tourner à gauche sur la route 204 et, 10 km plus loin, à Saint-Just-de-Bretenières, tourner à droite après l'église. Faire 1 km et, après le pont de la rivière Daaquam, tourner à gauche et faire encore 400 mètres.

DOCUMENTATION    Dépliant (au bureau du parc, au 21, route des Chutes, ou au 105, rue Principale, à Sainte-Lucie-de-Beauregard)
INFORMATION    (418) 223-3423 > 1 877 827-3423 > www.parcappalaches.com

## 12   MONT SUGAR LOAF   (Parc régional des Appalaches)

Ce mont, d'une altitude de 650 m, est situé près de la frontière du Maine. Le sentier du Garde-Feu grimpe à travers une forêt de feuillus, une érablière et une zone de conifères, jusqu'au sommet de la montagne d'où on a une vue de 360 degrés sur les huit villages environnants et sur les collines appalachiennes. Le sentier du Pont Brûlé mène à un pont suspendu de 30 m enjambant la rivière Noire. Un autre pont suspendu traverse cette rivière, sur le sentier Les Castors. Ce sentier, au relief, vallonné passe par une érablière, un esker, un ancien barrage de castors et un escarpement rocheux recouvert par une forêt de résineux. On descendra vers la rivière afin de rejoindre le Pont Brûlé.

*Note : les services sont disponibles de 8 h 30 à 17 h*

23,5 km

| | | NOM DU SENTIER | LONGUEUR | TYPE | NIVEAU | DÉNIVELÉ |
|---|---|---|---|---|---|---|
| ✓ | | Sentier du Pont Brûlé (nᵒ 10) | 7,0 km | Mixte | Intermédiaire | 250 m |
| ✓ | | Sentier du Garde-Feu (nᵒ 11) | 3,0 km | Mixte | Intermédiaire | 250 m |
| ✓ | | Sentier Le Beauregard (nᵒ 12) | 6,5 km | Mixte | Débutant | |
| ✓ | | Sentier Les Castors (nᵒ 14) | 7,0 km | Mixte | Intermédiaire | |

**HORAIRE**   Tout l'hiver > Du lever au coucher du soleil
**TARIF**   Gratuit
**ACCÈS**   De Montmagny, prendre la route 283 sud jusqu'à Saint-Fabien-de-Panet, puis la route 204 est jusqu'à Sainte-Lucie-de-Beauregard. Tourner à gauche sur la route des Chutes, puis à gauche encore sur le 6ᵉ Rang Ouest. Traverser le pont couvert pour arriver à la montagne.

**DOCUMENTATION**   Dépliant (au bureau du parc, au 21, route des Chutes, ou au 105, rue Principale, à Sainte-Lucie-de-Beauregard)
**INFORMATION**   (418) 223-3423 > 1 877 827-3423 > www.parcappalaches.com

[JCT]   SENTIERS PÉDESTRES DE SAINT-FABIEN-DE-PANET

## 13   MONTAGNE GRANDE COULÉE – RIVIÈRE AUX ORIGNAUX
### (Parc régional des Appalaches)

Débutant au sommet de la montagne Grande Coulée, le sentier des Orignaux relie cette dernière au circuit pédestre de Saint-Fabien. En empruntant ce sentier vallonné, on sillonnera le plus haut sommet de Montmagny-Sud, à une altitude de 853 m. On traversera une forêt mixte parcourue de rivières et de lacs entre les rochers. Des passerelles permettent de passer d'une rive à l'autre. On longera le lac Long et la rivière aux Orignaux, on passera par un ravage d'orignaux et on finira le parcours dans une zone d'érablière. On aura des points de vue sur le village au bas de la montagne et sur l'ancienne station de ski de la montagne Grande Coulée, et un panorama s'étendant jusqu'aux montagnes de la rive nord.

*Note : les services sont disponibles de 8 h 30 à 17 h*

17 km

| 🧎 🚶* | NOM DU SENTIER | LONGUEUR | TYPE | NIVEAU | DÉNIVELÉ |
|---|---|---|---|---|---|
| ✓ | Sentier des Orignaux | 17,0 km | Mixte | Avancé | 363 m |

HORAIRE    Tout l'hiver > Du lever au coucher du soleil
TARIF      Gratuit
ACCÈS      De la sortie 378 de l'autoroute 20, prendre la route 283 sud. Emprunter ensuite la route 216 ouest et contourner le village de Saint-Paul-de-Montminy. Tourner ensuite à gauche sur la route Sirois, puis à droite sur le 5ᵉ Rang. Poursuivre jusqu'au chemin Grande-Coulée et tourner à gauche au stationnement.

DOCUMENTATION    Dépliant (au bureau  du parc, au 21, route des Chutes, ou au 105, rue Principale, à Sainte-Lucie-de-Beauregard)
INFORMATION      (418) 223-3423 > 1 877 827-3423 > www.parcappalaches.com

## 14    PARC DES CHUTES D'ARMAGH

Le sentier passe à travers une forêt mixte et conduit à un belvédère qui offre une vue sur une chute de plus de 28 m de haut. Tout au long du chemin, on aura plusieurs points de vue sur la rivière Armagh. 🐕

### ✳ P ⛲ 🪑

🚶 *2 km (linéaire, débutant) + hors-piste  sur tout le territoire*

HORAIRE    De janvier à fin mars > Du lever au coucher du soleil
TARIF      Les frais d'accès ne sont pas encore déterminés
ACCÈS      De la ville de Lévis, suivre l'autoroute 20 est et prendre la sortie 348. Continuer ensuite sur la route 281 vers le sud. Le parc des Chutes d'Armagh est situé environ 2 km dépassés la municipalité d'Armagh.

INFORMATION      (418) 466-2874 > (418) 466-2916 > www.parcdeschutes.ca

## 15    PARC RÉGIONAL DES APPALACHES

Ce parc régional, au cœur de la chaîne de montagnes, a pour mission de mettre en valeur dix sites naturels répartis dans huit municipalités. Les sentiers permettent de découvrir plusieurs milieux naturels. On verra des lacs et des ruisseaux, on accèdera à des chutes et on passera par des eskers, des érablières, des milieux humides et la forêt. On pourra aussi grimper sur les sommets de la Grande Coulée (853 m) et du Sugar Loaf (650 m). Sur ce dernier, une tour à feu a autrefois été construite. Les sommets offrent une vue sur les mont avoisinants et la région. On aura aussi des panoramas de 360 degrés. En parcourant les différents sentiers, on pourra apercevoir, entre autres, quelques variétés de pics, des orignaux, des chevreuils, des lièvres et des perdrix. 🐕

### Voir les détails dans les différents secteurs :

| | |
|---|---|
| 2 | CASCADES DE LA LOUTRE |
| 9 | LAC CARRÉ |
| 11 | LES TOURBIÈRES |
| 12 | MONT SUGAR LOAF |
| 13 | MONTAGNE GRANDE-COULÉE – RIVIÈRE-AUX-ORIGNAUX |
| 18 | SENTIERS PÉDESTRES DE SAINT-FABIEN-DE-PANET |

### Pour tous les secteurs :

HORAIRE    Tout l'hiver > Du lever au coucher du soleil
TARIF      Gratuit

DOCUMENTATION    Dépliant (au bureau  du parc, au 21, route des Chutes, ou au 105, rue Principale, à Sainte-Lucie-de-Beauregard)
INFORMATION      (418) 223-3423 > 1 877 827-3423 > www.parcappalaches.com

Ce parc régional a une superficie de 119 km² sur laquelle on retrouve vingt sommets dont les deux plus hauts de la région. On pourra apercevoir, entre autres, des orignaux, des lynx, des écureuils volants ainsi que des oiseaux dont la gélinotte et plusieurs espèces de pics. En parcourant les sentiers, on verra des ruisseaux, d'énormes arbres, des parois rocheuses et des abris sous roche. Sur la rivière du Milieu, on retrouve des vestiges d'un système de barrages forestiers construit il y a près d'un siècle par les draveurs et les bûcherons pour débarder le bois qui était coupé l'hiver. Des panneaux d'interprétation traitent du sujet sur le site de la Slousse, une ancienne chute à billots utilisée par les draveurs, à laquelle un sentier mène. On grimpera sur des sommets, dont le mont du Midi, d'une altitude de 915 m, où une tour d'observation offre une vue s'étendant jusqu'à Québec et les Laurentides. Le mont Chocolat, d'une altitude de 717 m, offre un panorama sur la vallée. Le long du sentier y menant, on retrouve l'exposition Montagnes et culture relatant la vie en montagne dans le monde. Le sentier des Sources passe dans une forêt dominée par les bouleaux jaune et blanc, puis dans les vieilles sapinières des sommets. 🐴

🚶 *18,5 km*

| 🚶 | 🎿* | NOM DU SENTIER | LONGUEUR | TYPE | NIVEAU | DÉNIVELÉ |
|---|---|---|---|---|---|---|
| ✓ | | Sentier des Sources | 3,9 km | Linéaire | Avancé | 400 m |
| | ✓ | Sentier du mont Chocolat | 2,1 km | Linéaire | Avancé | 300 m |
| | ✓ | Sentier de la Slousse | 1,5 km | Linéaire | Avancé | |
| | ✓ | Sentier du Plateau | 2,0 km | Boucle | Avancé | |
| | ✓ | Sentier de la Vallée | 1,5 km | Linéaire | Avancé | |
| | ✓ | Sentier du Sommet | 4,1 km | Linéaire | Avancé | 380 m |
| | ✓ | Sentier des Dryades | 3,0 km | Linéaire | Avancé | 350 m |
| | ✓ | Sentier de la Bretelle | 0,4 km | Linéaire | Débutant | |

HORAIRE  De décembre à avril > De 8 h 30 à 16 h
TARIF  Adulte : 4,00 $ > Enfant (17 ans et moins) : 2,00 $ > Tarif familial disponible
ACCÈS  De la sortie 337 de l'autoroute 20, suivre la route 279 sud jusqu'à la route 216. Tourner à gauche et suivre les indications sur les panneaux bleus « Massif du Sud ».

DOCUMENTATION  Carte des sentiers, dépliant (à l'accueil)
INFORMATION  (418) 469-2228 > www.massifdusud.com

[JCT]  **CAMP FORESTIER DE SAINT-LUC**

## 17  PARCOURS DES ANSES

Le parcours des Anses, aménagé sur une ancienne voie ferrée, longe le fleuve Saint-Laurent en face du château Frontenac. On aura une vue sur Québec, notamment sur ses fortifications illuminées en soirée, sur les ponts et sur l'île d'Orléans. ★ Des sections de sentiers sont éclairées en soirée. 🐴

P 🚻 ( 🏠 🏛 🎿

🚶 🎿* 6 km *(linéaire, débutant)*

HORAIRE  Tout l'hiver > De 7 h à 23 h
TARIF  Gratuit

ACCÈS    De l'autoroute 20, emprunter la sortie 318 nord. Suivre les indications pour le traversier Québec-Lévis. Il y a plusieurs accès possibles entre Saint-Romuald et le quartier Lauzon.

INFORMATION    (418) 835-4932 > (418) 835-4960 poste 4652
www.tourismelevis.com

## 18    SENTIERS PÉDESTRES DE SAINT-FABIEN-DE-PANET
### (Parc régional des Appalaches)

Les sentiers traversent la forêt et des érablières. On aura des points de vue sur des barrages de castors, des lacs dont le lac Talon, des rivières, des cascades et des chutes dont une d'environ 30 m. On verra aussi le mont Sugar Loaf. On parcourra tantôt des crêtes de montagnes, tantôt un esker où on pourra observer des pics. Le sentier Les Parois traverse une forêt parsemée d'immenses rochers. Aux chutes de la Devost, on observera des affleurements de lave coussinée datant de 600 millions d'années et, sur le sentier Le Portage, on verra les vestiges d'un ancien barrage de drave. Le parcours est agrémenté de panneaux d'interprétation et on peut y apercevoir, entre autres, des cerfs de Virginie et des renards roux.

*Note :* *la location de raquette est sur demande*

26 km

| | | NOM DU SENTIER | LONGUEUR | TYPE | NIVEAU | DÉNIVELÉ |
|---|---|---|---|---|---|---|
| ✓ | | Sentier du Lac Talon (n° 1) | 6,0 km | Mixte | Débutant | |
| ✓ | | Chutes du Ruisseau des Cèdres (n° 3) | 4,0 km | Mixte | Débutant | |
| ✓ | | Petit Lac des Vases (n° 4) | 4,0 km | Linéaire | Débutant | |
| ✓ | | Chutes de la Devost (n° 5) | 3,0 km | Mixte | Débutant | |
| ✓ | | Sentier de L'Érablière (n° 2) | 3,0 km | Mixte | Intermédiaire | 75 m |
| ✓ | | Sentier Le Portage (n° 6) | 3,0 km | Mixte | Débutant | |
| ✓ | | Sentier Les Parois (n° 8) | 3,0 km | Mixte | Intermédiaire | 100 m |

HORAIRE    Tout l'hiver > Du lever au coucher du soleil
TARIF    Gratuit
ACCÈS    De la sortie 378 de l'autoroute 20, suivre la route 283 sud jusqu'à Saint-Fabien-de-Panet, soit sur 56 km.

DOCUMENTATION    Dépliant (au bureau du parc, au 21, route des chutes ou au 105, Principale à Sainte-Lucie-de-Beauregard)
INFORMATION    (418) 223-3423 > 1 877 827-3423 > www.parcappalaches.com

JCT    MONT SUGAR LOAF

## 19    SENTIERS PÉDESTRES DES 3 MONTS DE COLERAINE

Ce territoire, d'une superficie de 396 hectares, est, en fait, la Réserve écologique de la Serpentine-de-Coleraine, la première rendue accessible au public au Québec. Les trois monts sont Oak, Kerr et Caribou, dont la hauteur varie entre 465 et 557 m. On retrouve sur le mont Oak une forêt de chênes rouges et de pins rouges ainsi qu'un belvédère offrant une vue sur les environs de Coleraine et Disraeli, le lac Aylmer et le mont Mégantic. Le belvédère de la colline Kerr permet de jeter un coup d'œil sur Thetford Mines et sur le cratère d'une mine, ainsi que sur trois lacs. Sur le mont Caribou, on aura une vue panoramique sur la région depuis le massif igné de serpentine. On pourra apercevoir des orignaux, des chevreuils et plusieurs espèces d'oiseaux.

P ⛺ 🚻 ☕ 🏠 🏚 🏡 🏘 ⛺ 🛷 🚃 🪑 🌿 🎿 🏁⛷

🏃 27,3 km   🎿 5,3 km

| 🏃 | 🎿 | NOM DU SENTIER | LONGUEUR | TYPE | NIVEAU | DÉNIVELÉ |
|----|----|----------------|----------|------|--------|----------|
| ✓ |  | Mont Oak (Boucle courte) | 4,0 km | Boucle | Débutant | |
| ✓ |  | Mont Caribou | 4,0 km | Boucle | Intermédiaire | |
| ✓ |  | Colline Kerr | 8,0 km | Boucle | Avancé | 450 m |
| ✓ |  | Mont Oak (Boucle longue) | 6,0 km | Boucle | Débutant | |
| ✓ | ✓ | Lac Johnston | 5,3 km | Linéaire | Intermédiaire | |

HORAIRE   Tout l'hiver > Du lever au coucher du soleil
TARIF   Adulte : 4,00 $ > Étudiant : 3,50 $ > Famille : 10,00 $
ACCÈS   De Thetford Mines, emprunter la route 112 jusqu'à Coleraine où le sentier est indiqué en bordure de la route, en face de l'aréna.

DOCUMENTATION   Guide d'interprétation (au pavillon d'accueil)
INFORMATION   (418) 423-3351 > www.3monts.ca

## 20   SITE DE LA MINE BOSTON

Sur le territoire de cette ancienne mine, on a tracé un sentier traversant une forêt mixte dans laquelle on pourra apercevoir des chevreuils, des orignaux, des renards, des coyotes et des lièvres. Il conduit à un belvédère offrant une vue s'étendant jusqu'aux montagnes du Maine. En chemin, on verra deux anciens puits de mine d'amiante et un lac gelé, et on pourra admirer une petite chute. Des panneaux d'interprétation traitent de l'histoire de cette mine fermée en 1923, de la régénération de la forêt après l'exploitation minière, et de la faune et la flore l'habitant. 🏇

P 🚻 ☕ ✗ 🏠 🛷 🌿 🎿

🏃 7,8 km

| 🏃 | 🎿 | NOM DU SENTIER | LONGUEUR | TYPE | NIVEAU |
|----|----|----------------|----------|------|--------|
| ✓ |  | Sentier des Mineurs | 7,8 km | Mixte | Débutant |

HORAIRE   Tout l'hiver > Du lever au coucher du soleil
TARIF   3,00 $ par personne > Passe annuelle : 20,00 $
ACCÈS   De Thetford Mines, emprunter la route 112 vers l'est. À 1,5 km de la sortie du village d'East Broughton, prendre le 5e rang Nord à gauche.

DOCUMENTATION   Dépliant (au restaurant et à l'hôtel de ville)
INFORMATION   (418) 427-3412 > (418) 427-3897 > michel_groleau@sympatico.ca

## 21   STATION RÉCRÉOTOURISTIQUE DU MONT ADSTOCK

Les sentiers de raquette de montagne passent à travers une forêt mixte bicentenaire n'ayant jamais été coupée et parsemée de lacs. On pourra apercevoir des chevreuils et des oiseaux. Les deux sentiers se rejoignent au sommet, formant ainsi une boucle. Au sommet, un belvédère offre un panorama sur les lacs et la région environnante. 🏇

P 🚻 ☕ ✗ 🛷 🌿 🏁⛷

🏃 2,6 km

| 🏃 | 🎿 | NOM DU SENTIER | LONGUEUR | TYPE | NIVEAU | DÉNIVELÉ |
|----|----|----------------|----------|------|--------|----------|
| ✓ |  | Grands Arbres | 1,0 km | Linéaire | Avancé | 275 m |
| ✓ |  | Pics Bois | 1,6 km | Linéaire | Avancé | 275 m |

| | |
|---|---|
| HORAIRE | Tout l'hiver > Du lever au coucher du soleil |
| TARIF | Gratuit |
| ACCÈS | Emprunter la route 112 jusqu'à Thetford Mines, puis la route 267 sud. Prendre ensuite la route du Mont-Adstock. Le centre se trouve au 120 route du Mont-Adstock. |

INFORMATION    (418) 422-2242 > www.montadstock.com

## 22    TOUR D'OBSERVATION SAINT-FORTUNAT

Cette tour d'observation, d'une hauteur de près de 20 m, a été construite dans une sapinière près du village de Saint-Fortunat. On y accède par un sentier tracé dans cette partie des Appalaches. Au sommet de la tour, on retrouve un panneau explicatif du panorama, constitué de treize monts dont Orford, Mégantic et Adstock. 🐴

🎿 🎒 ❀

🚶 *0,7 km (linéaire, débutant)*

| | |
|---|---|
| HORAIRE | Tout l'hiver > Du lever au coucher du soleil |
| TARIF | Gratuit |
| ACCÈS | De Sherbrooke ou de Thetford Mines, suivre la route 112 jusqu'à Disraëli, puis la route 263 nord jusqu'à Saint-Fortunat. |

INFORMATION    (819) 344-5453 > (819) 344-5941 > www.otj-st-fortunat.com

## 23    ZEC JARO

Cette zec, d'une superficie de 155 km², a un relief vallonné avec 21 plans d'eau. Le milieu forestier est composé d'érables, de bouleaux et de résineux. La moitié de la forêt est mature, l'autre est en régénération. On apercevra la gélinotte huppée, le lièvre d'Amérique et l'orignal. On retrouvera une grande densité de cerfs de Virginie au ravage d'Armstrong. On peut se rendre à la chute du lac Portage ou atteindre, par un autre sentier, le lac des Cygnes, puis la montagne à Feu offrant, par temps clair, une vue sur 15 municipalités. 🐴

🏕 P 👫 ( ✗ ⌂ 🏚 🎒 ⛲ ♨

🚶 *6 km + hors-piste sur tout le territoire*

| 🚶 | 🏃※ | NOM DU SENTIER | LONGUEUR | TYPE | NIVEAU | DÉNIVELÉ |
|---|---|---|---|---|---|---|
| ✓ | | Lac des Cygnes | 3,0 km | Linéaire | Débutant | 60 m |
| | ✓ | Chute du lac Portage | 3,0 km | Linéaire | Débutant | |

| | |
|---|---|
| HORAIRE | Tout l'hiver > Du lever au coucher du soleil |
| TARIF | 6,35 $ par véhicule |
| ACCÈS | De Saint-Georges, prendre la route 173 sud jusqu'à Saint-Théophile, puis suivre les indications pour la zec Jaro. |

INFORMATION    (418) 597-3622 > (418) 226-5276 > www.zecjaro.qc.ca

Duplessis

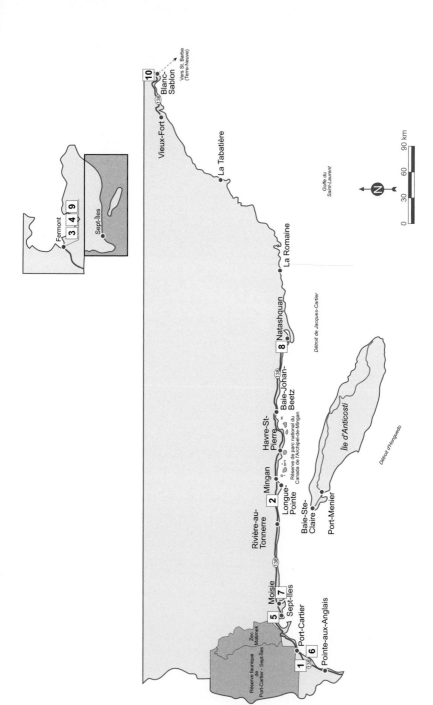

## 1    BASE DE PLEIN AIR LES GOÉLANDS

La base de plein air Les Goélands, située 11 km à l'ouest de Port-Cartier, offre un sentier boisé composé d'épinettes, de sapins et de bouleaux, le tout agrémenté de points de vue sur le fleuve Saint-Laurent. L'aigle à tête blanche est présent sur le territoire. 🐎

🏚 P 👯 ( X 🏠 🏢

🎿 *2,3 km + hors-piste sur tout le territoire*

| 🚶 | 🎿❋ | NOM DU SENTIER | LONGUEUR | TYPE | NIVEAU |
|----|----|----------------|----------|------|--------|
| ✓ | | La Croussette | 2,3 km | Linéaire | Débutant/Inter. |

**HORAIRE**    Tout l'hiver > De 9 h à 17 h
**TARIF**    Gratuit
**ACCÈS**    La base de plein air est accessible par la route 138, à 10 km à l'ouest de Port-Cartier, entrée S.

**DOCUMENTATION**    Dépliant (au bureau touristique du 50e parallèle)
**INFORMATION**    (418) 766-8706 > www.multimania.com/bpag

## 2    MAGPIE

Ce village offre trois sentiers ayant un belvédère chacun. Ces belvédères offrent des vues sur le fleuve, la rivière Magpie, la forêt, le village et la région. Les sentiers traversent une forêt mixte composée principalement de trembles, de peupliers, de bouleaux et de mélèzes. On peut voir des lacs et observer des oiseaux et des lièvres. Le sentier de l'Anse à Zoël longe le littoral et une paroi rocheuse, tandis que le sentier de l'Anse à Willie mène à la rivière Magpie. 🐎

✶ P 👯 🏠 🎿

🎿 *10 km + hors-piste sur tout le territoire*

| 🚶 | 🎿❋ | NOM DU SENTIER | LONGUEUR | TYPE | NIVEAU |
|----|----|----------------|----------|------|--------|
| ✓ | | Sentier de l'Anse à Zoël | 3,0 km | Boucle | Débutant |
| ✓ | | Sentier de l'Anse à Willie | 4,5 km | Boucle | Débutant |
| ✓ | | Sentier de l'Anse du Vieux Quai | 2,5 km | Boucle | Débutant |

**HORAIRE**    Tout l'hiver > Du lever au coucher du soleil
**TARIF**    Gratuit
**ACCÈS**    De la route 138, entrer dans le village de Magpie. Un sentier se trouve près du quai, un autre à l'extrémité est du village, et un autre sur la route 138, du côté est du pont de la rivière Magpie.

**INFORMATION**    (418) 949-2927 > (418) 949-2462

## 3    MONT DAVIAULT

Le mont Daviault est une colline située au sud de Fermont, en bordure du lac Daviault. On y retrouve la taïga et la toundra. En l'explorant, on pourra voir un ruisseau et des caps rocheux ou encore apercevoir des caribous. Au sommet, un belvédère offre une vue sur la ville de Fermont, le lac et la région. 🐎

✶ P 🎿 🪑

🎿 *Hors-piste sur tout le territoire*

**HORAIRE**    Tout l'hiver > Du lever au coucher du soleil
**TARIF**    Gratuit

ACCÈS      On accède aux sentiers à partir de la rue Duchesneau, située au sud-ouest de la ville de Fermont.

DOCUMENTATION      Carte (au bureau d'information touristique)
INFORMATION      (418) 287-5822 > 1 888 211-2222 > www.caniapiscau.net

## 4      MONTS SEVERSON

Le paysage des monts Severson permet de voir la taïga, une forêt d'épinettes noires, ainsi que la transition entre la forêt boréale et la toundra. La forêt est composée, entre autres, de sapins, de bouleaux blancs, de mélèzes, d'aulnes et de saules. On pourra voir la faille des monts Severson, un lac de montagne, d'immenses blocs rocheux et l'ancienne mine de fer Mine des Chinois. On pourra observer des perdrix blanches, des caribous et des signes de la présence de castors. On aura plusieurs points de vue, certains de 360 degrés, sur Fermont et les environs, ainsi que sur les sommets du massif qui atteignent près de 900 m. 🐴

✶ P ⚘

🎿 *Hors-piste sur tout le territoire*

HORAIRE      Tout l'hiver > Du lever au coucher du soleil
TARIF      Gratuit
ACCÈS      De Fermont, prendre la route 389 et faire 3,4 km vers le sud. Le stationnement se trouve à gauche de la route.

DOCUMENTATION      Carte des sentiers (au bureau de l'Association touristique de Duplessis)
INFORMATION      (418) 287-5471 > 1 888 211-2222 > www.caniapiscau.net

## 5      PARC AYLMER-WHITTOM

Le parc Aylmer-Whittom est situé à l'ouest de la ville, à l'embouchure de la rivière des Rapides et du Saint-Laurent. Les sentiers passent à travers un boisé mixte, comprenant en majorité des épinettes. Une tour d'observation offre une vue sur la baie, une autre sur la rivière et le fleuve. On retrouve des panneaux d'interprétation de la nature le long des sentiers et on peut accéder à un village miniature pour enfants. 🐴

✶ P ♖ ⚘

🎿 *3,5 km + hors-piste sur tout le territoire*

| 🚶 | 🎿* | NOM DU SENTIER | LONGUEUR | TYPE | NIVEAU |
|---|---|---|---|---|---|
| ✓ | | Le Grand Rapide | 2,0 km | Linéaire | Débutant |
| | ✓ | Le Petit Rapide | 1,5 km | Linéaire | Débutant |

HORAIRE      De décembre à mars > Du lever au coucher du soleil
TARIF      Gratuit
ACCÈS      Le parc se situe à 6 km à l'ouest de Sept-Îles par la route 138, à l'embouchure de la rivière des Rapides.

INFORMATION      (418) 964-3341 > www.ville.sept-iles.qc.ca

## 6      PARC TAÏGA

Le parc Taïga est situé en plein cœur de la ville, entre les parties est et ouest, sur les îles Patterson et McCormick, au confluent de la rivière aux Rochers et de la rivière Dominique. Le sentier longe la rivière aux Rochers, qu'on peut traverser grâce à une passerelle, et sa chute qui ne gèlent pas l'hiver. On passe à travers une forêt boréale composée de conifères, en majorité des épinettes, et de quelques feuillus. On peut apercevoir des lièvres et des perdrix. 🐴

**✶ P ▥ ❦**

**🏃 1,6 km (boucle, intermédiaire)**

HORAIRE  Tout l'hiver > Du lever au coucher du soleil
TARIF  Gratuit
ACCÈS  De la route 138 à Port-Cartier, emprunter la rue Shelter Bay vers le sud, puis tourner à gauche sur le boulevard des Îles. Le stationnement du parc se trouve entre le pont des Rochers et le pont Chenel. Un autre accès, après le pont Chenel, mène aux sentiers de l'île McCormick.

INFORMATION  (418) 766-2345 > bportcar@globetrotter.qc.ca

---

## 7    SENTIER DU PETIT-HAVRE DE MATAMEC

Ce sentier passe à travers plusieurs habitats nord-côtiers. On passe par une sapinière dominée par le sapin baumier où l'on retrouve également l'épinette blanche et le bouleau blanc, ainsi que quelques épinettes noires et peupliers faux-tremble. Les épinettes blanches et les peupliers ont une taille étonnante. Plusieurs signes portent à croire que cette sapinière est vierge et âgée. On pourra apercevoir des représentants de la faune boréale, soit le porc-épic, la martre d'Amérique, la gélinotte huppée, le lièvre et l'orignal. Le sentier mène jusqu'au bord de la mer. On retrouve sur le territoire un phare et sept panneaux d'interprétation, certains sur la géologie particulière du lieu comme les stries et cannelures glaciaires. 🐎

**✶ P ❦**

**🏃 2 km (linéaire, débutant) + hors-piste sur tout le territoire**

HORAIRE  Tout l'hiver > Du lever au coucher du soleil
TARIF  Gratuit
ACCÈS  De Sept-Îles, emprunter la route 138 vers l'est jusqu'au pont de la rivière Moisie. Continuer sur 6 km et prendre l'entrée au sud de la route, indiquée par un panneau d'accueil.

DOCUMENTATION  Dépliant (aux kiosques d'information touristique de la Côte-Nord)
INFORMATION  (418) 962-6362 > www.cagm.org

---

## 8    SENTIER PÉDESTRE LE PAS DU PORTAGEUR

Ce sentier longe la rivière Petite-Natashquan, qu'on peut traverser grâce à une passerelle. Comme elles ne gèlent pas l'hiver, on peut apercevoir deux des cinq chutes de cette rivière. On traverse une forêt de conifères et un milieu où on retrouve des arbres rabougris, notamment des épinettes rouges et des mélèzes. On peut voir des falaises et apercevoir des lièvres et des perdrix. 🐎

**✶ ▥**

**🏃 15 km + hors-piste sur une portion du territoire    Multi 15 km**

| 🏃 👟❊ | NOM DU SENTIER | LONGUEUR | TYPE | NIVEAU |
|---|---|---|---|---|
| ✓ | Sentier Petite Rivière | 15,0 km | Mixte | Intermédiaire |

HORAIRE  Tout l'hiver > Du lever au coucher du soleil
TARIF  Gratuit
ACCÈS  L'accès aux sentiers se trouve le long de la route 138, à 3 km à l'ouest de Natashquan. L'accès peut aussi se faire près du poste d'Hydro-Québec, à la sortie ouest du village de Natashquan. Il y a un panneau indicateur.

INFORMATION  (418) 726-3054 > (418) 726-3060 > copacte@globetrotter.net

En faisant le tour de la ville de Fermont, on verra des parcs, la marina, le lac Daviault et le ruisseau Perchard. On aura aussi une vue sur le mont Daviault et les monts Severson avec leur paysage de toundra. On pourra apercevoir des caribous. L'attraction principale de la ville est le mur-écran, un bâtiment de cinq étages d'une longueur de 1,3 km, regroupant des logements et les services communautaires comme un centre commercial tous réunis par un mail piétonnier, construit pour protéger la ville des vents nordiques. 🐾

**✳ P**

🧍 *Hors-piste sur tout le territoire*

| | |
|---|---|
| HORAIRE | Tout l'hiver > Du lever au coucher du soleil |
| TARIF | Gratuit |
| ACCÈS | Le sentier fair le tour de la ville de Fermont. On peut stationner au chalet de service. |

| | |
|---|---|
| DOCUMENTATION | Carte des sentiers (au bureau de l'Association touristique de Fermont) |
| INFORMATION | (418) 287-5822 > 1 888 211-2222 > www.caniapiscau.net |

Le paysage de la municipalité de Blanc-Sablon, située près de la frontière du Labrador, est composé par la toundra, la roche et la mer. Un sentier mène aux chutes Bradore. Du sentier du mont Parent, on a un panorama sur la mer. Au sanctuaire de la Vierge Marie, un belvédère offre une vue sur le village et la baie. Le sentier de la plage permet d'admirer les icebergs. 🐾

**✳ P 🛖**

🧍 *11,8 km + hors-piste sur tout le territoire*    **Multi** *11,8 km*

| 🧍 | 🎿 | NOM DU SENTIER | LONGUEUR | TYPE | NIVEAU | DÉNIVELÉ |
|---|---|---|---|---|---|---|
| ✓ | | Sentier des Chutes de Bradore | 1,5 km | Linéaire | Avancé | 90 m |
| ✓ | | Sentier de la Rive du mont Parent | 3,0 km | Boucle | Intermédiaire | |
| ✓ | | Sentier du Sanctuaire de la Vierge Marie | 0,5 km | Linéaire | Débutant | |
| ✓ | | Sentier de la Plage | 5,0 km | Linéaire | Débutant | |
| ✓ | | Sentier de la Grande Coulée | 1,8 km | Linéaire | Débutant | |

| | |
|---|---|
| HORAIRE | Tout l'hiver > Du lever au coucher du soleil |
| TARIF | Gratuit |
| ACCÈS | On peut accéder à Blanc-Sablon à partir de Natashquan par le bateau Nordik Express, ou à partir de Sainte-Barbe, à Terre-Neuve, par le traversier. Il existe également un lien aérien. |

| | |
|---|---|
| INFORMATION | (418) 461-2707 > mbsablon@globetrotter.net |

Gaspésie

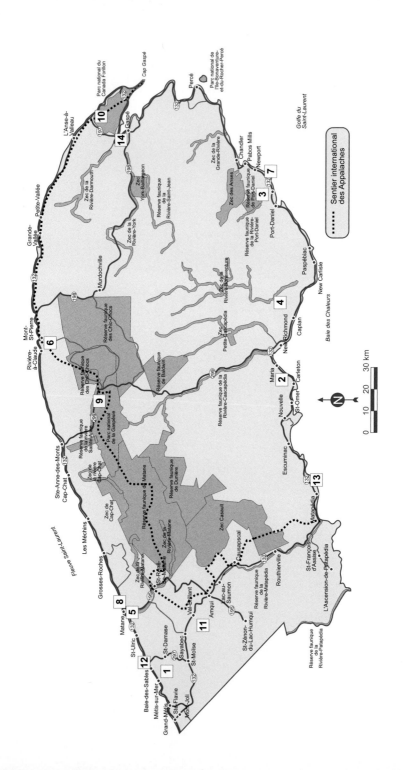

**Sentier international des Appalaches**

1  AUBERGE UNE FERME EN GASPÉSIE

2  CARLETON-MARIA

3  CENTRE PLEIN AIR LA SOUCHE DE GASCONS

4  DOMAINE DES CHUTES DU RUISSEAU CREUX

5  LA PROMENADE DES CAPITAINES, LA BALADE, LE PARC DES ÎLES

6  MONT SAINT-PIERRE

7  PARC COLBORNE

8  PARC DES CASTORS

9  PARC NATIONAL DE LA GASPÉSIE

10  PARC NATIONAL DU CANADA FORILLON

11  PARC RÉGIONAL DE VAL-D'IRÈNE

12  SENTIER PÉDESTRE DES ROSIERS

13  SENTIERS ORNITHOLOGIQUES DE POINTE-À-LA-CROIX

14  VILLE DE GASPÉ

## 1    AUBERGE UNE FERME EN GASPÉSIE

Cette auberge possède un territoire de 101 hectares recouvert en majorité de forêt mixte dans laquelle on peut apercevoir des orignaux et des castors. ★ On peut écouter les « contes du terroir » de l'aubergiste qui explique les particularités de la région à l'aide de ces contes. 🐎

**★ P ♦♦ ( X ⌂ 🚂**

🏂 *9 km + hors-piste sur tout le territoire*     *Multi 8 km*

| 🚶 🎿※ | NOM DU SENTIER | LONGUEUR | TYPE | NIVEAU |
|---|---|---|---|---|
| ✓ | Sentier du Phare | 1,0 km | Linéaire | Débutant |
| ✓ | Sentier l'Érablière | 8,0 km | Boucle | Avancé |

HORAIRE    De décembre à avril > Du lever au coucher du soleil
TARIF    Gratuit
ACCÈS    De Métis-sur-Mer, suivre la route McNider et tourner à gauche sur le 5ᵉ Rang. L'auberge se situe au 540.

INFORMATION    (418) 936-3544 > 1 877 936-3544 > www.aubergegaspesie.com

## 2    CARLETON-MARIA

Les villes de Carleton et de Maria, au cœur de la baie des Chaleurs, sont reliées par un réseau de sentiers. L'hiver, seul Le Grand Sault est accessible. Le sentier longe le flanc du mont Carleton, d'une hauteur de 613 m. On peut apercevoir le mont Saint-Joseph, presqu'aussi haut avec ses 555 m. Le sentier passe dans une forêt typique québécoise, composée de conifères comme l'épinette, et de feuillus comme l'érable et le bouleau. On peut observer des lièvres et, occasionnellement, des perdrix. On retrouve sur le sentier trois passerelles ainsi que deux deux belvédères offrant une vue sur la chute Le Grand Sault.

**★ P ♦ 🎿**

🏂 *2,5 km*

| 🚶 🎿※ | NOM DU SENTIER | LONGUEUR | TYPE | NIVEAU | DÉNIVELÉ |
|---|---|---|---|---|---|
| ✓ | Le Grand Sault | 2,5 km | Linéaire | Intermédiaire | 240 m |

HORAIRE    Tout l'hiver > Du lever au coucher du soleil
TARIF    Gratuit
ACCÈS    De la route 132 à Maria, emprunter la route des Geais et tourner à gauche au 2ᵉ Rang. Prendre ensuite la route Francis-Cyr jusqu'au 3ᵉ Rang Ouest. Poursuivre sur celui-ci sur 1,5 km, soit jusqu'au stationnement du sentier du Grand Sault.

INFORMATION    (418) 364-7073 > (418) 759-3883 > www.carletonsurmer.com

## 3    CENTRE PLEIN AIR LA SOUCHE DE GASCONS

Le sentier débute dans un secteur plat pour ensuite monter sur la montagne. Il traverse une forêt mixte bordée d'un ruisseau gelé. On aura une vue sur la mer et on pourra apercevoir des oiseaux et des chevreuils. Des bancs sont situés le long du sentier. 🐎

**🏠 P ♦♦ ( X ⌂ ⛾**

*Note : la location de raquette est disponible pour les enfants seulement.*

🏂 *13 km + hors-piste sur tout le territoire*     *Multi 13 km*

| 🧍 🎿 | NOM DU SENTIER | LONGUEUR | TYPE | NIVEAU |
|---|---|---|---|---|
| ✓ | Érablière | 4,0 km | Linéaire | Intermédiaire |
| ✓ | Cédrière | 4,0 km | Linéaire | Intermédiaire |
| ✓ | Sapinière | 5,0 km | Linéaire | Intermédiaire |

HORAIRE  Tout l'hiver > Du lever au coucher du soleil
TARIF  Adulte : 3,00 $ > Carte de membre annuelle : 25,00 $
ACCÈS  De la route 132 à Gascons-Ouest, suivre la route Morin Nord jusqu'au centre.

INFORMATION  (418) 396-2141

## 4  DOMAINE DES CHUTES DU RUISSEAU CREUX

Les sentiers sont tous en forêt de type boréal. Certains longent la rivière Bonaventure et permettent de l'admirer. En passant par la forêt, on retrouve deux chutes. La chute du Ruisseau Creux coule entre des parois de roc, comme dans un petit canyon. La chute du Ruisseau Blanc est une chute à paliers beaucoup plus grosse, mais on ne doit pas trop s'en approcher car les alentours sont très escarpés. À environ 7 km du centre du village de Saint-Alphonse, on retrouve une passerelle.

🌟 P 🚻 🏠 ⛲ 🌉 🚧

🚶 *10,2 km*

| 🧍 🎿 | NOM DU SENTIER | LONGUEUR | TYPE | NIVEAU |
|---|---|---|---|---|
| ✓ | Sentier de la Rivière | 3,5 km | Linéaire | Intermédiaire |
| ✓ | Sentier du Bûcheron | 2,5 km | Linéaire | Intermédiaire |
| ✓ | Sentier des Archers | 1,0 km | Boucle | Débutant |
| ✓ | Sentier du mont Chauve | 3,2 km | Linéaire | Intermédiaire |

HORAIRE  Tout l'hiver > Du lever au coucher du soleil
TARIF  Gratuit
ACCÈS  De Caplan, prendre la route Saint-Alphonse sur 10 km. Au bout de la route, tourner à droite sur la rue Principale et rouler sur 4,5 km. Tourner ensuite à gauche sur la route de la Rivière et se rendre jusqu'au stationnement du Domaine, 2,5 km plus loin.

INFORMATION  (418) 388-5502

## 5  LA PROMENADE DES CAPITAINES, LA BALADE, LE PARC DES ÎLES

Ces lieux se trouvent au cœur de la ville de Matane. La Promenade des Capitaines relie le centre-ville à la route qui fait le tour de la Gaspésie en longeant la rivière Matane. Quatre kiosques d'interprétation font découvrir l'évolution maritime de la ville. Afin de rendre hommage aux familles des capitaines qui ont sillonné le fleuve à l'époque des goélettes, des plaques commémoratives relatent la vie des personnages marquants. Des lampadaires à l'ancienne permettent de se promener en tout temps. En parcourant cet endroit et le parc des Îles de la rivière Matane, on observera des oiseaux. 🐎

🏠 P 🚻 ( ⌂ 🌿

🚶 *6,2 km*    🎿 *2,3 km*    *Multi 6,2 km*

| 🧍 🎿 | NOM DU SENTIER | LONGUEUR | TYPE | NIVEAU |
|---|---|---|---|---|
| ✓ | Promenade des Capitaines et marina | 2,3 km | Linéaire | Débutant |
| ✓ | La Balade | 5,0 km | Linéaire | Débutant |
| ✓ | Parc des Îles | 1,2 km | Boucle | Débutant |

HORAIRE   Tout l'hiver > Du lever au coucher du soleil
TARIF     Gratuit
ACCÈS     Un accès se situe à l'embouchure de la rivière Matane, sur la route 132. Un autre se trouve à la halte routière, dans le centre-ville de Matane.

INFORMATION   (418) 562-2333 > www.ville.matane.qc.ca

## 6   MONT SAINT-PIERRE

Le mont Saint-Pierre surplombe le Saint-Laurent et son golfe du haut de ses 430 m. Il se distingue par ses versants abrupts et fragiles. Des activités géomorphologiques, dont la végétation dépend, s'y déroulent, comme des coulées de pierres. La partie inférieure des versants est recouverte de forêt, composée principalement de sapins baumiers, mais aussi de conifères et de feuillus. On retrouve ensuite une zone de pierres pratiquement dénudée de végétation. Un sentier mène au sommet d'où on peut voir le village et la vallée de la rivière à Pierre. De là, un autre sentier mène à d'autres sommets et redescend à la rivière à Pierre. Le sentier de la Rivière débute au carrefour Aventure.

🎿 16 km

| | NOM DU SENTIER | LONGUEUR | TYPE | NIVEAU | DÉNIVELÉ |
|---|---|---|---|---|---|
| ✓ | Sentier de la Montagne | 2,5 km | Linéaire | Avancé | 430 m |
| ✓ | Sentier de la Rivière | 1,5 km | Linéaire | Débutant | |
| ✓ | Sentier partagé (reliant les sommets) | 12,0 km | Linéaire | Intermédiaire | |

HORAIRE   Tout l'hiver > Du lever au coucher du soleil
TARIF     Gratuit
ACCÈS     Les sentiers prennent leur départ en bordure de la route 132, à Mont-Saint-Pierre.

INFORMATION   (418) 797-2222 > (418) 797-2898 > ctmsp@hotmail.com

## 7   PARC COLBORNE

Ce parc commémore le naufrage du Colborne, la nuit du 16 octobre 1838, où 38 personnes perdirent la vie lorsque le bateau frappa les rochers de la Maraiche à Pointe-aux-Maquereaux. Le sentier longe les falaises sur le bord de la mer. Il s'agit de la côte à Chouinard. On aura accès à une plage et on passera par le site du naufrage.

P 🎿

🎿 7 km (linéaire, intermédiaire, dénivelé de 200 m) + hors-piste sur tout le territoire

HORAIRE   De décembre à mars > Du lever au coucher du soleil
TARIF     Gratuit
ACCÈS     De Port-Daniel, prendre la route 132 est et suivre les indications sur la droite. Le parc se situe à environ 1 km avant d'entrer à Newport.

INFORMATION   (418) 396-5400 > (418) 396-5225
              municipalitedeport-daniel@globetrotter.net

## 8   PARC DES CASTORS

Ce lieu est un parc sauvage à l'intérieur du centre-ville. Les sentiers passent à travers une forêt composée en majorité de sapins et de peupliers. On peut apercevoir des hibous, des lièvres et des traces de la présence de la petite faune. On peut accéder aux îles du delta de la rivière Matane reliées par des passerelles. Un des sentiers n'est pas en sous-bois et longe la rivière. Une tour d'observation offre une vue sur l'étendue gelée des étangs à castors.

★ P 🏛 ⟜ ❦ 🎿

🏃 ⅗ *1,8 km (mixte, débutant) + raquette hors-piste sur tout le territoire*
**Multi** *1,8 km*

| | |
|---|---|
| HORAIRE | Tout l'hiver > Du lever au coucher du soleil |
| TARIF | Gratuit |
| ACCÈS | Le sentier débute au garage municipal qui se trouve à l'extrémité sud de l'avenue Saint-Jérôme, dans le centre-ville de Matane. |
| INFORMATION | (418) 562-2050 |

## 9    PARC NATIONAL DE LA GASPÉSIE

Le parc national de la Gaspésie est un territoire de 802 km² presque entièrement recouvert de forêt boréale et parsemé de montagnes. Les plus importantes sont les Chic-Chocs, avec 25 sommets de plus de 1 000 m dont les monts Albert et Logan, et McGerrigle, contenant un autre sommet élevé, le mont Jacques-Cartier. La végétation passe de la sapinière à bouleau jaune à la toundra arctique et on peut observer des orignaux et des cerfs de Virginie. On retrouve sur le territoire du parc plus de 65 cours d'eau, dont la rivière Sainte-Anne. Selon qu'on se trouve dans une vallée ou sur un sommet, on a une vue tantôt de montagnes blanches s'élevant devant soi, tantôt de cours d'eau gelés et de montagnes à perte de vue, ainsi que des panoramas sur la région environnante. ★ Le mont Jacques-Cartier (1 268 m) est le plus haut sommet du Québec méridional.

🏛 P 🏃‍♂️ 📞 ∩ ∩ 🏠 🛏 🏚 🪑 ❦ 💼 🍷⚡

🏃 *39,6 km*

| 🏃 ⅗ | NOM DU SENTIER | LONGUEUR | TYPE | NIVEAU | DÉNIVELÉ |
|---|---|---|---|---|---|
| ✓ | La chute du Diable | 4,5 km | Linéaire | Avancé | 220 m |
| ✓ | La Saillie | 1,6 km | Linéaire | Débutant | 150 m |
| ✓ | La Serpentine | 6,1 km | Linéaire | Avancé | 300 m |
| ✓ | Le mont Olivine | 6,0 km | Linéaire | Difficile | 450 m |
| ✓ | La chute Sainte-Anne | 0,8 km | Linéaire | Débutant | |
| ✓ | La Lucarne | 1,9 km | Boucle | Débutant | |
| ✓ | Le Champs de Mars | 2,6 km | Linéaire | Intermédiaire | 330 m |
| ✓ | Le mont Blanche-Lamontagne | 14,1 km | Boucle | Avancé | 650 m |
| ✓ | Le mont Hog's Back | 2,0 km | Linéaire | Avancé | 350 m |

| | |
|---|---|
| HORAIRE | De mi-décembre à fin avril > Du lever au coucher du soleil > Centre d'interprétation : de 8 h 30 à 16 h 30 |
| TARIF | Adulte (18 ans et plus) : 3,50 $ > Enfant (6 à 17 ans) : 1,50 $ > Enfant (moins de 6 ans) : gratuit > Famille : 7,00 $ > Laissez-passer annuel pour un parc : 16,50 $/7,50 $ > Laissez-passer annuel pour l'ensemble des parcs nationaux du Québec : 30,00 $/15,00 $ > Autres tarifs disponibles |
| ACCÈS | De Sainte-Anne-des-Monts : emprunter la route 299 sud. L'entrée du parc se situe à 19 km et le centre d'interprétation et de services à 40 km. De New Richmond : emprunter la route 299 nord. L'entrée du parc est à 93 km et le centre d'interprétation à 101 km. |
| DOCUMENTATION | Journal du parc, carte (au centre d'interprétation et de services et à la Fédération québécoise de la marche) |
| INFORMATION | 1 800 665-6527 > 1 866 727-2427 > www.sepaq.com |

## 10   PARC NATIONAL DU CANADA FORILLON

Le parc national du Canada Forillon, situé à la pointe de la Gaspésie et encerclé par le golfe du Saint-Laurent et la baie de Gaspé, a une superficie de 244 km². Ce parc est une mince bande de terre encadrée de falaises. Le relief est composé de chaînons montagneux dans la partie sud, devenant des murailles rocheuses au centre. Le relief est plus ondulé dans la partie nord. Le territoire est couvert à 95 % de forêt mixte et de forêt boréale coniférienne. On y retrouve aussi des champs en friche, des prairies alpines et des plantes arctiques-alpines. On y retrouve également deux rivières et cinq petits lacs gelés. Le sentier Le Portage longe la forêt. On peut apercevoir quelques mammifères comme l'orignal et quelques oiseaux hivernaux. 🦌 *Note : Sur les 11 km de sentier.*

**✳ P 👫 ⌂ A**

🚶 🎿 *11 km + raquette hors-piste sur tout le territoire*    ***Multi** 11 km*

| 🚶 | 🎿 | NOM DU SENTIER | LONGUEUR | TYPE | NIVEAU |
|----|----|----------------|----------|------|--------|
| ✓ | ✓ | Le Portage | 11,0 km | Linéaire | Intermédiaire |

| | |
|---|---|
| HORAIRE | De mi-décembre à fin mars > Du lever au coucher du soleil |
| TARIF | 5,00 $ par personne / jour > 12,50 $ par famille / jour > Permis annuel disponible |
| ACCÈS | De la route 132, suivre les indications pour les secteurs nord ou sud, L'Anse-Au-Griffon et Penouille. |

| | |
|---|---|
| DOCUMENTATION | Dépliant-carte (au bureau administratif du parc) |
| INFORMATION | (418) 368-5505 > 1 800 463-6769 > www.pc.gc.ca/forillon |

## 11   PARC RÉGIONAL DE VAL-D'IRÈNE

Le sentier La Montagne fait grimper à travers une forêt de conifères jusqu'au sommet où une tour d'observation offre une vue sur la forêt, d'autres sommets et les éoliennes de Matane. En parcourant le territoire, on verra des ruisseaux et des lacs. On pourra aussi voir des perdrix. 🦌

**🏠 P 👫 ( X ⌂ ⌂ ⌂ ⌂ A ♨**

🚶 *9 km + hors-piste sur tout le territoire*

| 🚶 | 🎿 | NOM DU SENTIER | LONGUEUR | TYPE | NIVEAU | DÉNIVELÉ |
|----|----|----------------|----------|------|--------|----------|
| ✓ | | La Montagne | 5,0 km | Boucle | Avancé | 275 m |
| ✓ | | Le Lac Joram | 4,0 km | Boucle | Intermédiaire | 50 m |

| | |
|---|---|
| HORAIRE | Tout l'hiver > Du lever au coucher du soleil |
| TARIF | Gratuit |
| ACCÈS | De Rimouski, prendre la route 132 vers l'est jusqu'à Sainte-Flavie. Prendre ensuite la direction d'Amqui jusqu'à Val-Brillant. Tourner à droite sur la route Lauzier, cette dernière change de nom plus loin pour la route de Val-d'Irène.Suivre ensuite les indications pour le parc. |

| | |
|---|---|
| DOCUMENTATION | Dépliant (au bureau touristique d'Amqui) |
| INFORMATION | (418) 629-3450 > (418) 629-3550 > www.val-direne.com |

## 12   SENTIER PÉDESTRE DES ROSIERS

Ce sentier de raquette débute au village de Baie-des-Sables et se rend jusqu'à la halte provinciale. Il a été construit sur l'ancienne route 132 et longe le littoral du fleuve Saint-Laurent, offrant une vue sur ce dernier. On verra de grands amoncellements de glace et des goélands. 🦌

✱ P ♟ ( ◱

🏂 2,5 km (linéaire, débutant)

| | |
|---|---|
| HORAIRE | Tout l'hiver > Du lever au coucher du soleil |
| TARIF | Gratuit |
| ACCÈS | À environ 32 km à l'est de Sainte-Flavie par la route 132. |

INFORMATION    (418) 772-6218 > municipalitebds@globetrotter.net

## 13 SENTIERS ORNITHOLOGIQUES DE POINTE-À-LA-CROIX

Ce réseau de sentiers permet d'observer plusieurs espèces d'oiseaux. Les sentiers sillonnent un boisé où on retrouve plusieurs espèces d'arbres. On traversera, entre autres, une cédrière. Une passerelle permet de traverser le ruisseau Monier. Des panneaux d'interprétation parsèment le territoire. 🐴

✱ P ♟ ⊞ ↭ ❦ ⚒

🏂 8 km

| 🏂 | ❄ | NOM DU SENTIER | LONGUEUR | TYPE | NIVEAU |
|---|---|---|---|---|---|
| ✓ | | L'Orée du Bois | 0,5 km | Linéaire | Débutant |
| ✓ | | Sentier du Lac | 0,5 km | Linéaire | Débutant |
| ✓ | | Sentier des Ormes / Sentier du Ruisseau | 0,9 km | Linéaire | Débutant |
| ✓ | | Sentier de la Montagne / Sentier des Marais | 2,3 km | Linéaire | Débutant |
| ✓ | | Sentier Monier | 0,8 km | Linéaire | Débutant |
| ✓ | | Sentier Rivière-du-Loup | 0,9 km | Linéaire | Débutant |
| ✓ | | Sentier du Belvédère | 0,8 km | Linéaire | Débutant |
| ✓ | | Promenade Riveraine | 0,4 km | Linéaire | Débutant |
| ✓ | | Sentier La tourbière | 0,9 km | Linéaire | Débutant |

| | |
|---|---|
| HORAIRE | Tout l'hiver > Du lever au coucher du soleil |
| TARIF | Gratuit |
| ACCÈS | Le sentier est accessible à Pointe-à-la-Croix, à partir de la halte routière qui est située sur la rue Gaspésienne, ainsi que par la rue de l'École et par la rue du Quai. |

DOCUMENTATION    Carte des sentiers (à la municipalité et à la halte touristique)
INFORMATION    (418) 788-3222 >  (418) 788-2011 > www.pointe-a-la-croix.com

## 14 VILLE DE GASPÉ

On se promènera dans un secteur fréquenté de la ville, situé entre le bassin sud-ouest et le havre de Gaspé. En longeant une marina, on aura une vue sur un paysage de mer et de banquises, où on peut parfois apercevoir des canards, même en hiver. 🐴

🏛 P ♟ ( ✗ ⚒ ⌂

❄ 4 km (boucle, débutant)

| | |
|---|---|
| HORAIRE | Tout l'hiver > Du lever au coucher du soleil |
| TARIF | Gratuit |
| ACCÈS | On y accède en plein centre-ville, en bordure de la route 198. |

INFORMATION    (418) 368-2104 > (418) 368-8523 > vilgaspe@globetrotter.qc.ca

# Îles-de-la-Madeleine

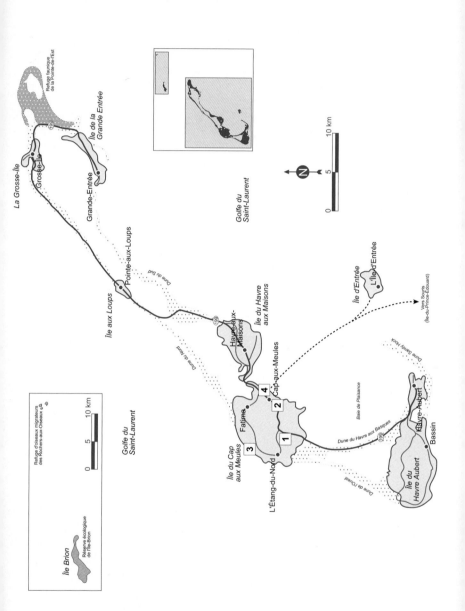

1 LA BOUILLÉE DE BOIS
2 PARC DES BUCK
3 PISTE CYCLABLE ET PÉDESTRE DE LA BELLE-ANSE
4 SENTIER DU LITTORAL

## 1   LA BOUILLÉE DE BOIS

Les sentiers de La bouillée de bois, situés dans la municipalité de l'Étang-du-Nord sur l'île du Cap aux Meules, sont recouverts de forêt majoritairement composée d'épinette noire. Ils témoignent des 18 % du territoire forestier des îles qui sont encore boisées malgré leur fragilité écologique. En effet, les conditions naturelles sont rudes à cause des vents salins et de l'acidité du sol. On pourra observer quelques oiseaux et des écureuils. 🐴

�×ＰＰ

🏃 7 km

| | | NOM DU SENTIER | LONGUEUR | TYPE | NIVEAU |
|---|---|---|---|---|---|
| ✓ | | Le Kalmia | 0,5 km | Boucle | Débutant |
| ✓ | | Les Lichens | 1,5 km | Boucle | Débutant |
| ✓ | | Les Sphaignes | 1,8 km | Boucle | Débutant |
| ✓ | | Les Éricacées | 3,2 km | Boucle | Débutant |

**HORAIRE**   Tout l'hiver > Du lever au coucher du soleil
**TARIF**   Gratuit
**ACCÈS**   De Cap-aux-Meules, emprunter la route 199 ouest jusqu'au camping La Martinique.

**INFORMATION**   (418) 986-6644 >attention.fragiles@sympatico.ca

## 2   PARC DES BUCK

Le parc des Buck offre des points de vue sur l'île du Cap aux Meules et sur les autres îles de l'archipel. On y retrouve plusieurs panneaux sur la flore et les oiseaux. Plusieurs petites passerelles sont présentes sur le territoire et on retrouve un belvédère à l'entrée principale. 🐴

�×Ｐ 🛷 🎿

🏃 2,4 km + hors-piste sur une portion du territoire   🚶※ 3 km

| | | NOM DU SENTIER | LONGUEUR | TYPE | NIVEAU |
|---|---|---|---|---|---|
| ✓ | ✓ | Boucle du Lac | 1,4 km | Boucle | Intermédiaire |
| ✓ | ✓ | Boucle du Ruisseau et de la Mine | 1,0 km | Boucle | Intermédiaire |
| | ✓ | Sentier du Marécage | 0,6 km | Boucle | Débutant |

**HORAIRE**   Tout l'hiver > Du lever au coucher du soleil
**TARIF**   Gratuit
**ACCÈS**   Du chemin Principal à Cap-aux-Meules, prendre le chemin de la Mine jusqu'au bout où se trouve le stationnement.

**INFORMATION**   (418) 986-3321 poste 29 > (418) 986-2460 > loisirs@muniles.ca

## 3 PISTE CYCLABLE ET PÉDESTRE DE LA BELLE-ANSE

Ce sentier, reliant La Belle Anse au chemin Philippe-Thorne, longe le bord de la mer et passe parfois à travers un milieu boisé. À partir du Cap au Trou, on peut admirer le littoral façonné par les vagues. 🐎

**✶ P**

🚶 *4,5 km (linéaire, débutant) + hors-piste sur tout le territoire*   ***Multi** 4,5 km*

HORAIRE    Tout l'hiver > Du lever au coucher du soleil
TARIF    Gratuit
ACCÈS    De Fatima, prendre le chemin des Caps vers l'ouest, puis le chemin de la Belle-Anse sur 700 m.

INFORMATION    (418) 986-3321 poste 29 > (418) 986-4736 >loisirs@muniles.ca

## 4 SENTIER DU LITTORAL

Le sentier suit le littoral du quai de Cap-aux-Meules jusqu'à la limite sud de la municipalité. On longe le village d'un côté et la falaise au bord de la mer de l'autre. Environ 10 % du sentier est recouvert d'un boisé de conifères. On accède à un escalier panoramique de 185 marches sur le cap, d'où on peut voir les îles au complet. 🐎

**✶ P 🛏 🌿**

🚶 *2 km (linéaire, débutant)*

HORAIRE    Tout l'hiver > Du lever au coucher du soleil
TARIF    Gratuit
ACCÈS    La piste est accessible à partir du chemin du Quai, ainsi qu'à partir d'un stationnement public, sur le chemin Gros-Cap à Cap-aux-Meules.

INFORMATION    (418) 986-3321 poste 29 > (418) 986-2460 >loisirs@muniles.ca

Lanaudière

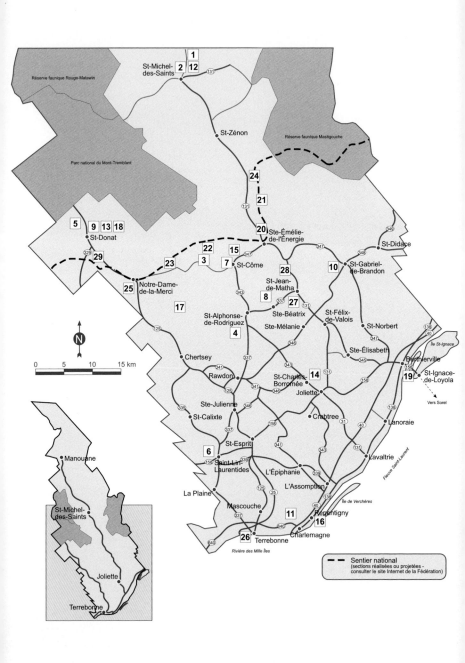

1   AUBERGE DU LAC TAUREAU
2   AUBERGE MATAWINIE
3   AUBERGE VAL-SAINT-CÔME
4   CAMP MARISTE
5   CAP DE LA FÉE
6   CENTRE RÉCRÉATIF L'ENVOLÉE
7   CLUB DE RAQUETTES SAINT-CÔME
8   HAVRE FAMILIAL
9   LE SENTIER DES ÉTANGS
10  LES SENTIERS BRANDON
11  LES SENTIERS DE LA PRESQU'ÎLE
12  LES SENTIERS PANORAMIQUES DE LA BAIE DOMINIQUE
13  MONT SOURIRE
14  PARC LOUIS-QUERBES
15  PARC RÉGIONAL CHUTE À BULL
16  PARC RÉGIONAL DE L'ÎLE LEBEL
17  PARC RÉGIONAL DE LA FORÊT OUAREAU
18  RAPIDES DES NEIGES
19  SENTIER D'INTERPRÉTATION DE LA NATURE DE LA COMMUNE DE BERTHIER
20  SENTIER DE L'OURS
21  SENTIER DE LA MATAWINIE
22  SENTIER DE LA RIVIÈRE SWAGGIN
23  SENTIER DES CONTREFORTS
24  SENTIER DES NYMPHES
25  SENTIER DU MONT-OUAREAU
26  SITE HISTORIQUE DE L'ÎLE-DES-MOULINS
27  STATION TOURISTIQUE LA MONTAGNE COUPÉE
28  SUPER GLISSADES ST-JEAN DE MATHA
29  VILLÉGIATURE LA RÉSERVE – HÔTEL MONTCALM

# 1 AUBERGE DU LAC TAUREAU

L'auberge du Lac Taureau est située au bord du lac du même nom. Le territoire est d'une superficie de 90 km². Des belvédères sont postés à différents endroits sur les sentiers. On peut voir le lac Kempt, l'un des plus grands au Québec. On peut aussi apercevoir la région environnante ainsi que la rivière Matawin et son barrage. Sur le territoire, un site amérindien est reconstitué, le village atikamekw de Manawan. C'est le village amérindien francophone le plus près de Montréal.

🏠 P 👫 ( X 🛏 ♨ ❀ 🎿 💼 ⛄

🚶 *5,9 km + hors-piste sur tout le territoire*   👟❄ *5,8 km*   **Multi** *2,5 km*

| 🚶 | 👟❄ | NOM DU SENTIER | LONGUEUR | TYPE | NIVEAU | DÉNIVELÉ |
|----|----|----------------|----------|------|--------|----------|
|    | ✓  | L'Accalmie     | 3,9 km   | Mixte | Débutant | |
| ✓  |    | Le Mistral     | 2,5 km   | Boucle | Débutant | |
| ✓  |    | La Silencieuse | 1,5 km   | Linéaire | Débutant | |
| ✓  | ✓  | La Dynamique   | 1,9 km   | Linéaire | Intermédiaire | 100 m |

**HORAIRE** Tout l'hiver > Du lever au coucher du soleil
**TARIF** Gratuit
**ACCÈS** De Saint-Michel-des-Saints, prendre la route 131 nord et tourner à gauche sur le chemin des Aulnaies. Tourner ensuite à droite sur le chemin Manouane et continuer sur 7 km. Suivre les indications pour l'auberge du Lac Taureau.

**INFORMATION** (450) 833-1919 > (450) 833-7008 > www.auberge.lactaureau.com

# 2 AUBERGE MATAWINIE

Cette auberge est située au bord du lac à la Truite, à Saint-Michel-des-Saints. Ce lac est entouré par des sommets boisés. Les sentiers débutent tous à l'auberge. L'un d'eux se rend à une érablière et offre une vue sur le lac gelé et l'auberge. On pourra aussi visiter un tipi amérindien fait en écorce de bouleau ou grimper jusqu'à des belvédères en montagne, dont un qui offre une vue sur un barrage et une hutte de castor.

🏠 P 👫 ( 🛏 ♨ ▥

🚶 *11,4 km + hors-piste sur tout le territoire*

| 🚶 | 👟❄ | NOM DU SENTIER | LONGUEUR | TYPE | NIVEAU | DÉNIVELÉ |
|----|----|----------------|----------|------|--------|----------|
| ✓  |    | Sentier du belvédère du porc-épic | 3,1 km | Boucle | Intermédiaire | 100 m |
| ✓  |    | Sentier du belvédère de l'escarpé | 5,5 km | Mixte | Inter./Avancé | 200 m |
| ✓  |    | Sentier du barrage de castors | 1,4 km | Linéaire | Débutant | |
| ✓  |    | Tour de l'île | 1,4 km | Boucle | Débutant | |

**HORAIRE** Tout l'hiver > Du lever au coucher du soleil
**TARIF** Gratuit
**ACCÈS** De Joliette, prendre la route 131 nord et traverser la municipalité de Saint-Michel-des-Saints. La route change de nom et devient chemin du Lac-Taureau. Tourner à droite sur le chemin du Lac-à-la-Truite, puis à gauche sur le chemin Centre-Nouvel-Air. Prendre le premier chemin à gauche et rouler jusqu'au stationnement.

**DOCUMENTATION** Dépliant (à l'auberge Matawinie)
**INFORMATION** 1 800 361-9629 > (450) 833-6371 > www.matawinie.com

## 3  AUBERGE VAL-SAINT-CÔME

Les sentiers sillonnent une forêt dominée par les conifères et longent ou conduisent à des ruisseaux, des lacs et des cascades gelés. Il y a 13 sentiers numérotés qui varient entre 1 et 3 km de longueur et offrent plusieurs possibilités de parcours. Le dénivelé des sentiers varie entre 25 et 300 m. Certains sentiers grimpent jusqu'au sommet de la montagne d'où on a une vue sur la région environnante. On pourra apercevoir des chevreuils et des renards. 🦌

P ( X ⌂ 🏠

🎿 28 km (mixte, intermédiaire, dénivelé de 300 m)

+ hors-piste sur tout le territoire

HORAIRE    Tout l'hiver > Du lever au coucher du soleil
TARIF      Gratuit
ACCÈS      De Val-Saint-Côme, prendre la route 347 sud. Suivre les indications pour la station touristique de Val-Saint-Côme sur 8 km.

DOCUMENTATION    Carte des sentiers (à l'auberge Val-Saint-Côme
                 et à la station de ski)
INFORMATION      (450) 883-0701 > www.valsaintcome.com

[JCT]  SENTIER DES CONTREFORTS

## 4  CAMP MARISTE

Le Camp Mariste est divisé en deux secteurs : le secteur Morgan, à Chertsey, et le secteur Lamoureux, à Rawdon. En tout, c'est 6 km² de terrain en nature, recouvert d'une forêt mixte typique du bouclier canadien, parsemé de ruisseaux, de lacs et de plusieurs cascades. On peut y apercevoir les animaux de la forêt québécoise dont des chevreuils grâce aux parcs à chevreuils présents sur le territoire. Les belvédères offrent des vues lointaines, incluant la forêt et un lac.

🏠 P 👫 ( X ⌂ 🎿 🌿

🎿 18,9 km + hors-piste sur tout le territoire

| 🎿 | 👣* | NOM DU SENTIER | LONGUEUR | TYPE | NIVEAU |
|---|---|---|---|---|---|
| ✓ | | La Montée | 3,6 km | Boucle | Intermédiaire |
| ✓ | | Les Bouleaux | 6,6 km | Boucle | Intermédiaire |
| ✓ | | L'Inter | 2,2 km | Linéaire | Intermédiaire |
| ✓ | | La Rivière | 2,8 km | Boucle | Débutant |
| ✓ | | Le Ruisseau | 1,8 km | Boucle | Débutant |
| ✓ | | Les Conifères | 1,9 km | Boucle | Débutant |

HORAIRE    Tout l'hiver > De 9 h à 16 h 30
TARIF      0 à 6 ans : gratuit > 7 à 11 ans : 3,00 $ > 12 ans et plus : 5,25 $ > Famille (2 adultes et enfants) : 12,50 $ > Passes de saison disponibles
ACCÈS      De l'autoroute 25, continuer vers le nord sur la route 125 et bifurquer à droite sur la route 337. À Rawdon, tourner à gauche sur la rue Queen, puis à droite sur la 6e Avenue. Suivre le chemin Morgan sur 14 km et, à la fourche, prendre à droite. L'accueil est la première maison à droite.

DOCUMENTATION    Dépliant, carte des sentiers (à l'accueil)
INFORMATION      (450) 834-6383 poste 221 > www.campmariste.qc.ca

## 5     CAP DE LA FÉE

Le sentier mène au Cap de la Fée à travers une forêt mixte. Des ponceaux permettent de traverser le ruisseau dont on peut entendre le grondement sous la glace. Le sommet de la montagne offre une vue sur la vallée où sont enclavés le village de Saint-Donat et les deux lacs de la région, Archambault et Ouareau. On peut aussi voir d'autres monts et, par temps clair, les pentes du mont Tremblant. 🐎

✴ P ▦

🚶 *6,2 km (boucle, débutant, dénivelé de 251 m) + hors-piste sur tout le territoire*

HORAIRE    Toute l'année > Du lever au coucher du soleil
TARIF    Gratuit
ACCÈS    De Saint-Donat, prendre la route 125 en direction du parc national du Mont-Tremblant. Tourner à gauche sur le chemin Régimbald et rouler 3,5 km. Le stationnement se situe sur la droite. Dans le stationnement, un panneau affiche le club de plein air de Saint-Donat ainsi que le nom du sentier.

DOCUMENTATION    Carte des sentiers (au bureau d'information touristique)
INFORMATION    1 888 783-6628 > (819) 424-2833 > www.saint-donat.org/pleinair

## 6     CENTRE RÉCRÉATIF L'ENVOLÉE

L'Envolée est le site officiel de la Société d'ornithologie de Lanaudière. Les sentiers passent par une forêt composée de sapins, d'érables et de bouleaux. Un troupeau de mille cerfs de Virginie est présent sur le territoire, ce qui facilite leur observation. On retrouve sur le site plusieurs panneaux d'identification et d'interprétation des oiseaux.

🏠 P ⛄ ( X ⛰ ⛰ 🛋 🚪 🌿 🍴

🚶 *10,2 km (mixte, intermédiaire)*     🚶* *11,5 km (mixte, débutant)*

HORAIRE    De mi-décembre à mi-mars > De 9 h à 16 h (semaine) > De 8 h à 17 h (fin de semaine)
TARIF    Adulte : 5,00 $ (semaine) > 6,00 $ (fin de semaine) > Étudiant (5 à 17 ans) : 3,50 $ (semaine) > 4,00 $ (fin de semaine) > Aîné (60 ans et plus) : 4,00 $ (semaine) > 5,00 $ (fin de semaine)   *Note : Les mardis, c'est 2 pour 1*
ACCÈS    De Terrebonne, emprunter l'autoroute 25 en direction nord. Prendre ensuite la route 158 ouest jusqu'au bout. Tourner à droite sur la route 335, puis à gauche sur le rang Double. Le centre est à quelques kilomètres plus loin, sur la droite.

INFORMATION    (450) 439-7687 > www.lenvolee.com

## 7     CLUB DE RAQUETTES SAINT-CÔME

Les sentiers de raquette sont tracés à l'intérieur d'une forêt mixte et s'entrecroisent tous. Le sentier situé au départ Marion offre plusieurs possibilités. On peut grimper en haut d'une montagne en passant par les lacs Raymond et Mousse, faire le tour complet du petit lac Mousse ou bien se diriger vers les sentiers du parc régional Chute à Bull. Le sentier situé au départ Mireault est le plus exigeant physiquement car il monte et descend constamment. On pourra se reposer sur le banc Jacques en contemplant la rivière L'Assomption. Plusieurs bancs de repos, chacun portant le nom d'un bénévole, sont disposés le long des sentiers. 🐎

✴ P ⛄ 🍴   **Note** : *la location de raquette est sur réservation seulement.*
**Autres** : *on retrouve des emplacement où faire des feux ainsi que du bois de chauffage à certains endroits.*

🚶 *30 km (mixte, intermédiaire, dénivelé de 70 m)*

HORAIRE     Tout l'hiver > Du lever au coucher du soleil
TARIF       Gratuit
ACCÈS       En plein cœur de Saint-Côme, sur la route 347 (rue Principale), trois accès
            sont possibles. De l'est vers l'ouest, le départ Marion est situé sur la 36e
            Avenue. Le départ Gauthier est au 1240, rue Principale et le départ Mireault
            est à l'angle de la 50e Avenue.

DOCUMENTATION     Dépliant-carte (au bureau d'information touristique)
INFORMATION       (450) 883-8467

JCT   PARC RÉGIONAL CHUTE À BULL

## 8     HAVRE FAMILIAL

Le Havre familial a un territoire boisé. On y retrouve des feuillus, majoritairement des
érables à sucre, et des conifères. Le territoire comprend deux lacs : le lac Clair et le
lac Beaupré. Ce dernier est accessible par un sentier en montagne. On peut voir dans
ces lacs une digue de castors ainsi que des murs de glace couleur bleu ciel, résultants
de l'eau coulant le long des parois lors des dégels. Ce phénomène est plus facilement
observable en janvier ou février. On peut apercevoir des chevreuils, des perdrix et des
lièvres.

🏠 P ⚥ ( ✕ 🚗 🏠 ❦ ⚲ ⚶

🚶 ⚶* 3,5 km + raquette hors-piste sur une portion du territoire

| 🚶 ⚶* | NOM DU SENTIER | LONGUEUR | TYPE | NIVEAU |
|---|---|---|---|---|
| ✓ ✓ | Tour du lac Clair | 1,5 km | Boucle | Débutant |
| ✓ ✓ | Sentier du lac Beaupré | 2,0 km | Linéaire | Intermédiaire |

HORAIRE     Toute l'année > De 9 h 30 à 16 h
TARIF       12 ans et plus : 8,00 $ > 4 à 11 ans : 5,00 $
ACCÈS       De Joliette, prendre la route 131 nord jusqu'à Saint-Jean-de-Matha. Tourner
            à gauche sur la route 337 vers Sainte-Béatrix et suivre les indications.

DOCUMENTATION     Dépliant (à l'accueil)
INFORMATION       (450) 883-2271 > 1 888 883-2271 > www.lequebec.net/havrefamilial

## 9     LE SENTIER DES ÉTANGS

Ce sentier, situé près du village, traverse un boisé mixte. Il longe un bassin d'épuration
des eaux. On peut observer des oiseaux et voir les monts Garceau et Ouareau. Des
panneaux d'interprétation sur les oiseaux et le bassin agrémentent le sentier. Une
cabane permet de se réchauffer. 🏠

✳ P ⌂

⚶* 1,9 km

| 🚶 ⚶* | NOM DU SENTIER | LONGUEUR | TYPE | NIVEAU |
|---|---|---|---|---|
| ✓ | Sentier du Colvert | 1,9 km | Boucle | Débutant |

HORAIRE     Tout l'hiver > Du lever au coucher du soleil
TARIF       Gratuit
ACCÈS       De l'autoroute 25, continuer sur la route 125 nord jusqu'à Saint-Donat. À
            l'église, tourner à droite sur la rue Allard, et à droite encore sur la rue
            Desrochers. Le sentier se trouve à gauche, au bas de la côte, près du garage
            municipal.

INFORMATION       (819) 424-2833 > 1 888 783-6628 > www.st-donat.ca

## 10    LES SENTIERS BRANDON

Dans la paroisse de Saint-Gabriel, on a aménagé un réseau de sentiers sillonnant un boisé de feuillu, composé, entre autres, de bouleaux. Ces sentiers forment un enchevêtrement labyrinthique. Grâce à des belvédères naturels, on aura une vue sur la forêt et sur les montagnes au loin.

🏠 P 👬 🏠 ⛄

🚶 *14,7 km (mixte, intermédiaire)*       🚶* *3,5 km (linéaire, intermédiaire)*

HORAIRE       Tout l'hiver > De 10 h à 16 h
TARIF         Adulte : 2,00 $
ACCÈS         À partir de Saint-Gabriel-de-Brandon, on accède aux sentiers par la rue Dequoy, en face du chalet des loisirs.

DOCUMENTATION    Dépliant (dans les kiosques d'information touristique et dans les magasins des environs)
INFORMATION      (450) 835-2105 > (450) 835-1515 > www.panoramabrandon.com

## 11    LES SENTIERS DE LA PRESQU'ÎLE

Ces deux sentiers ont été tracés dans une forêt préservée en milieu urbain. Cette forêt est située à Le Gardeur. Elle est composée d'érables, de sapins, de cèdres et aussi de végétation de savane. 🐴

🏠 P 👬 C ✕ 🌿

🚶 *Hors-piste sur une portion du territoire*       🚶* *5,3 km*

| 🚶 | 🚶* | NOM DU SENTIER | LONGUEUR | TYPE | NIVEAU |
|----|------|----------------|----------|------|--------|
| ✓ |      | Numéro 1 | 2,5 km | Boucle | Débutant |
|    | ✓   | Numéro 2 | 2,8 km | Boucle | Débutant |

HORAIRE       Tout l'hiver > De 8 h à 17 h
TARIF         Adulte : 4,00 $ > Étudiant (5 à 16 ans) : 2,50 $ > Enfant (moins de 5 ans) : gratuit > Chien : 1,50 $ > Taxes incluses
ACCÈS         De l'autoroute 40 ou 640, prendre la sortie 97 et suivre les panneaux indicateurs bleus.

INFORMATION      (450) 585-0121 > (450) 581-6877 > sentiers@videotron.ca

## 12    LES SENTIERS PANORAMIQUES DE LA BAIE DOMINIQUE

Un des sentiers débute à la baie Dominique du réservoir Taureau. On traversera une forêt mixte jusqu'au sommet d'un mont. De là, un belvédère offre une vue sur le réservoir Taureau, d'une superficie de 95 km², et sur la ville de Saint-Michel-des-Saints. Des panneaux d'interprétation agrémentent les sentiers. 🐴

P 🏔 🌿

🚶 *6 km*

| 🚶 | 🚶* | NOM DU SENTIER | LONGUEUR | TYPE | NIVEAU |
|----|------|----------------|----------|------|--------|
| ✓ |      | Sentier de la Baie Dominique | 3,0 km | Boucle | Intermédiaire |
|    | ✓   | Sentier de la Baie Morissette | 3,0 km | Linéaire | Intermédiaire |

HORAIRE       Tout l'hiver > Du lever au coucher du soleil
TARIF         Gratuit

**ACCÈS**     De Joliette, suivre la route 131 nord jusqu'à Saint-Michel-des-Saints. Tourner à gauche sur le chemin des Aulnaies et faire 500 m. Tourner ensuite à droite sur le chemin Manawan et faire 500 m. Tourner à droite à nouveau sur le chemin Beaulac et faire 4 km. Enfin, tourner à gauche sur le chemin Ferland et faire 1 km.

**DOCUMENTATION**     Carte (au bureau d'information touristique de Saint-Michel-des-Saints)
**INFORMATION**     (450) 833-1334 > www.haute-matawinie.com

## 13     MONT SOURIRE

Le sentier mène à un belvédère offrant une vue sur le lac Ouareau, les monts La Réserve et Ouareau, et le village de Saint-Donat. 🐕

### ✳ P 🚻

🚶 *0,8 km (linéaire, débutant, dénivelé de 120 m)*

**HORAIRE**     Tout l'hiver > Du lever au coucher du soleil
**TARIF**     Gratuit
**ACCÈS**     De l'autoroute 25, poursuivre sur la route 125 nord jusqu'à Saint-Donat. À l'église, prendre à droite le chemin Allard jusqu'au bout, et tourner à droite sur le chemin Ouareau Nord. Au chemin des Cascades, un panneau indique le stationnement.

**INFORMATION**     (819) 424-2833 > 1 888 783-6628 > www.st-donat.ca

## 14     PARC LOUIS-QUERBES

Situé dans la ville de Joliette, ce parc naturel à vocation récréative offre deux sentiers. L'un d'eux longe la berge de la rivière L'Assomption qui serpente dans la ville. Une partie du sentier passe à travers un boisé de feuillus. On pourra apercevoir des traces de la présence de rares chevreuils. ★ Une partie des sentiers est éclairée.

### 🏠 P

🚶 *Hors-piste sur tout le territoire*     🚶※ *5,5 km*

| 🚶 | 🚶※ | NOM DU SENTIER | LONGUEUR | TYPE | NIVEAU |
|----|-----|----------------|----------|------|--------|
|    | ✓ | Sentier du parc Louis-Querbes | 1,0 km | Linéaire | Débutant |
|    | ✓ | Sentier de la Rivière L'Assomption | 4,5 km | Linéaire | Débutant |

**HORAIRE**     Tout l'hiver > En tout temps
**TARIF**     Gratuit
**ACCÈS**     Du centre info-touristique à Joliette, prendre la rue Dollard vers le centre-ville, puis la rue Saint-Charles-Borromée vers le nord. Le stationnement du parc est situé à l'arrière de la cathédrale.

**INFORMATION**     (450) 753-8050 > loisirs@ville.joliette.qc.ca

## 15     PARC RÉGIONAL CHUTE À BULL

Situé à Saint-Côme, le parc régional Chute à Bull offre des sentiers sillonnant la forêt. On pourra grimper jusqu'au sommet de la montagne, où on trouvera un belvédère, ou se diriger vers la chute à Bull, d'une hauteur de 20 m, qui coule dans la roche. Cette chute tient son nom du premier travailleur qui a utilisé cette rivière pour transporter le bois. Des panneaux d'interprétation agrémentent le parcours. Certains traitent du quotidien des travailleurs forestiers d'autrefois. Deux passerelles permettent de traverser la rivière. 🐕

☆ ⛷ 🏠 ♨ 🪑 🚴 ⛷

🏃 *6 km*

| 🚶 | ⛷ | NOM DU SENTIER | LONGUEUR | TYPE | NIVEAU | DÉNIVELÉ |
|----|----|----------------|----------|------|--------|----------|
| ✓ | | Sentier Belvédère | 2 km | Linéaire | Intermédiaire | 100 m |
| ✓ | | Sentier des Cascades et Chutes | 2 km | Linéaire | Intermédiaire | |
| ✓ | | Sentier de la Dame | 2 km | Linéaire | Intermédiaire | |

| | |
|---|---|
| HORAIRE | Tout l'hiver > Du lever au coucher du soleil |
| TARIF | Gratuit |
| ACCÈS | De Joliette, prendre la route 343 jusqu'à Saint-Côme. En hiver, la route pour accéder au parc n'est pas accessible. On stationne donc sur le rang des Vennes, près de l'affiche annonçant le parc. |

| | |
|---|---|
| DOCUMENTATION | Dépliant (au bureau d'information touristique) |
| INFORMATION | (450) 883-2726 > (450) 883-8467 |
| | www.cœur-matawinie.com/chutes_abull-fr.html |

JCT | CLUB DE RAQUETTES SAINT-CÔME

## 16 PARC RÉGIONAL DE L'ÎLE LEBEL

Ce parc municipal, d'une superficie de 15 hectares, est situé au cœur de la ville de Repentigny, en bordure du fleuve Saint-Laurent. En parcourant ce réseau de sentiers, on passera, entre autres, par des zones boisées permettant d'observer des oiseaux et on aura une vue sur les îles et la rive sud.

🏠 P ⛷ ♨ 🪑

⛷ *2 km (mixte, débutant)*

| | |
|---|---|
| HORAIRE | Tout l'hiver > Du lever au coucher du soleil |
| TARIF | Gratuit |
| ACCÈS | De la route 138 à Repentigny, emprunter la rue Lebel jusqu'au stationnement. |

| | |
|---|---|
| INFORMATION | (450) 470-3001 > ville.repentigny.qc.ca |

## 17 PARC RÉGIONAL DE LA FORÊT OUAREAU

Cette forêt, d'une superficie de 160 km², est divisée en deux secteurs s'étendant sur cinq municipalités. Elle tient son nom de la rivière Ouareau qui la traverse du nord au sud, entre les montagnes. On y retrouve plusieurs écosystèmes et plusieurs lacs et rivières. En parcourant les sentiers, on passera par une forêt de tilleuls et on verra des chablis, le nom donné aux dommages causés par des vents violents. On verra aussi des blocs erratiques de l'ère glaciaire, d'immenses roches recouvertes parfois de forêt.

🏠 P ⛷ ( X 🏠 ⌐ 💼

🏃 *33,8 km* **Multi** *28,2 km*

| 🚶 | ⛷ | NOM DU SENTIER | LONGUEUR | TYPE | NIVEAU | DÉNIVELÉ |
|----|----|----------------|----------|------|--------|----------|
| ✓ | | Sentier nº 1 (Grande-Vallée) | 2,6 km | Linéaire | Intermédiaire | 250 m |
| ✓ | | Sentier nº 2 (Grande-Vallée) | 2,1 km | Linéaire | Intermédiaire | 145 m |
| ✓ | | Sentier nº 4 (Grande-Vallée) | 2,4 km | Linéaire | Débutant/Inter. | 50 m |
| ✓ | | Sentier nº 5 (Grande-Vallée) La Pinède | 1,3 km | Linéaire | Intermédiaire | 140 m |
| ✓ | | Sentier nº 6 (Grande-Vallée) Le Sommet | 1,9 km | Linéaire | Intermédiaire | 110 m |
| ✓ | | Sentier Prud'homme | 3,4 km | Linéaire | Débutant/Inter. | |
| ✓ | | Sentier du Massif | 20,1 km | Linéaire | Intermédiaire | 300 m |

| HORAIRE | Tout l'hiver > De 8 h 30 à 16 h 30 |
|---|---|
| TARIF | Adulte : 5,00 $ |
| ACCÈS | Secteur Forêt Ouareau : de l'autoroute 25, poursuivre sur la route 125 nord. L'entrée se situe à 22 km au nord de Chertsey et à 2,5 km au sud de Notre-Dame-de-la-Merci. Secteur Grande-Vallée : de l'autoroute 25, poursuivre sur la route 125 nord jusqu'à Chertsey. Prendre la rue de l'Église, puis le boulevard Grande-Vallée, et enfin la rue des Pâquerettes où se trouve le stationnement. |
| DOCUMENTATION | Carte des sentiers, dépliant (à l'accueil et à la Fédération québécoise de la marche) |
| INFORMATION | (819) 424-1865 > 1 800 264-5441 > www.mrcmatawinie.qc.ca |

## 18   RAPIDES DES NEIGES

Ce sentier longe les rapides de la rivière Ouareau. Le courant de celle-ci est si fort qu'elle ne gèle pratiquement jamais. Le sentier, existant depuis 25 ans, passe à travers un boisé mixte. On peut parfois apercevoir des maisons situées plus haut dans la montagne. Au bout du sentier, on arrive à un abri protégeant des intempéries.

P ⌂

🚶 2 km (linéaire, débutant)

| HORAIRE | Toute l'année > Du lever au coucher du soleil |
|---|---|
| TARIF | Gratuit |
| ACCÈS | Au cœur de Saint-Donat, suivre le chemin Principal (route 125) et tourner à droite sur la rue Allard. Au bout de celle-ci, tourner à droite sur le chemin Ouareau Nord, puis à gauche sur le chemin Saint-Guillaume. Continuer sur 2 km et tourner à droite sur le chemin du Domaine Boisé. Faire 500 m et tourner à gauche sur le chemin des Merles. Le stationnement se situe au bout de la rue. De Notre-Dame-de-la-Merci, prendre la route 125 nord et tourner à droite sur le chemin Saint-Guillaume. Continuer sur 10 km et tourner à droite sur le chemin du Domaine Boisé. Faire 500 m et tourner à gauche sur le chemin des Merles. Le stationnement se situe au bout de la rue. |
| INFORMATION | 1 888 783-6628 > (819) 424-2833 > www.saint-donat.org/pleinair |

## 19   SENTIER D'INTERPRÉTATION DE LA NATURE
## DE LA COMMUNE DE BERTHIER

Ce réseau de sentiers est situé dans les îles de Berthier, entre un marais typique du lac Saint-Pierre et la commune de Berthier. En le parcourant, on passera par plusieurs écosystèmes enfouis sous la neige comme le marais. Le site se trouve dans une érablière à caryer et il n'y a aucun conifère. La partie boisée est dominée par l'érable argenté, le frêne de Pennsylvanie, l'orme d'Amérique et le saule noir. Des tours d'observation et des nichoirs permettent d'apercevoir des oiseaux et des animaux comme le cerf de Virginie.

✳ P 👥 🚻 ❧

🚶 8,5 km (mixte, débutant)

| HORAIRE | Tout l'hiver > Du lever au coucher du soleil |
|---|---|
| TARIF | Gratuit |
| ACCÈS | De Berthierville, emprunter la rue de Bienville (route 158 est). Après le premier pont, faire environ 200 m pour atteindre l'entrée située sur la droite. |
| INFORMATION | (450) 836-4447 > www.membres.lycos.fr/scirbi |

## 20 SENTIER DE L'OURS 🏃

Ce sentier, situé sur le territoire de la municipalité de Sainte-Émélie-de-l'Énergie, offre plusieurs points de vue dont un belvédère permettant d'admirer une chute. On franchira une crête parallèle à la rivière Noire et un affleurement rocheux. On longera le fond d'une vallée et on traversera plusieurs petits ruisseaux. On passera à travers différents milieux forestiers : les érablières à érable à sucre et à érable rouge, la forêt mixte, la forêt de conifères et la sapinière à bouleau blanc. 🐴

✶ P 🛏 ⌂ 🏛

🏃 *10,5 km (linéaire, avancé, dénivelé de 200 m)*

HORAIRE     Tout l'hiver > Du lever au coucher du soleil
TARIF       Gratuit
ACCÈS       <u>Accès Ouest</u> : De Sainte-Émélie-de-l'Énergie, prendre la route 131 nord sur environ 5 km. Tourner à gauche sur le rang 5, puis à droite sur le chemin Bazinet. Poursuivre jusqu'au Domaine Bazinet. <u>Accès Est</u> : De Sainte-Émélie-de-l'Énergie, prendre la route 131 nord sur environ 3 km, soit jusqu'au stationnement situé à droite de la route.

DOCUMENTATION   Carte (à la MRC Matawinie et à la Fédération québécoise de la marche)
INFORMATION     1 800 264-5441 > (450) 834-5441 > www.mrcmatawinie.qc.ca

JCT   SENTIER DE LA MATAWINIE

## 21 SENTIER DE LA MATAWINIE 🏃

Ce sentier suit la crête des montagnes longeant la rivière Noire, dont les sommets varient de 450 à 600 m. On montera et descendra tout le long du chemin. On longera ou traversera des ruisseaux. On franchira des zones de forêt dense où on trouvera, entre autres, le pin rouge, et des zones où la végétation sera quasi-inexistante. Plusieurs points de vue de 180 degrés agrémentent ce sentier. 🐴

✶ ⌂

🏃 *20,8 km (linéaire, avancé, dénivelé de 265 m)*

HORAIRE     Tout l'hiver > Du lever au coucher du soleil
TARIF       Gratuit
ACCÈS       De l'autoroute 31, continuer sur la route 131 nord jusqu'à l'entrée du sentier, située à environ 3 km au nord de Sainte-Émélie-de-l'Énergie, à droite de la route.

DOCUMENTATION   Carte (à la MRC Matawinie et à la Fédération québécoise de la marche)
INFORMATION     1 800 264-5441 > (450) 834-5441 > www.mrcmatawinie.qc.ca

JCT   SENTIER DE L'OURS ; SENTIER DES NYMPHES

## 22 SENTIER DE LA RIVIÈRE SWAGGIN 🏃

Ce sentier relie la route du Lac-Clair à la rivière L'Assomption. On grimpera jusqu'au sommet de la montagne du Tranchant, puis on redescendra pour longer la rivière Swaggin. Celle-ci, un affluent de la rivière L'Assomption, est divisée en deux parties par un barrage. La première ressemble à un prolongement du lac. La seconde est caractérisée par des cascades et une chute. On passera par plusieurs peuplements forestiers dont la sapinière à bouleau blanc et un peuplement de pin rouge. 🐴

✶ P 👥 🛏

🏃 *8,8 km (linéaire, avancé, dénivelé de 300 m)*

| HORAIRE | De mi-décembre à mi-mars > Du lever au coucher du soleil |
|---|---|
| TARIF | Gratuit |
| ACCÈS | De Joliette, suivre la route 343 nord jusqu'à Saint-Côme. Au village, prendre le rang Versailles sur environ 5 km, puis la route du Lac-Clair sur quelque 2 km. Le stationnement est en bordure de la route du Lac-Clair, près de l'entrée du sentier. |
| DOCUMENTATION | Carte (à la MRC Matawinie et à la Fédération québécoise de la marche) |
| INFORMATION | 1 800 264-5441 > (450) 834-5441 > www.mrcmatawinie.qc.ca |

JCT  SENTIER DES CONTREFORTS

## 23  SENTIER DES CONTREFORTS 🏃

Ce sentier est situé à l'intérieur de deux municipalités, soit Notre-Dame-de-la-Merci et Saint-Côme. Il est une succession de montées et de descentes. On contournera ou longera plusieurs lacs, on fera le tour de la falaise du lac Blanc, on traversera la muraille de Naguaro et on passera par une zone d'escarpements. On traversera plusieurs peuplements forestiers, entre autres, l'érablière à bouleau blanc, l'érablière à sapin baumier et la boulaie à érable à sucre. On aura plusieurs points de vue sur la région. 🐾

✳ P ⌂ 🛏

🏃 32 km (linéaire, avancé, dénivelé de 350 m)

| HORAIRE | Tout l'hiver > Du lever au coucher du soleil |
|---|---|
| TARIF | Gratuit |
| ACCÈS | De Notre-Dame-de-la-Merci, suivre la route 347 nord sur environ 7 km. Juste après avoir traversé la rivière Ouareau, tourner à droite sur le chemin Saint-Côme. Le stationnement (porte C) se trouve à 1,5 km, au premier lac du Castor. |
| DOCUMENTATION | Carte (à la MRC Matawinie et à la Fédération québécoise de la marche) |
| INFORMATION | 1 800 264-5441 > (450) 834-5441 > www.mrcmatawinie.qc.ca |

JCT  AUBERGE VAL-SAINT-CÔME; SENTIER DE LA RIVIÈRE SWAGGIN

## 24  SENTIER DES NYMPHES 🏃

Ce sentier débute près du parc régional des Sept-Chutes de Saint-Zénon et mène à la limite de la réserve faunique Mastigouche. Situé à l'intérieur de la zec des Nymphes, on croisera certains chemins de ce lieu. On traversera, entre autres, une prucheraie, une tremblaie et une boulaie à sapin baumier. On longera la rivière Mastigouche jusqu'au lac Perdu où on verra un barrage de castors en le traversant. Plusieurs points de vue agrémentent ce sentier, dont un sur le plateau de la Mastigouche. 🐾

✳ ⬛

🏃 17,5 km (linéaire, avancé, dénivelé de 200 m)

| HORAIRE | Tout l'hiver > Du lever au coucher du soleil |
|---|---|
| TARIF | Gratuit |
| ACCÈS | De Joliette, suivre la route 131 nord. On stationne sur le bord de la route à environ 15 km au nord du village de Sainte-Émélie-de-l'Énergie, juste en face du parc régional des Sept-Chutes de Saint-Zénon. |
| DOCUMENTATION | Carte (à la MRC Matawinie et à la Fédération québécoise de la marche) |
| INFORMATION | 1 800 264-5441    (450) 834-5441 > www.mrcmatawinie.qc.ca |

JCT  SENTIER DE LA MATAWINIE

## 25 SENTIER DU MONT-OUAREAU 🏃

Ce sentier s'étend du lac Ouareau, d'une superficie de 1 744 hectares, au lac Archambault, en passant par le lac Lemieux. On verra une zone de coupe forestière. On traversera une érablière à sucre, la forêt mixte, la forêt de conifères et la sapinière à bouleau blanc. On fera l'ascension du mont Ouareau, d'une altitude de 685 m, dont le sommet offre un vaste panorama. 🐎

🎋 👭 🏠

🚶 *13,1 km (linéaire, avancé, dénivelé de 240 m)*

HORAIRE    Tout l'hiver > Du lever au coucher du soleil
TARIF    Gratuit
ACCÈS    Accès Est : de Saint-Donat, suivre la route 125 sud. On stationne à droite, sur le bord de la route 125, à 8 km au sud de Saint-Donat et 9 km au nord de Notre-Dame-de-la-Merci.

DOCUMENTATION    Carte (à la MRC Matawinie et à la Fédération québécoise de la marche)
INFORMATION    1 800 264-5441 > (450) 834-5441 > www.mrcmatawinie.qc.ca

[JCT]    BASE DE PLEIN AIR L'INTERVAL (LAURENTIDES)

## 26 SITE HISTORIQUE DE L'ÎLE-DES-MOULINS

Cette île, située sur la rivière des Mille Îles, offre un réseau de sentiers permettant de voir plusieurs aménagements et bâtiments historiques datant des années 1700 et 1800. Parmi eux, le Bureau seigneurial a été converti en centre d'interprétation et le Moulin neuf présente des expositions. Un sentier fait le tour de l'île en longeant des saules pleureurs.

🎋 P 👭 ✕ 🪑 🛷

🚶 *1 km (mixte, débutant)*

HORAIRE    Tout l'hiver > De 7 h à 23 h
TARIF    Gratuit
ACCÈS    De la sortie 22 est de l'autoroute 25, suivre les indications pour le site.

DOCUMENTATION    Dépliant (au centre d'interprétation)
INFORMATION    (450) 471-0619 > www.ile-des-moulins.qc.ca

## 27 STATION TOURISTIQUE LA MONTAGNE COUPÉE

Cette montagne, située en bordure de la rivière L'Assomption, se caractérise par sa cicatrice. Un bloc a mystérieusement été arraché, du sommet à la moitié de sa hauteur, et repose à la base près de la rivière. C'est de là que vient son nom de montagne coupée. En parcourant ce réseau de sentiers, partagés avec le ski de fond, on traversera une forêt et on verra une falaise. Certains sentiers longent la rivière, offrant des points de vue sur cette dernière. D'une tour d'observation, on pourra voir Montréal par temps clair.

🏠 P 👭 ( ✕ 🏠 ☕ 🍴

🚶 *50,5 km (mixte, débutant, dénivelé de 90 m)*
*+ hors-piste sur tout le territoire*    **Multi** *50,5 km*

HORAIRE    De décembre à mars > De 9 h à 17 h
TARIF    Adulte : 12,00 $
ACCÈS    De Joliette, suivre la route 131 nord. La station est située sur la gauche, environ 2 km avant Saint-Jean-de-Matha

DOCUMENTATION    Carte des sentiers (à l'accueil)
INFORMATION    (450) 886-3845 > www.skimontagnecoupee.com

Situé à moins d'une heure de Montréal, le site offre des sentiers traversant une forêt dense et une plaine déboisée. Il y a deux montagnes, du haut desquelles on a des vues panoramiques. On peut également atteindre le sommet des montagnes à l'aide de remontées mécaniques et faire la descente en raquette.

**Note :** *l'abri est situé sur le sentier 3*

🏃 *18 km*　　⛄*3 km*　　**Multi** *18 km*

| 🏃 | ⛄ | NOM DU SENTIER | LONGUEUR | TYPE | NIVEAU |
|---|---|---|---|---|---|
| | ✓ | Sentier de marche hivernale | 3,0 km | Boucle | Débutant |
| ✓ | | Sentier 1 | 3,0 km | Linéaire | Débutant |
| ✓ | | Sentier 2 | 5,0 km | Linéaire | Intermédiaire |
| ✓ | | Sentier 3 | 10,0 km | Linéaire | Avancé |

HORAIRE　De janvier à mars > De 9 h à 16 h

TARIF　**Raquette** > 5,00 $ > **Marche hivernale** > Gratuit > *Note : le billet pour les glissades donne accès gratuitement aux sentiers*

ACCÈS　De Joliette, suivre la route 131 en direction nord. Le lieu se trouve sur la gauche, environ 7 km dépassé la municipalité de Saint-Jean-de-Matha.

DOCUMENTATION　Dépliant (à l'accueil)

INFORMATION　(450) 886-9321 > www.golfmatha.com

Situé près du mont Tremblant et devant le lac Ouareau, le centre de villégiature La Réserve est un territoire naturel d'un peu plus de 7 km². Ce territoire est parsemé de forêt, de cascades et de ruisseaux gelés. On y trouve un belvédère donnant une vue sur le lac Ouareau et le lac Lemieux. Une des pistes longe le lac des Îles, descend le long du ruisseau du lac des Îles et remonte la décharge du lac Bouillon. Ce centre est dominé par les monts La Réserve, Gaudet, Jasper et Ouareau. Certaines pistes longent la rivière et un sous-bois est à la disposition des adeptes de raquette hors-piste aimant le contact serré avec la forêt. 🔫 *Sur le sentier de marche hivernale seulement*

🏃 *9,7 km + hors-piste sur une portion du territoire*　　⛄*5 km*　　**Multi** *5 km*

| 🏃 | ⛄ | NOM DU SENTIER | LONGUEUR | TYPE | NIVEAU |
|---|---|---|---|---|---|
| ✓ | | R1 | 1,9 km | Boucle | Intermédiaire |
| ✓ | | R2 | 5,4 km | Linéaire | Intermédiaire |
| ✓ | | R3 | 2,4 km | Mixte | Intermédiaire |
| | ✓ | Sentier multifonctionnel | 5,0 km | Linéaire | Débutant |

HORAIRE　Tout l'hiver > De 7 h au coucher du soleil

TARIF　Adulte (17 à 64 ans) : 9,00 $ > Aîné (65 ans et plus) : 7,00 $ > Enfant : gratuit

ACCÈS　De Saint-Donat, prendre la route 125 sud et tourner à droite sur le chemin Fusey. Le stationnement de l'hôtel se situe 2 km plus loin.

DOCUMENTATION　Carte des pistes (à l'hôtel Montcalm)

INFORMATION　(819) 424-1333 > 1 866 424-1333 > www.lareserve-stdonat.com

Laurentides

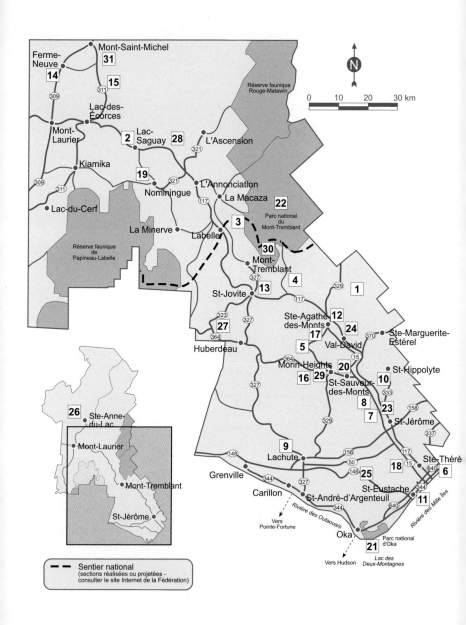

1   BASE DE PLEIN AIR L'INTERVAL
2   BOISÉ JOSEPH-B.B.-GAUTHIER
3   CAMP QUATRE SAISONS
4   CENTRE D'ACCÈS À LA NATURE – UQAM
5   CENTRE D'ACTIVITÉS DE PLEIN AIR SAINT-ADOLPHE-D'HOWARD
6   CENTRE D'INTERPRÉTATION DE LA NATURE DE LORRAINE
7   CENTRE DE SKI DE FOND BELLEFEUILLE
8   CENTRE DE SKI DE FOND GAI-LURON
9   CENTRE DE SKI DE FOND LA RANDONNÉE
10  CENTRE DE SKI DE FOND ROGER CABANA
11  CIRCUIT HISTORIQUE DU VIEUX SAINT-EUSTACHE
12  CIRCUIT PATRIMONIAL DE SAINTE-AGATHE-DES-MONTS
13  DOMAINE SAINT-BERNARD
14  FORÊT RÉCRÉOTOURISTIQUE DE LA MONTAGNE DU DIABLE
15  LA BAIE DES CANARDS
16  LA MONTFORTAINE
17  PARC DES CAMPEURS DE SAINTE-AGATHE-DES-MONTS
18  PARC DU DOMAINE VERT
19  PARC ÉCOLOGIQUE LE RENOUVEAU
20  PARC JOHN H. MOLSON
21  PARC NATIONAL D'OKA
22  PARC NATIONAL DU MONT-TREMBLANT
23  PARC RÉGIONAL DE LA RIVIÈRE-DU-NORD
24  PARC RÉGIONAL DUFRESNE VAL-DAVID/VAL-MORIN
25  PARC RÉGIONAL ÉDUCATIF BOIS DE BELLE-RIVIÈRE
26  SENTIER CYCLO-PÉDESTRE DU LAC BOUCHER
27  SENTIER DES VILLAGES
28  SENTIERS DE RANDONNÉE DE SAINTE-VÉRONIQUE
29  SKI MORIN HEIGHTS
30  STATION MONT-TREMBLANT
31  VILLAGE DE TEE-PEE LA BOURGADE

# 1    BASE DE PLEIN AIR L'INTERVAL

Cette base, située au cœur d'une vallée, offre des sentiers débutant à 488 m d'altitude. Le sentier Tour du Lac longe le lac Legault et traverse une forêt de conifères. Le sentier Lac Monette débute à l'arrière de l'auberge, mène au lac Monette et gravit une montagne offrant une vue sur le mont Kaaïkop. Ce dernier, d'une hauteur de 830 m, est le troisième plus haut de la région. Un sentier permet de se rendre à son sommet, d'où on aura un panorama de 360 degrés englobant le mont Tremblant, la montagne Noire et, par temps clair, Montréal.

🏠 P ♟ ( ✗ ⌂ ♀ ⅙

🚶 10,2 km    **Multi** 6,2 km

| 🚶 | 🚶* | NOM DU SENTIER | LONGUEUR | TYPE | NIVEAU | DÉNIVELÉ |
|----|-----|----------------|----------|------|--------|----------|
| ✓ | | Mont Kaaïkop | 2,9 km | Linéaire | Intermédiaire | 340 m |
| ✓ | | Le Tour du Lac | 3,3 km | Boucle | Débutant | |
| ✓ | | Lac Monette | 4,0 km | Boucle | Intermédiaire | 150 m |

HORAIRE    Tout l'hiver > Du lever au coucher du soleil
TARIF    Adulte : 5,00 $ > Enfant : 3,50 $
ACCÈS    De la sortie 89 de l'autoroute des Laurentides (15), emprunter la route 329 nord sur une distance de 19 km, soit jusqu'au chemin du Lac-Creux. Tourner à droite, puis poursuivre sur 7 km en suivant les indications.

DOCUMENTATION    Dépliant (à l'accueil)
INFORMATION    (819) 326-4069 > www.interval.qc.ca

JCT    SENTIER DU MONT-OUAREAU (LANAUDIÈRE)

# 2    BOISÉ JOSEPH-B.B.-GAUTHIER

Le sentier débute le long du Parc linéaire Le P'tit Train du Nord. Il longe ou traverse des petites rivières en passant à travers un boisé mixte. On peut voir une montagne. On peut aussi apercevoir des loutres et des chevreuils. Un belvédère offre une vue sur l'étendue blanche de la rivière gelée. 🐴

✗ ♟ 🪑 🌿

🚶 5,5 km (mixte, débutant)

HORAIRE    De décembre à mars > Du lever au coucher du soleil
TARIF    Gratuit
ACCÈS    L'entrée du sentier se situe à 1,5 km du village de Lac-Saguay, près de la route 117 et du chemin de la Vieille Route 11.

DOCUMENTATION    Guide de visite (à l'accueil)
INFORMATION    (819) 278-3972

# 3    CAMP QUATRE SAISONS 🏔

Cette base de plein air, en terrain montagneux et ceinturée de lacs, est située en bordure du lac Caché. Le sommet du Cap 360 et celui du mont Gorille permettent des coups d'œil sur le plateau des hautes Laurentides. Des belvédères offrent des vues sur le mont Tremblant et le parc situé à proximité, ainsi que sur le lac Caché, long de 4 km. En chemin, on pourra croiser des cerfs de Virginie, des renards, des pics chevelus et des mésanges. 🐴

🏠 P 🏢 🪑

🚶 17,1 km

| 🚶 ⛸* | NOM DU SENTIER | LONGUEUR | TYPE | NIVEAU | DÉNIVELÉ |
|---|---|---|---|---|---|
| ✓ | Sentier Mont-Gorille | 4,0 km | Linéaire | Avancé | 250 m |
| ✓ | Sentier Porte de l'Enfer | 5,6 km | Linéaire | Intermédiaire | |
| ✓ | Sentier Belvédère | 1,5 km | Boucle | Intermédiaire | 90 m |
| ✓ | Sentier Cap 360 (Mont Caribou) | 6,0 km | Linéaire | Avancé | 150 m |

HORAIRE   Tout l'hiver > Du lever au coucher du soleil
TARIF     Gratuit
ACCÈS     De l'autoroute des Laurentides (15), continuer sur la route 117 vers le nord jusqu'à Labelle. Aux feux de circulation, tourner à droite et suivre les indications du parc national du Mont-Tremblant (secteur du lac Caché) jusqu'au Camp Quatre Saisons.

DOCUMENTATION   Carte (à l'accueil et à la Fédération québécoise de la marche)
INFORMATION     (450) 435-5341 > (819) 686-2123 > www.campqs.cam.org

[JCT]   PARC NATIONAL DU MONT-TREMBLANT

## 4   CENTRE D'ACCÈS À LA NATURE – UQAM

Le Centre d'accès à la nature de l'UQAM est situé en montagne, au sud du mont Tremblant, en bordure de la rivière Archambault. Le circuit de l'Orignal passe à proximité de la chute Archambault, d'une hauteur de 15 m, campée dans une gorge. En parcourant le territoire, on pourra admirer la rivière et ses chutes, et découvrir un canyon.

🎿 P 👫 🏕

🎿 4,5 km + hors-piste sur tout le territoire

| 🚶 ⛸* | NOM DU SENTIER | LONGUEUR | TYPE | NIVEAU | DÉNIVELÉ |
|---|---|---|---|---|---|
| ✓ | Circuit de l'Orignal | 4,5 km | Boucle | Intermédiaire | 80 m |

HORAIRE   Tout l'hiver > Du lever au coucher du soleil
TARIF     Gratuit
ACCÈS     De l'autoroute des Laurentides (15), poursuivre sur la route 117 nord jusqu'à Saint-Faustin. Suivre les indications pour Lac-Supérieur et, avant le village, prendre le chemin Le Boulé Est qui se situe à droite. Continuer en direction de Val-des-Lacs. Porter une attention particulière à la route car il y a un autre embranchement qui peut porter à confusion. Bien suivre le chemin Le Boulé en gardant la droite. L'entrée du Centre se trouve au 612.

DOCUMENTATION   Carte des sentiers (à l'accueil)
INFORMATION     (819) 688-3212 > (514) 987-3105 > www.uqam.ca/sports

## 5   CENTRE D'ACTIVITÉS DE PLEIN AIR SAINT-ADOLPHE-D'HOWARD

Appuyé depuis 1998 par la municipalité, ce centre, créé en 1950, offre un réseau de sentiers permettant de faire une longue randonnée ou une simple promenade. En parcourant les sentiers, on aura de nombreux points de vue sur le paysage montagneux des Laurentides. 🐾

🏛 P 👫 ( 🏠 🏢 🔺 ⛰* 🏕 🌿 ⚲⚲

🎿 25 km (mixte, intermédiaire, dénivelé de 100 m)
  + hors-piste sur une portion du territoire

HORAIRE   De mi-décembre à mi-avril > de 8 h au coucher du soleil
TARIF     Adulte : 7,00 $ > Enfant (17 ans et moins) : gratuit

**ACCÈS** De la sortie 60 de l'autoroute des Laurentides (15), prendre la route 364 ouest, puis la route 329 nord jusqu'à Saint-Adolphe-d'Howard. La plupart des sentiers sont accessibles à partir du centre d'activités de plein air, à l'entrée sud de la municipalité.

**DOCUMENTATION** Dépliant, carte (à l'accueil et à la Fédération québécoise de la marche)
**INFORMATION** (819) 327-3519 > 1 866 ADOLPHE > www.stadolphedhoward.qc.ca

## 6  CENTRE D'INTERPRÉTATION DE LA NATURE DE LORRAINE

Le Centre d'interprétation de la nature est situé en milieu urbain. Le territoire, d'une superficie de 302 hectares, est boisé et traversé par la rivière aux Chiens. Le boisé est composé de feuillus, notamment d'érables. Des écureuils sont présents sur le territoire.

🌟 P 👫

🚶 *Hors-piste sur tout le territoire*

**HORAIRE** Tout l'hiver > De 7 h à 21 h
**TARIF** Gratuit
**ACCÈS** De la sortie 26 de l'autoroute 640, se diriger vers Lorraine. Continuer en direction nord jusqu'au boulevard Montbéliard. Tourner à gauche et prendre la première entrée du centre culturel où un chemin mène au stationnement.

**INFORMATION** (450) 621-8550 poste 275 > loisirs@ville.lorraine.qc.ca

## 7  CENTRE DE SKI DE FOND BELLEFEUILLE

Les sentiers sillonent une forêt très diversifiée. On y retrouve des érables, des cyprès, des hêtres, des bouleaux, des mélèzes et des tilleuls. On peut aussi voir un gros pin de 200 ans. On pourra voir un ruisseau gelé et observer des traces de la présence de chevreuils et de renards. Grâce à un poste d'alimentation, on pourra observer des oiseaux. On aura un point de vue sur la région. Des panneaux éducatifs sous forme de rébus agrémentent le parcours.

🏛 P 👫 ( 🍽⚡

🚶 *6 km + hors-piste sur une portion du territoire*

| 🚶 🎿* | NOM DU SENTIER | LONGUEUR | TYPE | NIVEAU |
|---|---|---|---|---|
| ✓ | Savane | 1,0 km | Boucle | Débutant |
| ✓ | Chevreuil | 0,5 km | Linéaire | Débutant |
| ✓ | Grand Pic | 1,0 km | Boucle | Débutant |
| ✓ | Trait-carré | 1,0 km | Boucle | Débutant |
| ✓ | Du Point de vue | 1,0 km | Linéaire | Débutant |
| ✓ | Cerisier | 0,5 km | Linéaire | Débutant |
| ✓ | Mado | 0,3 km | Linéaire | Débutant |
| ✓ | Côte à pic | 0,2 km | Linéaire | Débutant |
| ✓ | Du Ruisseau | 0,5 km | Linéaire | Débutant |

**HORAIRE** De mi-décembre à mi-mars > De 9 h à 17 h (du mardi au dimanche)
**TARIF** Adulte : 4,00 $
**ACCÈS** De la sortie 43 Ouest de l'autoroute des Laurentides (15), continuer sur la rue de Martigny sur environ 2 km et tourner à droite sur la rue de la Montagne. Tourner ensuite à gauche sur la rue La Salette et à droite sur la rue des Lacs. Le centre se situe 3 km plus loin.

**DOCUMENTATION** Dépliant-carte (à l'accueil)
**INFORMATION** (450) 431-2395 > www.skidefondbellefeuille.com

## 8    CENTRE DE SKI DE FOND GAI-LURON

Les trois sentiers sont en montagne et traversent une cédrière et une érablière. L'un d'eux passe près d'un cours d'eau gelé. On accède à deux petits relais chauffés. On pourra apercevoir des chevreuils, des renards, des lièvres et des perdrix. On aura des points de vue panoramique sur les Laurentides jusqu'à Montréal.

🏠 P ♀♀ ( X ⌂ ⍾⚡

🏃 *12 km (boucle, débutant/intermédiaire, dénivelé de 50 m)*

HORAIRE    De décembre à fin mars > De 9 h à 17 h (semaine) > De 8 h à 17 h (fin de semaine)

TARIF    Adulte : 7,00 $

ACCÈS    Emprunter la sortie 45 de l'autoroute des Laurentides (15) en direction nord. Tourner à gauche sur la montée Sainte-Thérèse et continuer jusqu'au centre, situé au numéro 2155.

DOCUMENTATION    Dépliant (à l'accueil)

INFORMATION    (450) 224-5302 > www.centredeskidefondgai-luron.com

## 9    CENTRE DE SKI DE FOND LA RANDONNÉE

Les sentiers passent par le terrain de golf pour ensuite pénétrer dans la forêt. Le territoire est vallonné. Sur une colline, un escarpement permet une vue sur la région des basses Laurentides jusqu'aux plaines de l'Outaouais. Le milieu boisé est composé d'une vieille érablière et de gros pins blancs. Des mangeoires permettent d'observer la mésange, le pic, le geai bleu et le cardinal. On pourra apercevoir des traces de cerfs de Virginie. Un sentier passe par un refuge en forêt et des panneaux d'interprétation agrémentent le parcours.

🏠 P ♀♀ ⌂ ⍾ 🌲⚡

🏃 *7 km + hors-piste sur une portion du territoire*

| 🏃 | 🎿 | NOM DU SENTIER | LONGUEUR | TYPE | NIVEAU |
|---|---|---|---|---|---|
| ✓ | | Sentier Bleu | 1,5 km | Linéaire | Débutant |
| ✓ | | Sentier Rouge | 3,0 km | Boucle | Intermédiaire |
| ✓ | | Sentier Jaune | 2,5 km | Mixte | Débutant |

HORAIRE    De mi-décembre à fin mars > De 9 h 30 à 16 h 30 (du mercredi au dimanche)

TARIF    Adulte : 7,00 $ > Étudiant (13 à 17 ans) : 2,00 $ > Enfant (12 ans et moins) : gratuit

ACCÈS    Du centre-ville de Lachute, emprunter la route 327 nord par le boulevard de la Providence. Continuer sur 3 km jusqu'au club de golf l'Oasis qui sert de billetterie et d'accueil au centre de ski de fond La Randonnée.

DOCUMENTATION    Dépliant (à la MRC d'Argenteuil)

INFORMATION    (450) 533-6687 poste 237 > rbrunet@brownsburgchatham.ca

## 10    CENTRE DE SKI DE FOND ROGER CABANA

L'un des sentiers monte et descend une montagne. Au sommet, on a une vue sur le lac de l'Achigan et les montagnes avoisinantes. On passe par une érablière à hêtre. L'autre fait le tour d'un marais. On verra un petit ruisseau gelé et des arbres de milieu humide comme des frênes et des mélèzes.

🏠 P ♀♀ ( *Note :  le pavillon d'accueil, le téléphone et les toilettes ne sont disponibles que durant la fin de semaine.*

🏃 *1,9 km*

| 🏃 🏃* | NOM DU SENTIER | LONGUEUR | TYPE | NIVEAU | DÉNIVELÉ |
|---|---|---|---|---|---|
| ✓ | R-1 | 1,1 km | Boucle | Débutant | 38 m |
| ✓ | R-2 | 0,8 km | Boucle | Débutant | 20 m |

HORAIRE   De mi-décembre à fin mars > De 9 h à 16 h

TARIF   Adulte : 5,00 $

ACCÈS   De la sortie 43 de l'autoroute des Laurentides (15), prendre la rue de Martigny vers l'est. Tourner à gauche sur la rue Saint-Georges et continuer vers le nord. À la bifurcation, prendre à droite le chemin des Hauteurs (route 333) vers Saint-Hippolyte. Le pavillon Roger Cabana est situé au numéro 2060.

DOCUMENTATION   Carte des sentiers (à l'accueil et à l'hôtel de ville)

INFORMATION   (450) 563-2505 poste 231 > pbrisson@questzones.com

## 11   CIRCUIT HISTORIQUE DU VIEUX SAINT-EUSTACHE

Saint-Eustache est une ville plus que tricentenaire. Le Vieux Saint-Eustache est l'emplacement du village au XVIII$^e$ siècle. Le parcours permet de découvrir plusieurs bâtiments historiques. Parmi eux, le moulin Légaré, datant de 1762, est le plus ancien moulin à farine mû par la seule force de l'eau en Amérique du Nord à n'avoir jamais cessé de fonctionner depuis sa mise en service. Il est situé en bordure de la rivière du Chêne, sur laquelle on aura plusieurs points de vue. On verra aussi, entre autres, la maison ancestrale Chénier-Sauvé, l'église reconstruite après avoir été démolie lors des affrontements de 1837 et le manoir Globensky où on retrouve la Maison de la culture et du patrimoine. 🐴

🏛 P 🏃 C X ⟆ 🎿

🏃* *1,5 km (linéaire, débutant)*

HORAIRE   Tout l'hiver > Du lever au coucher du soleil

TARIF   Gratuit

ACCÈS   De la sortie 11 de l'autoroute 640, le vieux Saint-Eustache se situe à environ 1 km au sud.

DOCUMENTATION   Guide d'interprétation (au musée de Saint-Eustache et de ses patriotes)

INFORMATION   (450) 974-5170 > www.moulinlegare.com

## 12   CIRCUIT PATRIMONIAL DE SAINTE-AGATHE-DES-MONTS

Ce circuit est situé au cœur de la ville, surnommée la Reine du Nord. Il est constitué de 18 bâtiments patrimoniaux, dont le presbytère datant du début du XX$^e$ siècle. Des panneaux d'interprétation agrémentent le parcours et permettent de sensibiliser les visiteurs à la richesse historique de la ville. On y parle, entre autres, du poète Gaston Miron et de l'histoire des communautés anglaises et juives qui y sont très importantes. On aura une vue sur le lac des Sables et sur une petite marina. 🐴

🏛 ✶ P 🏃 C X ⌂ 🎿

🏃* *3 km (boucle, débutant)*

HORAIRE   Tout l'hiver > Du lever au coucher du soleil

TARIF   Gratuit

ACCÈS   De l'autoroute des Laurentides (15), prendre la sortie 86 et poursuivre sur la route 117 nord. À l'intersection de la route 329, prendre la rue Principale jusqu'au bout.

DOCUMENTATION  Dépliant, plan de localisation (au bureau d'information touristique)
INFORMATION   (819) 326-3731 > 1 888 326 0457
              www.ste-agathe.com/patrimoine.html

## 13 DOMAINE SAINT-BERNARD

Après un incendie en 1902, la diversité du territoire s'est rebâtie d'elle-même. Ce domaine, d'une superficie de 6 km², est situé en bordure de la rivière du Diable. On y retrouve une plaine flanquée des monts Saint-Bernard et Onontio, atteignant une hauteur d'environ 380 m, qu'on grimpera en parcourant les sentiers. On verra aussi le lac Raynaud.

🏠 P � ( ⌂ ⚲⚘

🚶 5,2 km + hors-piste sur une portion du territoire     ⛷ 1 km

| 🚶 | ⛷ | NOM DU SENTIER | LONGUEUR | TYPE | NIVEAU | DÉNIVELÉ |
|----|----|----|----|----|----|----|
| ✓ | | Mont Saint-Bernard | 3,0 km | Mixte | Intermédiaire | 300 m |
| ✓ | | Mont Onontio | 2,2 km | Boucle | Intermédiaire | 250 m |
| | ✓ | Sentier no 19 | 1,0 km | Linéaire | Débutant | 150 m |

HORAIRE  Tout l'hiver > De 10 h à 17 h
TARIF    Gratuit
ACCÈS    De Saint-Jovite, emprunter la route 327 nord. Tourner à droite sur le chemin Saint-Bernard et parcourir 3 km jusqu'au Domaine.

INFORMATION      (819) 425-3588 > www.domainesaintbernard.org

## 14 FORÊT RÉCRÉOTOURISTIQUE DE LA MONTAGNE DU DIABLE

Cette montagne atteint 783 m d'altitude. Le territoire, d'une superficie de 10 000 hectares, est parcouru par un réseau de sentiers passant à travers la forêt boréale. En les parcourant, on pourra admirer le lac Windigo et sa chute. On grimpera sur quatre sommets de plus de 740 m d'altitude. Le sentier de l'Érablière est agrémenté de panneaux d'interprétation de la nature. Les sentiers formant différentes boucles, on aura la possibilité de faire une courte ou une longue randonnée selon le circuit effectué.

✻ P ♛ ⌂ 🏠 ⛰ ⊞ ⚘ 🚌 💼 ⚲⚘

🚶 63,5 km

| 🚶 | ⛷ | NOM DU SENTIER | LONGUEUR | TYPE | NIVEAU | DÉNIVELÉ |
|----|----|----|----|----|----|----|
| ✓ | | Sentier de l'érablière (interprétation) | 3,2 km | Boucle | Débutant | 70 m |
| ✓ | | Sentier de la paroi de l'aube (2) | 4,2 km | Linéaire | Avancé | 350 m |
| ✓ | | Sentier des sommets (1) | 35,4 km | Linéaire | Avancé | 550 m |
| ✓ | | Sentier des ruisseaux (3) | 8,6 km | Linéaire | Avancé | 352 m |
| ✓ | | 2B | 1,0 km | Linéaire | Débutant | 10 m |
| ✓ | | 3A | 2,9 km | Linéaire | Débutant | 55 m |
| ✓ | | 3B | 2,5 km | Linéaire | Intermédiaire | 200 m |
| ✓ | | 3C | 2,0 km | Linéaire | Débutant | 140 m |
| ✓ | | 3A1 | 0,9 km | Linéaire | Débutant | |
| ✓ | | 2A | 2,3 km | Linéaire | Débutant | 70 m |
| ✓ | | 3D | 0,5 km | Linéaire | Débutant | 120 m |

HORAIRE  Tout l'hiver > De 8 h à 17 h
TARIF    14 ans et plus : 3,00 $ > Enfant (13 ans et moins) : gratuit

ACCÈS De Mont-Laurier, prendre la route 309 en direction nord jusqu'à Ferme-Neuve. La route 309 devient la 12ᵉ Rue. Le bureau d'accueil touristique se situe au 94, 12ᵉ Rue. C'est à cet endroit que l'on indique les 5 entrées possibles pour les sentiers.

DOCUMENTATION   Dépliant, carte des sentiers
(au bureau des Amis de la montagne du Diable)
INFORMATION   (819) 587-3882 > www.montagnedudiable.com

## 15   LA BAIE DES CANARDS

La Baie des Canards a été créée à la suite de l'étude d'un projet de connaissances visant à intégrer les préoccupations de maintien et de développement des composantes forestières et fauniques du territoire. On passera par une forêt mixte où on pourra apercevoir de nombreux cerfs de Virginie. Des panneaux d'interprétation sur la diversité des arbres et un belvédère agrémentent le parcours. 🐎

🏠 P ⌂ 🎿 🛏 🌿

🚶 6,4 km (mixe, intermédiaire, dénivelé de 150 m)
+ hors-piste sur tout le territoire

HORAIRE   Tout l'hiver > Du lever au coucher du soleil
TARIF   Gratuit
ACCÈS   De l'autoroute des Laurentides (15), continuer sur la route 117 nord. À Lac-des-Écorces, prendre la route 311 nord et suivre les indication sur 18 km pour Chute-Saint-Philippe. Tourner à droite sur le chemin du Progrès, encore à droite sur le chemin du Lac-Marquis et une dernière fois à droite sur le chemin Panorama. Le stationnement se situe sur le petit chemin à gauche.

DOCUMENTATION   Carte (à l'accueil et au bureau municipal)
INFORMATION   (819) 585-3397

## 16   LA MONTFORTAINE

La Montfortaine est située dans le petit village de Monfort, aux abords du lac Saint-François-Xavier, dans la municipalité de Wentworth-Nord. En parcourant les sentiers qui grimpent à travers la forêt, on pourra apercevoir des chevreuils, des orignaux, des renards et des oiseaux. Les parcours sont agrémentés de points de vue panoramique, dont un sur Saint-Adolphe. 🐎

🏠 P 👫

🚶 7 km + hors-piste sur tout le territoire

| 🚶 🎿 | NOM DU SENTIER | LONGUEUR | TYPE | NIVEAU | DÉNIVELÉ |
|---|---|---|---|---|---|
| ✓ | La Montfortaine 1 | - 2,0 km | Boucle | Débutant | 75 m |
| ✓ | La Montfortaine 2 | 5,0 km | Boucle | Intermédiaire | 138 m |

HORAIRE   Tout l'hiver > Du lever au coucher du soleil
TARIF   Gratuit
ACCÈS   De Saint-Sauveur, emprunter la route 364 ouest jusqu'au village de Morin-Heights et continuer sur 4 km. Au panneau de signalisation de Wentworth-Nord (Montfort), tourner à gauche vers le village. À partir du pavillon de la MRC (chapelle de Montfort), on peut accéder aux sentiers par la rue Clark ou par le Corridor aérobique.

DOCUMENTATION   Carte (à la chapelle de Montfort)
INFORMATION   (450) 226-2428 > (450) 226-7898 > maureenbrunelle@sympatico.ca

## 17    PARC DES CAMPEURS DE SAINTE-AGATHE-DES-MONTS

Ce parc, situé en bordure du lac des Sables, offre deux sentiers boisés. Le premier est dominé par des conifères, le deuxième par des feuillus, dont des érables et des merisiers centenaires. On montera au sommet d'une colline où un plateau offre une vue sur les montagnes, le lac et sur la ville de Sainte-Agathe. On pourra apercevoir des chevreuils, des orignaux, des renards et des lièvres. Bien qu'il soit impossible d'y pénétrer, on peut voir une grotte depuis les sentiers.

🏃 10 km

| 🏃 | 🎿* | NOM DU SENTIER | LONGUEUR | TYPE | NIVEAU | DÉNIVELÉ |
|----|-----|----------------|----------|------|--------|----------|
| ✓ | | Sentier Est | 3,0 km | Mixte | Débutant | |
| ✓ | | Sentier Ouest | 7,0 km | Mixte | Avancé | 300 m |

HORAIRE    De décembre à avril > De 8 h 30 à 16 h 30
TARIF    On ne connaît pas encore les frais d'accès
ACCÈS    Prendre la sortie 83 de l'autoroute des Laurentides (15). Tourner ensuite à gauche sur la montée Alouette. Continuer jusqu'à l'intersection de la route 329 sud et du chemin du Lac-des-Sables.

DOCUMENTATION    Carte du réseau, dépliant (à l'accueil)
INFORMATION    (819) 324-0482 > 1 800 561-7360 > www.parcdescampeurs.com

## 18    PARC DU DOMAINE VERT

Cette base de plein air offre des sentiers qui passent à travers une forêt composée de mélèzes, de pins, de quelques sapins et de quelques érables. On peut y apercevoir des oiseaux et des chevreuils. On longera parfois un ruisseau glacé.

🏃 2,5 km    🎿* 5 km

| 🏃 | 🎿* | NOM DU SENTIER | LONGUEUR | TYPE | NIVEAU |
|----|-----|----------------|----------|------|--------|
| ✓ | | Sentier de raquette | 2,5 km | Boucle | Débutant |
| | ✓ | Piste pédestre Wilfrid-Dion | 5,0 km | Boucle | Débutant |

HORAIRE    Tout l'hiver > De 8 h 30 à 16 h
TARIF    5,00 $ par voiture
ACCÈS    De l'autoroute des Laurentides (15), prendre la sortie 23 et suivre les indications sur environ 4 km.

INFORMATION    (450) 435-6510 > www.domainevert.com

## 19    PARC ÉCOLOGIQUE LE RENOUVEAU

Ce parc, situé en banlieue du village de Nominingue et à proximité du grand lac du même nom, a une superficie de 161 hectares. Servant de site d'ornithologie, on peut y observer plusieurs oiseaux. On observera le reste de la faune en milieu naturel grâce à l'aménagement de deux gloriettes. Au sommet d'une colline, un belvédère offre une vue sur le village et le lac. Les sentiers passent principalement en forêt.

🏃 8 km + hors-piste sur tout le territoire    🎿* 10,3 km    *Multi* 10,3 km

| 🚶 🎿※ | NOM DU SENTIER | LONGUEUR | TYPE | NIVEAU | DÉNIVELÉ |
|---|---|---|---|---|---|
| ✓ | Du Pic Bois | 0,7 km | Linéaire | Débutant | |
| ✓ | Du Lièvre | 2,3 km | Boucle | Débutant | |
| ✓ | Du Lynx | 4,1 km | Boucle | Avancé | 70 m |
| ✓ | De L'Ours | 5,0 km | Boucle | Intermédiaire | 70 m |
| ✓ | De L'Orignal | 5,0 km | Boucle | Avancé | 70 m |
| ✓ | Du Cerf | 1,2 km | Boucle | Débutant | |

HORAIRE    Tout l'hiver > Du lever au coucher du soleil
TARIF    Gratuit
ACCÈS    De Mont-Tremblant, suivre la route 117 nord, puis la route 321 nord jusqu'à Nominingue. En plein cœur de Nominingue, continuer sur le chemin du Tour-du-Lac (route 321) et tourner à gauche sur la rue Sainte-Anne. Rouler 1 km, tourner à droite sur le chemin des Marronniers et faire 4,6 km. Suivre les indications pour le parc.

DOCUMENTATION    Dépliant (au bureau municipal)
INFORMATION    (819) 278-3384 > expresso.qc.ca/nominingue

## 20    PARC JOHN H. MOLSON

Ce parc est situé au cœur de Saint-Sauveur-des-Monts, derrière le chalet Pauline-Vanier qui abrite, entre autres, la Société d'histoire et généalogie de la vallée. Le sentier est encore à l'état sauvage. Il traverse un boisé dominé par les conifères, dans lequel on retrouve des mélèzes, des épinettes, des sapins et des cèdres. On apercevra des oiseaux et peut-être des chevreuils.

🏠 P 👫 🥤 🏠

🚶 *1 km (boucle, débutant)*    *Multi 1 km*

HORAIRE    De janvier à mars > Du lever au coucher du soleil
TARIF    Gratuit
ACCÈS    De la sortie 60 de l'autoroute des Laurentides (15), se rendre à Saint-Sauveur-des-Monts. Le chalet Pauline-Vanier se situe au 33, avenue de l'Église.

INFORMATION    (450) 227-2669 poste 420
communautaire@ville.saint-sauveur.qc.ca

## 21    PARC NATIONAL D'OKA

Le parc national d'Oka, d'une superficie de 23,7 km², est situé près du lac des Deux-Montagnes. Une partie du sentier de marche longe le lac gelé, bordé par une pinède. Le sentier historique du Calvaire d'Oka est un chemin de croix aménagé par les Sulpiciens qui mène à un sommet dégagé offrant une vue sur le lac et la région. On y retrouve des oratoires et des chapelles datant de 1742. Cet ensemble de bâtiments est unique sur notre continent.

🚶 *6,5 km*    🎿※ *6,2 km*

| 🚶 🎿※ | NOM DU SENTIER | LONGUEUR | TYPE | NIVEAU | DÉNIVELÉ |
|---|---|---|---|---|---|
| ✓ | L'Écureuil | 3,3 km | Boucle | Débutant | |
| ✓ | La Montée | 3,2 km | Boucle | Intermédiaire | 150 m |
| ✓ | Le Rivage | 3,0 km | Linéaire | Facile | |
| ✓ | Les Dunes | 3,2 km | Boucle | Facile | |

HORAIRE    Tout l'hiver > De 8 h au coucher du soleil

TARIF      Adulte (18 ans et plus) : 3,50 $ > Enfant (6 à 17 ans) : 1,50 $ > Enfant (moins de 6 ans) : gratuit > Famille : 7,00 $ > Laissez-passer annuel pour un parc : 16,50 $/7,50 $ > Laissez-passer annuel pour l'ensemble des parcs nationaux du Québec : 30,00 $/15,00 $ > Autres tarifs disponibles

ACCÈS      De l'autoroute 640, poursuivre vers l'ouest sur la route 344 et suivre les indications sur environ 5 km.

DOCUMENTATION    Carte des sentiers, journal du parc, dépliant (au parc)

INFORMATION      (450) 479-8365 > www.parcsquebec.com

## 22    PARC NATIONAL DU MONT-TREMBLANT

Le parc national du Mont-Tremblant est le doyen des parcs du Québec, et aussi le plus grand avec sa superficie de 1 510 km². Il offre un paysage de collines arrondies, surplombées de sommets élevés, avec des gorges et des vallées. En parcourant le réseau de sentiers en raquettes, on passera dans une érablière à bouleau jaune ou on longera la rive est du lac Monrœ. On verra la vallée de la Diable, dominée par les 935 m d'altitude du massif du mont Tremblant, ainsi que les eaux de la Diable projetées en chute libre dans des gorges étroites. On retrouve aussi la chute aux Rats, d'une hauteur de 17 m. Le sentier de marche hivernale se rend au lac Lauzon. On pourra apercevoir des lièvres et, si on est très chanceux, des loups.

🏠 P 👭 ( 🎿 🏠 🛏 🛖 ⛺ 🏕 🅿✦

🏃 *35,4 km + hors-piste sur une portion du territoire*    🚶 *3 km*

| 🏃 | 🚶 | NOM DU SENTIER | LONGUEUR | TYPE | NIVEAU | DÉNIVELÉ |
|---|---|---|---|---|---|---|
| ✓ | | Sentier du Centenaire | 9,2 km | Linéaire | Avancé | 400 m |
| ✓ | | La Corniche | 4,1 km | Linéaire | Intermédiaire | 180 m |
| ✓ | | L'Envol | 1,7 km | Linéaire | Intermédiaire | 185 m |
| ✓ | | La Coulée | 1,7 km | Linéaire | Intermédiaire | 80 m |
| ✓ | | Lac-des-Femmes | 2,7 km | Boucle | Débutant | |
| ✓ | | Geai-Bleu | 2,5 km | Linéaire | Débutant | |
| ✓ | | La Roche | 3,0 km | Linéaire | Intermédiaire | 220 m |
| | ✓ | Sentier de marche hivernale | 3,0 km | Linéaire | Débutant | |
| ✓ | | Mont-des-Cascades | 7,5 km | Boucle | Avancé | 400 m |

HORAIRE    De mi-décembre à fin mars > De 9 h au coucher du soleil

TARIF      Adulte (18 ans et plus) : 3,50 $ > Enfant (6 à 17 ans) : 1,50 $ > Enfant (moins de 6 ans) : gratuit > Famille : 7,00 $ > Laissez-passer annuel pour un parc : 16,50 $/7,50 $ > Laissez-passer annuel pour l'ensemble des parcs nationaux du Québec : 30,00 $/15,00 $ > Autres tarifs disponibles

ACCÈS      Secteur de la Diable : de l'autoroute des Laurentides (15), continuer sur la route 117 nord et prendre la sortie Saint-Faustin-Lac-Carré. Suivre les indications pour Lac-Supérieur, puis celles pour le secteur de la Diable sur 23 km. Secteur de la Pimbina : de l'autoroute 25, continuer sur la route 125 nord, dépasser le village de Saint-Donat, puis suivre les indications pour le secteur de la Pimbina sur 13 km.

DOCUMENTATION    Guide des activités hivernales, guide de longue randonnée pédestre, journal du parc et carte (à l'accueil et à la Fédération québécoise de la marche)

INFORMATION      (819) 688-2281 > 1 800 665-6527 > www.parcsquebec.com

[JCT]   CAMP QUATRE SAISONS

Ce parc régional offre un réseau de sentiers longeant presque toujours la rivière du Nord, traversée par une passerelle, à travers une forêt où l'on retrouve des pins centenaires. On apercevra plusieurs espèces d'oiseaux et des chevreuils. La rivière est ponctuée de rapides et on peut y voir les chutes Wilson depuis deux belvédères. Un sentier, qui était utilisé par les draveurs, permet de voir les vestiges d'une ancienne pulperie et d'une ancienne centrale hydroélectrique. Des panneaux d'interprétation et des refuges en bois rond agrémentent le parcours.

🕵 P 👥 C X 🏠 A ⛩ 🚂 🪑 🌿 ⛷ ⛄🥤

🚶 🎿※ *13,5 km + raquette hors-piste sur tout le territoire*   **Multi** *7,8 km*

| 🚶 | 🎿※ | NOM DU SENTIER | LONGUEUR | TYPE | NIVEAU |
|---|---|---|---|---|---|
| ✓ | ✓ | L'Écolo | 1,8 km | Linéaire | Intermédiaire |
| ✓ | ✓ | Le Cheminot | 5,8 km | Linéaire | Débutant |
| ✓ | ✓ | L'Étang | 0,5 km | Boucle | Débutant |
| ✓ | ✓ | Le Castor | 0,2 km | Linéaire | Débutant |
| ✓ | ✓ | L'Aventurier | 3,2 km | Linéaire | Avancé |
| ✓ | ✓ | Le Côteau | 1,4 km | Linéaire | Intermédiaire |
| ✓ | ✓ | Le Héron | 0,6 km | Boucle | Débutant |

HORAIRE   Tout l'hiver > De 9 h à 17 h

TARIF   Adulte (non-résidant) : 5,00 $ > Adulte (résidant MRC Rivière-du-Nord) : 2,00 $ > Enfant (17 ans et moins) : gratuit > Passes de saison disponibles

ACCÈS   De l'autoroute des Laurentides (15) : prendre la sortie 45 sud, montée Sainte-Thérèse. Tourner à gauche au bout de la sortie puis, aux 2ᵉ feux de circulation, tourner encore à gauche sur le boulevard La Salette. Tourner à gauche sur le chemin Rivière Nord. De l'autoroute des Laurentides (15) : prendre la sortie 45 nord, boulevard de La Salette. Tourner à gauche aux feux de circulation, puis tourner à droite aux feux suivants sur le chemin Rivière Nord.

DOCUMENTATION   Carte des sentiers (au pavillon d'accueil)
INFORMATION   (450) 431-1676 > parcrivierenord@bellnet.ca

Ce parc, situé en terrain montagneux, a une superficie de 15 km² répartis sur deux municipalités, Val-David et Val-Morin. On y retrouve plusieurs monts, dont Plante, Saint-Aubin et King, ainsi que Condor, sur lequel on a une vue depuis un belvédère. Les sentiers longent ou surplombent des parois d'escalade. 🐕

🕵 P 👥 ⛩ 🚂 🪑 ⛄🥤

🚶 *10 km (mixte, intermédiaire, dénivelé de 100 m)*

HORAIRE   De décembre à mars > De 9 h à 16 h

TARIF   Adulte : 5,00 $ (semaine) > 7,00 $ (fin de semaine et fêtes) > Enfant (moins de 17 ans) : gratuit > P asse saisonnière disponible

ACCÈS   De la sortie 76 de l'autoroute des Laurentides (15), tourner à droite sur la route 117 nord. Continuer sur 4,5 km et tourner à droite sur le chemin de l'Église. Tourner ensuite à droite sur le chemin de la Sapinière, puis encore à droite sur le chemin Condor.

DOCUMENTATION   Carte des sentiers (à l'accueil)
INFORMATION   (819) 322-2900 poste 235 > (819) 322-6999
www.leparcdufresne.qc.ca

Le réseau de sentiers de ce parc permet d'observer plusieurs espèces d'oiseaux. Le territoire est dominé par un boisé composé d'une érablière à caryer, d'une prucheraie et d'une cédrière. Le sentier principal permet de voir un vieil érable, une sucrerie moderne et une d'antan. Il passe aussi par une zone ouverte où on longera quelques étangs gelés et un jardin forestier. Des chevaux peuvent circuler sur ce sentier. Le Sylvestre mène à deux refuges et passe devant un labyrinthe. 🐴 *Autorisé seulement sur le sentier de marche hivernale*

🚶 *1,8 km*    🎿 *6 km*

| 🚶 | 🎿 | NOM DU SENTIER | LONGUEUR | TYPE | NIVEAU |
|---|---|---|---|---|---|
| | ✓ | Sentier principal | 6,0 km | Mixte | Débutant |
| ✓ | | Le Sylvestre | 1,8 km | Boucle | Débutant |

HORAIRE    Tout l'hiver > De 9 h à 17 h
TARIF    Adulte : 3,50 $ > Enfant (6 à 16 ans) : 1,00 $ > Laissez-passer annuel disponible.
ACCÈS    De l'autoroute des Laurentides (15), prendre la sortie 35. Suivre l'autoroute 50 ouest et emprunter la sortie 279. Au stop, tourner à gauche sur le chemin Saint-Simon. Tourner encore à gauche sur la route 148 en direction est. L'entrée du parc se trouve à gauche. De Saint-Eustache, suivre la route 148 ouest jusqu'à l'entrée du Bois indiquée en bordure de la route.

DOCUMENTATION    Dépliant (à l'accueil)
INFORMATION    (450) 258-4924 > www.ville.mirabel.qc.ca

Situé sur un territoire vallonné couvert de forêt mixte, ce sentier fait le tour du lac Boucher, permettant une vue constante sur ce dernier. On atteindra un belvédère offrant un panorama sur le lac Caïn et des montagnes. On verra un barrage et une hutte de castor. Des panneaux d'interprétation de la nature agrémentent le parcours. 🐴

⭐ 🚶 🏓 🪑 🌿

🚶 *6 km (boucle, intermédiaire)*

HORAIRE    Tout l'hiver > Du lever au coucher du soleil
TARIF    Gratuit
ACCÈS    De Mont-Laurier, suivre la route 309 nord jusqu'à Sainte-Anne-du-Lac. Prendre ensuite la montée des Lacs vers l'ouest et continuer sur 6 km. Suivre les indications pour le sentier du lac Boucher.

DOCUMENTATION    Dépliant (au bureau de la municipalité et au kiosque d'information touristique de Mont-Laurier)
INFORMATION    (819) 586-2110 > www.municipalite.sainte-anne-du-lac.qc.ca

Un sentier relie les villages de Saint-Rémi-d'Amherst et de Vendée en passant à travers un boisé et en contournant plusieurs lacs. Dans la première partie du parcours, menant au lac Wagamung où on retrouve un abri, on grimpera des montagnes assez abruptes. Pour franchir cette distance, on pourra aussi utiliser un autre chemin moins accidenté. 🐴

⭐ P 🚶 ✗ 🏠 🏓 🌿

🚶 *17 km*

| 🚶 🎿 | NOM DU SENTIER | LONGUEUR | TYPE | NIVEAU |
|---|---|---|---|---|
| ✓ | De Saint-Rémi au lac Wagamung | 8,0 km | Linéaire | Avancé |
| ✓ | Du lac Wagamung à Vendée | 9,0 km | Linéaire | Intermédiaire |

HORAIRE   Tout l'hiver > Du lever au coucher du soleil

TARIF   Gratuit

ACCÈS   Accès sud : de Mont-Tremblant, prendre la route 323 jusqu'à Saint-Rémi-d'Amherst et suivre les indications à partir du quai public au centre du village. Accès nord : continuer sur la route 323 et prendre le chemin de Vendée jusqu'au village où un panneau indique l'entrée du sentier.

INFORMATION   (819) 687-3355 > (819) 687-2939

## 28 SENTIERS DE RANDONNÉE DE SAINTE-VÉRONIQUE

Les sentiers sont situés en montagne. Ils traversent une érablière à bouleau jaune dans laquelle on retrouve des hêtres, des chênes, des cèdres, des pins, des épinettes et des sapins. On pourra apercevoir des chevreuils, des mésanges, des geais bleus, des lièvres, des écureuils roux et, avec de la chance, des renards. Un belvédère offre une vue sur le lac Tibériade, le village de Sainte-Véronique, des montagnes et la forêt Mousseau. Un sentier fait le tour du lac. On retrouve sur le territoire une sculpture d'Armand-Vaillancourt.

🚶 *2,5 km + hors-piste sur tout le territoire*   🎿 *10,5 km*

| 🚶 🎿 | NOM DU SENTIER | LONGUEUR | TYPE | NIVEAU |
|---|---|---|---|---|
| ✓ | Chevreuil | 2,5 km | Boucle | Débutant |
| ✓ | Pic-Bois | 3,5 km | Boucle | Débutant |
| ✓ | Tour du lac | 7,0 km | Boucle | Intermédiaire |

HORAIRE   Tout l'hiver > Du lever au coucher du soleil

TARIF   Adulte : 5,00 $ > Enfant (17 ans et moins) : 3,00 $

ACCÈS   Emprunter l'autoroute des Laurentides (15), puis la route 117 en direction nord jusqu'à Sainte-Véronique. Tourner à droite, à la fourche, sur le boulevard F.-Lafontaine. Tourner encore à droite sur le chemin du Tour-du-Lac-Tibériade et se rendre jusqu'au centre de plein air Marie-Paule qui se situe au numéro 316.

INFORMATION   (819) 275-3522 > (514) 937-7131 > www.centremarie-paule.com

## 29 SKI MORIN HEIGHTS

Ce centre de ski est un domaine de sous-bois d'une superficie de 121 km². Certains sentiers offrent des particularités intéressantes : le sentier Les Rapides longe une petite rivière tandis que le sentier Panoramique offre une vue sur toute la vallée de Saint-Sauveur. Un belvédère offre une vue sur la région environnante.

🚶 *12,4 km*

| 🚶 🎿※ | NOM DU SENTIER | LONGUEUR | TYPE | NIVEAU | DÉNIVELÉ |
|---|---|---|---|---|---|
| ✓ | Randonneur | 2,5 km | Linéaire | Intermédiaire | 80 m |
| ✓ | Le Circuit | 1,7 km | Boucle | Intermédiaire | |
| ✓ | Panoramique | 1,0 km | Linéaire | Avancé | 150 m |
| ✓ | Ridge Run | 1,8 km | Boucle | Avancé | 100 m |
| ✓ | Érablière | 1,4 km | Linéaire | Intermédiaire | |
| ✓ | Beech | 1,0 km | Linéaire | Débutant | |
| ✓ | Sommet | 0,5 km | Linéaire | Avancé | |
| ✓ | Les Rapides | 2,5 km | Linéaire | Débutant | |

HORAIRE  Tout l'hiver > Du lever au coucher du soleil

TARIF  Adulte : 5,00 $

ACCÈS  Emprunter la sortie 60 de l'autoroute des Laurentides (15). Tourner à gauche aux feux de circulation et prendre la route 364 en direction ouest. Continuer jusqu'à Morin Heights et, aux 2e feux de circulation, prendre à gauche le chemin Bennett. La station se situe au numéro 231.

DOCUMENTATION  Carte des sentiers (à la station de ski)

INFORMATION  (450) 227-2020 > (450) 226-7385 > www.mssi.ca

## 30  STATION MONT-TREMBLANT

Le massif du Mont-Tremblant offre des sentiers en forêt, grimpant la montagne. Au sommet, une tour d'observation offre une vue de 360 degrés sur les deux versants de la montagne. De là, le sentier Les Sommets longe la crête de trois pics : Edge, Pangman et Johannsen. Ce dernier, avec ses 935 m d'altitude, est le plus haut point de la région des Laurentides. Des geais gris viennent manger dans la main. On verra un gros bloc de ciment avec une plaque commémorative pour le centenaire du parc national du Mont-Tremblant avec, à l'intérieur, un enregistrement de Gilles Vigneault pour les générations futures qui sera dévoilé en 2095.

🏛 P 👫 ( X � 🚂 🚌 💼 ⛲

🚶 *21 km + hors-piste sur tout le territoire*  **Multi** *18 km*

| 🚶 🎿※ | NOM DU SENTIER | LONGUEUR | TYPE | NIVEAU | DÉNIVELÉ |
|---|---|---|---|---|---|
| ✓ | Les Sommets | 4,5 km | Linéaire | Intermédiaire | 110 m |
| ✓ | Le Johannsen | 3,5 km | Linéaire | Avancé | 485 m |
| ✓ | Le Grand Nord / Nord-Sud | 9,0 km | Linéaire | Avancé | 650 m |
| ✓ | Le Parben | 1,0 km | Linéaire | Intermédiaire | 125 m |
| ✓ | Mont Timber | 3,0 km | Boucle | Avancé | 110 m |

HORAIRE  De décembre à mi-avril > De 8 h 30 à 15 h 30

TARIF  Gratuit > Frais pour la télécabine

ACCÈS  De l'autoroute des Laurentides (15), continuer vers le nord sur la route 117. Passé Saint-Jovite, tourner à droite sur la montée Ryan et suivre les indications sur une dizaine de kilomètres.

DOCUMENTATION  Dépliant-carte, guide officiel (à l'accueil)

INFORMATION  1 888 736-2526 > (819) 681-2000 > www.tremblant.ca

Ce village de tipis quatre saisons offre l'occasion de vivre une expérience dans un tipi traditionnel sioux. Le site comprend un sentier écologique et culturel sur lequel on retrouve des panneaux d'interprétation de la faune, avec exposition d'animaux naturalisés et de la flore. 🐎 *Sur une portion de 5 km (Note : les chiens sont admis à partir de la porte d'arche « Les Sentiers ».)*

🏠 P 🚻 🛏 🏕 🎒 🌿 ⛄

🚶 *7,5 km + hors-piste sur tout le territoire*

| NOM DU SENTIER | LONGUEUR | TYPE | NIVEAU | DÉNIVELÉ |
|---|---|---|---|---|
| Sentiers écologiques et culturels | 7,5 km | Mixte | Intermédiaire | 50 m |

**HORAIRE**  Tout l'hiver > Du lever au coucher du soleil
**TARIF**  Gratuit
**ACCÈS**  Prendre l'autoroute des Laurentides (15) et la route 117 nord jusqu'à la municipalité de Lac-des-Écorces. Tourner à droite sur la route 311 nord et rouler jusqu'à la municipalité de Chute-Saint-Philippe. Suivre le chemin du Progrès jusqu'à Val-Viger, puis prendre à gauche à la bifurcation. Suivre les indications pour La Bourgade.

**DOCUMENTATION**  Dépliant (à l'accueil et au kiosque d'information touristique)
**INFORMATION**  (819) 587-4355 > www.labourgade.ca

*Laval*

## 1    BOISÉ PAPINEAU

Le Boisé Papineau, situé en milieu urbain, offre un relief tout en courbes. Il a une superficie de 1 km² dont la majorité est occupée par une forêt mature composée principalement de hêtres bicentenaires et d'une érablière à caryer. L'autre partie du territoire est composée de champs. On y retrouve deux ruisseaux gelés. On peut y observer fréquemment le grand duc d'Amérique, mais aussi le lièvre d'Amérique et quelques autres mammifères.

🏛 P ⚲ ( ⚘ ⌦

*🚶 7 km (mixte, débutant)*

HORAIRE    Tout l'hiver > Du lever au coucher du soleil
TARIF    Gratuit
ACCÈS    De l'autoroute 19, prendre la sortie 7 et emprunter le boulevard Saint-Martin vers l'est. Le stationnement se situe derrière le pavillon d'accueil, au 3235, boulevard Saint-Martin. **Transport public** > Du métro Henri-Bourassa, prendre les autobus 31, 60 ou 72, et descendre à l'intersection des boulevards Saint-Martin et des Laurentides. Prendre ensuite l'autobus 50 en direction est jusqu'à l'entrée du Boisé, sur le boulevard Saint-Martin.

DOCUMENTATION    Dépliant (au pavillon d'accueil)
INFORMATION    (450) 662-4901

   [JCT]    MARCHER ET DÉCOUVRIR LAVAL – SECTEUR 1

## 2    CENTRE DE LA NATURE DE LAVAL

Le Centre de la nature de Laval, d'une superficie de 50 hectares, est une ancienne carrière transformée en parc récréatif. Les sentiers, qui s'entrecroisent tous, permettent d'observer quelques étendues d'eau gelées. On peut également faire un tour du côté du parc des chevreuils et de la ferme. On peut aussi visiter la serre d'exposition qui possède une collection de plantes tropicales dont un goyavier. Le haut d'une butte donne un point de vue sur les Montérégiennes et le contrefort laurentien.

🏛 P ⚲ ( X ⚘

*🚶 Hors-piste sur tout le territoire*    *🚶※ 4 km (mixte, débutant)*

HORAIRE    Tout l'hiver > De 8 h à 22 h
TARIF    Gratuit > Frais de stationnement de 5 $ par véhicule les fins de semaine, les jours fériés et lors d'événements spéciaux.
ACCÈS    De la sortie 6 de l'autoroute 25, emprunter le boulevard Saint-Martin vers l'ouest. À la première jonction, prendre à gauche le boulevard Lesage et, tout de suite après, prendre à gauche à nouveau sur l'avenue du Parc. L'accueil est situé au 901. **Transport public** > Du métro Henri-Bourassa, prendre l'autobus 48 vers Saint-Vincent-de-Paul. Descendre au coin du boulevard de la Concorde et de l'avenue du Parc. Monter cette dernière pour se rendre à l'entrée du parc.

DOCUMENTATION    Dépliant (à l'accueil)
INFORMATION    (450) 662-4942 > www.ville.laval.qc.ca

**L'ORÉE DES BOIS**

Ce parc en milieu urbain est situé au bord de la rivière des Mille Îles. Le sentier traverse une érablière à caryer. On y trouve des espèces végétales inhabituelles comme le caryer ovale et le micocoulier occidental. On peut apercevoir plusieurs oiseaux.

**P** 🚉

🚶 1,5 km (boucle, débutant)

| | |
|---|---|
| HORAIRE | Tout l'hiver > Du lever au coucher du soleil |
| TARIF | Gratuit |
| ACCÈS | De la sortie 17 de l'autoroute 13, prendre le boulevard Sainte-Rose vers l'ouest. Tourner à droite sur la 43e Avenue, à gauche sur la rue Séguin, et à droite sur la 37e Avenue. Le sentier se trouve au bout de l'avenue. **Transport public** > Du métro Henri-Bourassa, prendre l'autobus 72 jusqu'à l'arrêt au coin du boulevard Sainte-Rose et de la 35e Avenue. Marcher ensuite durant 5 minutes environ. |
| INFORMATION | (450) 978-8904 > www.ville.laval.qc.ca |

---

**4** **MARCHER ET DÉCOUVRIR LAVAL – SECTEUR 1**

Ce secteur est situé à la pointe est de l'île, au confluent de la rivière des Mille Îles et de la rivière des Prairies, et s'étend vers l'ouest jusqu'à l'autoroute 19 et le boulevard Sainte-Marie. Il comprend trois unités communautaires : Saint-François/Duvernay-Est, Saint-Vincent-de-Paul et Duvernay/Val-des-Brises. Quatre parcours, d'une longueur de 3,5 à 6,1 km, conduisent le marcheur à la découverte du patrimoine architectural et historique. On arpentera, entre autres, la plus vieille paroisse de l'île, Saint-François de-Sales. 🚶 *Sauf la section située dans le Boisé Papineau*

**P** 👫 ( X 🍴 🎿

🚶❄ 21,4 km (mixte, débutant)

| | |
|---|---|
| HORAIRE | Tout l'hiver > Du lever au coucher du soleil |
| TARIF | Gratuit |
| ACCÈS | Le 1er parcours débute à l'église de Saint-François-de-Sales, au 7070 du boulevard des Mille-Îles; le 2e au stationnement de la berge du Vieux Moulin, à l'angle du boulevard Lévesque et de la montée du Moulin; le 3e à l'église de Saint-Vincent-de-Paul, au 5443 du boulevard Lévesque Est; et le 4e à l'angle du boulevard Lévesque Est et de la rue du Barrage. **Transport public** > Du métro Henri-Bourassa, *1er parcours :* prendre l'autobus 25 Saint-François et descendre à l'arrêt Masson/des Mille-Îles; *2e parcours :* prendre l'autobus 52 Saint-François et descendre à l'arrêt du Moulin/Lévesque; *3e parcours :* prendre l'autobus 52 Saint-François et descendre à l'arrêt Lévesque/Jean-Eudes-Blanchard; *4e parcours :* prendre l'autobus 28 Saint-Vincent-de-Paul et descendre à l'arrêt Lévesque/du Barrage. |
| DOCUMENTATION | Brochure « Marcher et découvrir Laval » (dans les bibliothèques, les bureaux municipaux de loisir de Ville de Laval et à la Direction de santé publique de Laval) |
| INFORMATION | (450) 662-4901 > www.ville.laval.qc.ca |

JCT BOISÉ PAPINEAU

Ce secteur est situé au centre-sud de l'île. Il est borné par l'autoroute Papineau (19) à l'est, l'autoroute des Laurentides (15) à l'ouest, la rivière des Prairies au sud, et l'autoroute Laval (440) et la servitude d'Hydro-Québec au nord. Il comprend quatre unités communautaires : Pont-Viau, Laval-des-Rapides Est, Laval-des-Rapides Ouest et Renaud-Coursol. Six parcours de marche, de 1,1 à 5 km, amènent le visiteur vers différents attraits : bâtiments municipaux et historiques, parcs urbains, marina, rivière, etc. 🐴 *Sauf la section située dans le Parc des Prairies.*

P 🚶 ( X 🍴🛏 🚂 🎿

🚶✳ *18,7 km (mixte, débutant)*

HORAIRE  Tout l'hiver > Du lever au coucher du soleil

TARIF  Gratuit

ACCÈS  Le 1er parcours débute à l'église Saint-Christophe, au 38 du boulevard Lévesque Est; le 2e au parc Gagné, au bord de la rivière des Prairies et à l'est de la ligne de chemin de fer du Canadien Pacifique; le 3e au stationnement du parc des Prairies, à l'angle du boulevard Cartier et de la 15e Avenue; le 4e à l'angle des rues Dussault et Laurier; le 5e au Pavillon des Charmilles, au 1487 du boulevard des Laurentides; et le 6e en face du 1610 de la rue Wilfrid-Pelletier. **Transport public** > Du métro Henri-Bourassa, *1er parcours :* prendre l'autobus 20 Chomedey et descendre à l'arrêt des Laurentides/Cartier; *2e parcours :* prendre l'autobus 20 Chomedey et descendre à l'arrêt des Prairies/du Crochet; *3e parcours :* prendre l'autobus 20 Chomedey et descendre en face du 227 du boulevard des Prairies; *4e parcours :* prendre l'autobus 24 Chomedey et descendre à l'arrêt Cartier/Dussault; *5e parcours :* prendre l'autobus 72 Gare Sainte-Dorothée et descendre à l'arrêt des Laurentides/Morane; *6e parcours :* prendre l'autobus 60 Chomedey et descendre à l'arrêt de l'Avenir/Saint-Martin.

DOCUMENTATION  Brochure « Marcher et découvrir Laval »
(dans les bibliothèques, les bureaux municipaux de loisir
de Ville de Laval et à la Direction de santé publique de Laval)

INFORMATION  (450) 662-4902 > www.ville.laval.qc.ca

JCT  PARC DES PRAIRIES

Ce secteur est encadré par la rivière des Prairies et trois autoroutes : Chomedey (13), Laval (440) et des Laurentides (15). Il comprend quatre unités communautaires : Chomedey-Est, Chomedey-Sud, Chomedey-Ouest et Chomedey-Nord. Six parcours, d'une longueur de 1,6 à 3,5 km, guident le promeneur à travers les rues des anciennes municipalités de l'Abord-à-Plouffe, Saint-Martin et Renaud. Quelques maisons anciennes méritent l'attention. On passera, entre autres, devant le musée Armand-Frappier. 🐴 *Sauf sur une partie des 3e et 4e parcours*

P 🚶 ( X 🍴🛏 🎿

🚶✳ *15,7 km (mixte, débutant)*

HORAIRE  Tout l'hiver > Du lever au coucher du soleil

TARIF  Gratuit

ACCÈS    Le 1er parcours débute en face du 56 de la 66e Avenue; le 2e à l'église Saint-Maxime, sur le boulevard Lévesque Ouest entre les 77e et 80e Avenues; le 3e à l'île Paton par la promenade des Îles; le 4e au stationnement municipal de l'île Paton; le 5e près du parc-école Western Laval High School, à l'angle du chemin du Souvenir et de l'avenue Clarendon; et le 6e à l'église Saint-Martin, au 4080 du boulevard Saint-Martin Ouest. **Transport public** > Du métro Henri-Bourassa, *1er parcours :* prendre l'autobus 24 Chomedey et descendre à l'arrêt Cartier/68e; *2e parcours :* prendre l'autobus 44 Gare Sainte-Dorothée et descendre à l'arrêt Lévesque/80e; *3e parcours :* prendre l'autobus 20 Chomedey et descendre à l'arrêt des Îles/des Cageux; *4e parcours :* prendre l'autobus 20 Chomedey et descendre à l'arrêt des Îles/Paton; *5e parcours :* prendre l'autobus 24 Chomedey et descendre à l'arrêt Notre-Dame/Clarendon; *6e parcours :* prendre l'autobus 46 Saint-Eustache et descendre à l'arrêt Saint-Martin/Favreau.

DOCUMENTATION    Brochure « Marcher et découvrir Laval »
(dans les bibliothèques, les bureaux municipaux de loisir
de Ville de Laval et à la Direction de santé publique de Laval)
INFORMATION    (450) 978-8903 > www.ville.laval.qc.ca

JCT    PARC SCIENTIFIQUE ET DE HAUTE TECHNOLOGIE

## 7    MARCHER ET DÉCOUVRIR LAVAL – SECTEUR 4

Ce secteur couvre la pointe ouest de l'île et s'étend vers l'est jusqu'à l'autoroute Chomedey (13). Il est entouré par la rivière des Prairies, le lac des Deux Montagnes et la rivière des Mille Îles. Il comprend quatre unités communautaires : Sainte-Dorothée, Laval/Les Îles, Laval-Ouest et Fabreville-Ouest. Six parcours, mesurant de 1,8 à 6,4 km, permettent d'explorer l'héritage patrimonial de vieux quartiers et des îles de Laval. 🚶

P 👬 C X ⛴ 🛶

🚶* 23,7 km (mixte, débutant)

HORAIRE    Tout l'hiver > Du lever au coucher du soleil
TARIF    Gratuit
ACCÈS    Le 1er parcours débute à l'église Sainte-Dorothée, au 655 de la rue Principale; le 2e au stationnement du club de curling de Laval-sur-le-Lac, au 10 de l'avenue des Pins; le 3e au stationnement de l'église Notre-Dame-de-l'Espérance, dans l'île Bigras; le 4e à l'angle de la 55e Avenue et de la promenade Riviera; le 5e à l'angle de la 10e Rue et de la promenade Riviera; et le 6e au stationnement de l'église Saint-Édourard-de-Fabreville, à l'angle de la 18e Avenue et du boulevard Frenette. **Transport public** > Du métro Henri-Bourassa, *1er parcours :* prendre l'autobus 46 Saint-Eustache et descendre à l'arrêt Principale/Noël; *2e parcours :* prendre l'autobus 72 Gare Sainte-Dorothée et descendre à l'arrêt Les Érables/Les Pins; *3e parcours :* prendre l'autobus 44 Gare Sainte-Dorothée et descendre à l'arrêt du Bord de l'Eau/Dupont; *4e parcours :* prendre l'autobus 72 Gare Sainte-Dorothée et descendre à l'arrêt Sainte-Rose/55e; *5e parcours :* prendre l'autobus 46 Saint-Eustache et descendre à l'arrêt Arthur-Sauvé/12e Rue; *6e parcours :* prendre l'autobus 72 Gare Sainte-Dorothée et descendre à l'arrêt Sainte-Rose/14e.

DOCUMENTATION    Brochure « Marcher et découvrir Laval »
(dans les bibliothèques, les bureaux municipaux de loisir
de Ville de Laval et à la Direction de santé publique de Laval)
INFORMATION    (450) 978-8904 > www.ville.laval.qc.ca

Ce secteur est entouré par la rivière des Mille Îles et trois autoroutes : Chomedey (13), Laval (440) et des Laurentides (15). Il comprend deux unités communautaires : Fabreville-Est et Sainte-Rose. Trois parcours de marche, d'une longueur de 4,5 à 7,4 km, mènent en bordure de la rivière des Mille Îles, dans un coin retiré et calme de Laval ainsi que dans le Vieux-Sainte-Rose. Bâtiments anciens et modernes se côtoient. 🐎

P ⛄ ( X ⛷ ⛺ 🎿

🚶* 16,9 km (mixte, débutant)

HORAIRE    Tout l'hiver > Du lever au coucher du soleil

TARIF    Gratuit

ACCÈS    Le 1er parcours débute à la ferme Sainte-Thérèse, à l'angle des boulevards Sainte-Rose et Mattawa; le 2e à la bibliothèque Gabrielle-Roy, au 3505 du boulevard Dagenais; et le 3e à l'église Sainte-Rose-de-Lima, au 219 du boulevard Sainte-Rose. **Transport public** > Du métro Henri-Bourassa, *1er parcours :* prendre l'autobus 72 Gare Sainte-Dorothée et descendre à l'arrêt Sainte-Rose/de Gênes; *2e parcours :* prendre l'autobus 55 Laval-Ouest et descendre à l'arrêt Anik/Montrougeau; *3e parcours :* prendre l'autobus 72 Gare Sainte-Dorothée et descendre à l'arrêt Sainte-Rose/Cantin.

DOCUMENTATION    Brochure « Marcher et découvrir Laval »
     (dans les bibliothèques, les bureaux municipaux de loisir de Ville de Laval et à la Direction de santé publique de Laval)

INFORMATION    (450) 978-8905 > www.ville.laval.qc.ca

[JCT]    PARC DE LA RIVIÈRE DES MILLES-ÎLES

Ce secteur est situé au centre-nord de l'île. Il est borné au nord par la rivière des Mille Îles, au sud par l'autoroute 440, à l'est par le chemin de fer du Canadien Pacifique et l'autoroute Papineau (19), et à l'ouest par le boulevard Sainte-Marie. Il comprend trois unités communautaires : Auteuil, Saint-Bruno et Vimont. Trois parcours, de 1,2 à 4,6 km de longueur, font découvrir l'avenue des Perron, un développement domiciliaire dont les maisons on la forme d'alvéoles, et un ancien rang devenu boulevard. 🐎

P ⛄ ( X ⛷ 🎿

🚶* 8,3 km (mixte, débutant)

HORAIRE    Tout l'hiver > Du lever au coucher du soleil

TARIF    Gratuit

ACCÈS    Le 1er parcours débute à l'angle de l'avenue des Perron et du boulevard des Laurentides; le 2e à l'église Saint-Bruno, au 2287 rue Aladin; et le 3e à l'angle des boulevards Saint-Elzéar Est et des Laurentides. **Transport public** > Du métro Henri-Bourassa, *1er parcours :* prendre l'autobus 31 Auteuil et descendre à l'arrêt des Laurentides/des Perron; *2e parcours :* prendre l'autobus 72 Gare Sainte-Dorothée, descendre à l'arrêt des Laurentides/de Belgrade, puis prendre l'autobus 27 Vimont en direction métro Henri-Bourassa et descendre à l'arrêt du Rucher/Aladin; *3e parcours :* prendre l'autobus 72 Gare Sainte-Dorothée et descendre à l'arrêt des Laurentides/Saint-Elzéar.

DOCUMENTATION    Brochure « Marcher et découvrir Laval »
     (dans les bibliothèques, les bureaux municipaux de loisir de Ville de Laval et à la Direction de santé publique de Laval)

INFORMATION    (450) 662-4906 > www.ville.laval.qc.ca

[JCT]    PARC DE LA RIVIÈRE DES MILLES-ÎLES

En parcourant les sentiers du parc de la rivière des Mille-Îles, on pourra observer les particularités fauniques et floristiques de l'endroit. On peut y voir les oiseaux hivernaux comme le hibou, la chouette et le grand pic. On peut aussi apercevoir le renard. Bien qu'on ne puisse rarement les entrevoir, quelques chevreuils sont présents sur le territoire. Les sentiers traversent une forêt marécageuse composée d'érables argentés. Comme cette forêt est inondée en période hivernale, l'espace entre les arbres est recouvert de glace sur laquelle on marche. ★ L'île des Juifs et l'île Darling ont été décrétées refuge faunique par le gouvernement du Québec en raison de leur grande valeur écologique. ⚠ Il est possible de marcher sur la rivière en respectant les endroits délimités par le parc pour des raisons de sécurité. 🐴

🏠 P ⛄ ( 🏢 🧗 🛏 🪑 🌿 ⛷

🚶 ⛷ *7,8 km

| 🚶 | ⛷* | NOM DU SENTIER | LONGUEUR | TYPE | NIVEAU |
|---|---|---|---|---|---|
| ✓ | ✓ | Ile des Juifs | 1,8 km | Boucle | Débutant |
| ✓ | ✓ | Ile Darling | 0,4 km | Linéaire | Débutant |
| ✓ | ✓ | Ile aux Fraises | 0,6 km | Boucle | Débutant |
| ✓ | ✓ | Ferme Sainte-Thérèse | 2,0 km | Mixte | Débutant |
| ✓ | ✓ | Marécage Tylee | 0,8 km | Linéaire | Débutant |
| ✓ | ✓ | Marais du Manoir | 0,5 km | Linéaire | Débutant |
| ✓ | ✓ | Ile Chabot | 0,7 km | Boucle | Débutant |
| ✓ | ✓ | Ile au Mouton | 0,5 km | Linéaire | Débutant |
| ✓ | ✓ | Ile Kennedy | 0,5 km | Linéaire | Débutant |

**HORAIRE**    De décembre à mars > De 10 h à 22 h

**TARIF**    13 ans et plus : gratuit la semaine > 2,00 $ les fins de semaine > Enfants (12 ans et moins) : gratuit en tout temps

**ACCÈS**    De l'autoroute des Laurentides (15), prendre la sortie 16 et emprunter le boulevard Sainte-Rose vers l'est. Le parc est situé à 700 m plus loin. **Transport public** > Du métro Henri-Bourassa, prendre l'autobus 72 et descendre à l'angle du boulevard Sainte-Rose et de la rue Hotte.

**DOCUMENTATION**    Dépliants (au parc, boutiques plein air de la région, ATR et Tourisme Québec)

**INFORMATION**    (450) 622-1020 > www.parc-mille-iles.qc.ca

[JCT]    MARCHER ET DÉCOUVRIR LAVAL – SECTEURS 5 ET 6

---

## 11    PARC DES PRAIRIES

Le parc des Prairies, situé dans le quartier Laval-des-Rapides, a une superficie de 30 hectares. Le sentier traverse un étang naturel gelé. En parcourant le parc, on pourra voir plusieurs bâtiments historiques près d'une clairière donnant sur la rivière des Prairies, 5 arbres sculptés, 7 modules d'hébertisme et 32 bornes d'interprétation de la nature. 🐴

🏠 P 🌿

🚶 *4,6 km (boucle, débutant) + hors-piste sur tout le territoire*

**HORAIRE**    En janvier et février > De 9 h à 21 h

**TARIF**    Gratuit

De la sortie 7 de l'autoroute des Laurentides (15), prendre le boulevard des Prairies vers l'est. L'entrée principale se trouve au coin de l'avenue du Crochet. **Transport public** > Du métro Henri-Bourassa, prendre l'autobus 20 vers Chomedey et descendre à l'arrêt Des Prairies, face au 227.

DOCUMENTATION Dépliant (au bureau municipal des loisirs (secteur 2),
au 62, rue Saint-Florent)

INFORMATION (450) 662-4902 > (450) 662-4297

JCT MARCHER ET DÉCOUVRIR LAVAL – SECTEUR 2

## 12  PARC SCIENTIFIQUE ET DE HAUTE TECHNOLOGIE

Ce parc, situé en milieu urbain, est adjacent à un complexe de recherche scientifique. Le territoire est occupé par un boisé mixte dominé par les feuillus. En plus de la petite faune courante en milieu urbain, on peut aussi apercevoir le grand duc et le renard roux. On peut aussi voir le musée Armand-Frappier. 🐴

✻ P

🎿 *Hors-piste sur tout le territoire*

HORAIRE Tout l'hiver > Du lever au coucher du soleil

TARIF Gratuit

ACCÈS On peut accéder à ce parc à la jonction des boulevards Cartier et Armand-Frappier, immédiatement à l'ouest de l'autoroute des Laurentides (15). **Transport public** > Du métro Henri-Bourassa, prendre l'autobus 24 et descendre à l'angle du boulevard Cartier et de la rue Armand-Frappier où se situe le parc.

INFORMATION (450) 978-8903 > (450) 681-0003 > www.citebiotech.com

JCT MARCHER ET DÉCOUVRIR LAVAL – SECTEUR 3

# Manicouagan

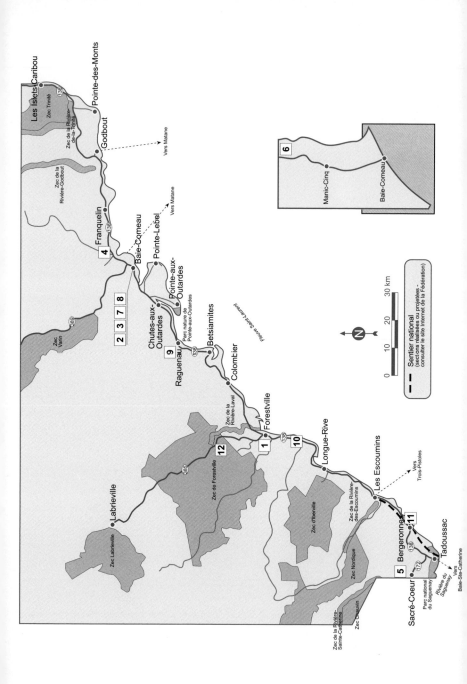

1   BAIE-VERTE FORESTVILLE
2   BOISÉ DE LA POINTE SAINT-GILLES
3   BOISÉ DU VIEUX POSTE
4   CENTRE BORÉAL DU SAINT-LAURENT
5   FERME 5 ÉTOILES
6   MONTS GROULX
7   PARC DES PIONNIERS
8   PARC MANICOUAGAN
9   SENTIER DE LA RIVIÈRE-AUX-ROSIERS
10  SENTIER PÉDESTRE DE PORTNEUF-SUR-MER
11  SENTIER POLYVALENT DU CLUB LE MORILLON
12  ZEC DE FORESTVILLE

## 1   BAIE-VERTE FORESTVILLE

Ce réseau de sentiers est situé au bord du fleuve et du lac Forest. En les parcourant, on traversera une forêt mixte parsemée de plans d'eau gelés. On verra une falaise et on pourra apercevoir des loutres et des castors. On grimpera sur un mont jusqu'à deux belvédères. L'un offre une vue sur la rivière Sault-au-Cochon, l'autre sur le fleuve. De ces belvédères et des sentiers, on aura des points de vue sur la ville.

🏠 P 👥 🎿 🌿

🚶 6,2 km

| 🚶 | 🎿 | NOM DU SENTIER | LONGUEUR | TYPE | NIVEAU | DÉNIVELÉ |
|----|----|---|---|---|---|---|
| ✓ | | Le Sommet | 1,2 km | Boucle | Débutant | |
| ✓ | | Le Bord de l'Eau | 1,4 km | Boucle | Débutant | |
| ✓ | | Le Contour | 1,3 km | Mixte | Débutant | |
| ✓ | | Le Forestier | 0,8 km | Boucle | Débutant | |
| ✓ | | Le Rivage | 0,8 km | Linéaire | Débutant | |
| ✓ | | L'Aperçu | 0,7 km | Boucle | Débutant | 50 m |

HORAIRE    Tout l'hiver > Du lever au coucher du soleil
TARIF      Gratuit
ACCÈS      De la route 138 à Forestville, prendre la 1ʳᵉ Avenue le long de laquelle se situent trois accès.

DOCUMENTATION    Dépliant-carte (à la ville de Forestville et au bureau d'information touristique)
INFORMATION      (418) 587-2285 > (418) 587-2109

## 2   BOISÉ DE LA POINTE SAINT-GILLES

Sur ce territoire d'une superficie de 1 110 hectares, en bordure du fleuve Saint-Laurent, on retrouve quatre milieux : forestier, urbain, marin et lacustre. Il est rare que ces milieux se retrouvent dans un même lieu. Du bord de la falaise et du belvédère, on pourra voir et entendre une échourie de phoques. On traversera un boisé mixte dans lequel on retrouve, entre autres, le cerisier de Pensylvanie et une épinette de 300 ans. On peut aussi y voir le garrot d'Islande car il s'agit de son aire d'hivernage, des renards, des lièvres et des perdrix. On passera près d'une grosse colline et on verra une petite chute. On retrouve le long des sentiers des panneaux d'interprétation et des fables de La Fontaine pyrogravées ainsi que des sculptures. 🐴

P 🏠 🎿 🚃 🐛 🌿

🚶 2,2 km + hors-piste sur une portion du territoire    🎿 11,3 km    Multi 6,8 km

| 🚶 | 🎿 | NOM DU SENTIER | LONGUEUR | TYPE | NIVEAU |
|----|----|---|---|---|---|
| | ✓ | Grande Allée | 1,3 km | Linéaire | Débutant |
| | ✓ | Coccinelles | 0,9 km | Linéaire | Débutant |
| | ✓ | Grenouilles | 0,3 km | Linéaire | Débutant |
| | ✓ | Iris | 0,4 km | Linéaire | Débutant |
| | ✓ | Nénuphar | 0,3 km | Linéaire | Débutant |
| | ✓ | Versant Sud | 0,7 km | Linéaire | Débutant |
| | ✓ | Petite Chute | 0,5 km | Linéaire | Débutant |
| | ✓ | De l'Étang | 0,8 km | Linéaire | Débutant |
| | ✓ | Papillons | 0,7 km | Linéaire | Débutant |
| | ✓ | Lac – Promenade de Bois | 0,6 km | Linéaire | Débutant |
| | ✓ | Écureuils | 0,9 km | Linéaire | Débutant |

| | | | | | |
|---|---|---|---|---|---|
| | ✓ | Sur le Flanc | 0,9 km | Boucle | Débutant |
| ✓ | ✓ | Champignons | 0,8 km | Linéaire | Débutant |
| ✓ | ✓ | Kalmia | 0,7 km | Boucle | Débutant |
| | ✓ | Oiseaux | 0,8 km | Linéaire | Débutant |
| ✓ | ✓ | De la Falaise | 0,7 km | Linéaire | Débutant |

HORAIRE    Tout l'hiver > Du lever au coucher du soleil

TARIF    Gratuit

ACCÈS    De Baie-Comeau, suivre le boulevard Lasalle en direction est et tourner à droite sur la rue Laval. L'entrée se trouve plus loin au parc Laval.

INFORMATION    (418) 589-9229 poste 7756 > boise@abitibiconsolidated.com

## 3    BOISÉ DU VIEUX POSTE

Ce boisé doit son nom à l'un des plus vieux postes habités de la Côte-Nord, avant la fondation de Baie-Comeau, l'ancien village de Saint-Elzéar. En explorant le territoire, on traversera un boisé de conifères avec des ouvertures sur le fleuve. On verra aussi des pics rocheux et une falaise. On aura des points de vue sur le fleuve et sur la chute de la rivière Amédée. Des oiseaux sont présents, dont le garrot d'Islande. 🫎

✱ P

🎿 *Hors-piste sur tout le territoire*

HORAIRE    Tout l'hiver > Du lever au coucher du soleil

TARIF    Gratuit

ACCÈS    De Baie-Comeau, suivre le boulevard Laflèche (route 138) vers l'est puis tourner à droite sur la rue de Bretagne. Le boisé se situe au bout de la rue.

DOCUMENTATION    Carte (à l'hôtel de ville, au 3501, boulevard Laflèche)

INFORMATION    (418) 296-8178 > (418) 296-8106 > www.ville.baie-comeau.qc.c

[JCT]    PARC MANICOUAGAN

## 4    CENTRE BORÉAL DU SAINT-LAURENT

Ce centre a un réseau de sentiers couvrant un territoire de 127 km² aménagé dans des collines bordant l'estuaire du Saint-Laurent. Selon le parcours emprunté, on passera par la forêt aux arbres géants, des promontoires rocheux offrant une vue sur la mer et la côte, des éboulis ou une falaise surplombant la mer. On pourra voir une baie et une anse chargées de glace, la chute glacée de la rivière Saint-Pancrace, des traces physiques laissées par l'apparition et le retrait de la mer de Goldthwait ainsi que des traces de la glaciation. On pourra apercevoir, entre autres, le phoque commun et l'orignal. 🫎

✱ P ⛺ 🏕 ⛺ 🚠

🎿 *30 km + hors-piste sur tout le territoire*

| 🎿 | 🎿⚹ | NOM DU SENTIER | LONGUEUR | TYPE | NIVEAU | DÉNIVELÉ |
|---|---|---|---|---|---|---|
| ✓ | | Anse-à-Moreau | 5,0 km | Mixte | Débutant | 170 m |
| ✓ | | Lac-aux-Canards | 3,5 km | Linéaire | Débutant | 70 m |
| ✓ | | Baie-des-Anglais | 4,5 km | Mixte | Débutant | 70 m |
| ✓ | | Pointe Saint-Pancrace | 6,8 km | Linéaire | Intermédiaire | 70 m |
| ✓ | | Étang au havre | 3,6 km | Linéaire | Intermédiaire | 70 m |
| ✓ | | Bord de mer | 6,6 km | Boucle | Avancé | 170 m |

HORAIRE   Tout l'hiver > Du lever au coucher du soleil
TARIF   Gratuit pour l'année 2006 > *Note : il y aura des frais d'accès en 2007.*
ACCÈS   De Baie-Comeau, prendre la route 138 est. Un panneau indiquant la porte d'entrée est visible au kilomètre 784.

DOCUMENTATION   Dépliant (à l'accueil)
INFORMATION   (418) 296-0177 > www.projetcentreboreal.com

## 5   FERME 5 ÉTOILES

Cette ferme, située en bordure du fjord du Saguenay, a une superficie de 365 hectares. Ses sentiers conduisent à la découverte d'un lac, du fjord, de la montagne et de la forêt. On traversera, entre autres, une érablière. On verra des traces de la présence d'animaux sauvages. On aura une vue sur le fjord et ses glaces.

🏃 *9,2 km + hors-piste sur une portion du territoire*

| | | NOM DU SENTIER | LONGUEUR | TYPE | NIVEAU | DÉNIVELÉ |
|---|---|---|---|---|---|---|
| ✓ | | Sentier du Lac | 1,0 km | Boucle | Débutant | 80 m |
| ✓ | | Sentier des Parcs | 2,0 km | Boucle | Débutant | 80 m |
| ✓ | | Sentier Ferme-Fjord | 3,2 km | Linéaire | Débutant | 150 m |
| ✓ | | Sentier de l'Érablière | 3,0 km | Boucle | Intermédiaire | 150 m |

HORAIRE   Tout l'hiver > De 8 h à 17 h
TARIF   Adulte : 3,45 $
ACCÈS   De Tadoussac, prendre la route 172 sur environ 20 km.

DOCUMENTATION   Dépliant (à l'accueil)
INFORMATION   (418) 236-4551 > 1 877 236-4551 > www.ferme5etoiles.com

[JCT]   PARC NATIONAL DU SAGUENAY (SAGUENAY - LAC-SAINT-JEAN)

## 6   MONTS GROULX

Le massif des monts Groulx, situé au nord de Baie-Comeau, a une altitude de plus de 1 000 m et une superficie d'environ 5 000 km². Il est encadré par le réservoir Manicouagan, des rivières et des lacs. Sa situation géographique lui procure un climat arctique sur ses plateaux. À la base, on retrouve la forêt boréale et la taïga. Au sommet, c'est la toundra et, dans les hautes vallées, la forêt alpine. Cet écosystème est unique. Son relief a été façonné par le passage de glaciers. En parcourant ce massif, on aura une vue sur le quatrième plus grand cratère du monde, l'astroblème de Manicouagan. ⚠ Il est recommandé de posséder une solide expérience de la randonnée hors-piste, car le brouillard y est fréquent et les conditions, parfois extrêmes.

P ⚐ ⌐ ⛺

*Note : le site de camping Le Bivouac est situé à la base du sentier au km 336.*

🏃 *Hors-piste sur tout le territoire*

HORAIRE   Tout l'hiver > Du lever au coucher du soleil
TARIF   Gratuit
ACCÈS   De Baie-Comeau, suivre la route 389 nord jusqu'au kilomètre 335 indiqué en bordure de la route. Le stationnement se trouve du côté droit de la route. Un autre accès se trouve au kilomètre 365. Le stationnement est également du côté droit de la route 389.

DOCUMENTATION   Carte-guide (aux bureaux d'information touristique
                de Manicouagan)
INFORMATION     (418) 296-0180 > 1 888 463-5319 > www.monts-groulx.ca

## 7   PARC DES PIONNIERS

Ce parc, situé face au fleuve, a été construit sur un ancien dépotoir d'écorces. On y a aménagé deux sentiers menant à la marina, d'où on peut voir le passage des bateaux. On verra un mont et des oiseaux dont le garrot d'Islande, en forte concentration. On aura une vue sur le vieux Baie-Comeau et ses bâtiments, comme le manoir et l'église Sainte-Amélie, dotée de fresques et de vitraux, ainsi que la Maison du patrimoine. 🦌

🏠 P 👫 🦽 ⛺ 🏠 🏓 🪑 🌿 🎿

🚶 *1,5 km + hors-piste sur une portion du territoire*   🚶* *3,5 km*

| 🚶 | 🚶* | NOM DU SENTIER | LONGUEUR | TYPE | NIVEAU |
|----|----|----------------|----------|------|--------|
|    | ✓  | Piste cyclable | 2,0 km | Linéaire | Débutant |
| ✓  | ✓  | L'Étang | 1,5 km | Linéaire | Débutant |

HORAIRE   Tout l'hiver > Du lever au coucher du soleil
TARIF     Gratuit
ACCÈS     De Baie-Comeau, suivre la route 138 est puis, dans le secteur Marquette, emprunter le boulevard La Salle. Tourner à gauche sur la rue Talon et enfin à droite sur la rue Marquette.

DOCUMENTATION   Carte (à l'hôtel de ville, au 3501, boulevard Laflèche)
INFORMATION     (418) 296-8178 > (418) 296-8106 > www.ville.baie-comeau.qc.ca

## 8   PARC MANICOUAGAN

Ce parc, situé à l'embouchure de la rivière Manicouagan, est encadré par la rivière et un boulevard habité. On verra d'un côté des résidences et de l'autre, la rivière et Pointe-Lebel. On aura une vue sur la cathédrale et on apercevra la sauvagine, le canard noir et le garrot d'Islande. Des panneaux d'interprétation agrémentent le parcours. 🦌

🎿 P 🌿

🚶 🚶* *6,5 km + raquette hors-piste sur une portion du territoire*

| 🚶 | 🚶* | NOM DU SENTIER | LONGUEUR | TYPE | NIVEAU |
|----|----|----------------|----------|------|--------|
| ✓  | ✓  | Piste cyclable | 2,0 km | Linéaire | Débutant |
| ✓  | ✓  | Sentier Terre | 3,0 km | Boucle | Débutant |
| ✓  | ✓  | Sentier Forestier | 1,5 km | Linéaire | Débutant |

HORAIRE   Tout l'hiver > Du lever au coucher du soleil
TARIF     Gratuit
ACCÈS     De Baie-Comeau, suivre le boulevard Laflèche, puis tourner en direction de la rivière Manicouagan, sur une de ces rues menant directement au parc : Normandie, Lejeune, Hélène ou Bélanger.

DOCUMENTATION   Carte (à l'hôtel de ville, au 3501, boulevard Laflèche)
INFORMATION     (418) 296-8178 > (418) 296-8106 > www.ville.baie-comeau.qc.ca

[JCT]   BOISÉ DU VIEUX POSTE

## 9    SENTIER DE LA RIVIÈRE-AUX-ROSIERS

Les sentiers sont répartis entre deux secteurs. Le secteur des monts Papinachois, situé un peu à l'écart de la rivière, est caractérisé par ses points de vue panoramique s'étendant jusqu'à la rive sud en passant par les pointes aux Outardes et de Betsiamites. Le secteur des chutes est mis en valeur surtout par sa proximité d'une succession de plusieurs chutes. En parcourant les sentiers, on traversera un boisé avec des fenêtres sur la rivière. On pourra apercevoir la petite faune comme le lièvre d'Amérique. Un sentier grimpe sur une montagne. 🐾

**🎿 P 🚻**

🥾 *23,5 km + hors-piste sur tout le territoire*

| 🥾 | 🤾* | NOM DU SENTIER | LONGUEUR | TYPE | NIVEAU | DÉNIVELÉ |
|----|-----|----------------|----------|------|--------|----------|
| ✓ | | Sentier Bleu | 12,3 km | Mixte | Intermédiaire | |
| ✓ | | Sentier Jaune | 4,2 km | Boucle | Intermédiaire | |
| ✓ | | Sentier Rose | 1,2 km | Boucle | Intermédiaire | |
| ✓ | | Sentier Rose et Noir | 4,2 km | Boucle | Intermédiaire | 50 m |
| ✓ | | Sentier Orange | 1,6 km | Boucle | Intermédiaire | |

HORAIRE    Tout l'hiver > Du lever au coucher du soleil
TARIF      Gratuit
ACCÈS     Suivre les indications sur la route 138, en plein cœur de Raguenau.

DOCUMENTATION     Carte des sentiers (sur le site Web uniquement)
INFORMATION       (418) 567-8431 > www.municipalile.ragueneau.qc.ca/sdr

## 10    SENTIER PÉDESTRE DE PORTNEUF-SUR-MER

Le sentier pédestre de Portneuf-sur-Mer, anciennement Sainte-Anne-de-Portneuf, relie le secteur de la marina aux limites de la municipalité de Forestville. Il est situé sur une crête qui longe le fleuve. Ce sentier mène à un belvédère offrant une vue sur le fleuve et le village. 🐾

**🎿 P 🚻 🌿**

🥾 *1,7 km (linéaire, débutant) + hors-piste sur tout le territoire*

HORAIRE    De décembre à mars > Du lever au coucher du soleil
TARIF      Gratuit
ACCÈS     On accède à ce sentier à Portneuf-sur-Mer, soit à partir de la route 138, soit par la plage.

INFORMATION       (418) 238-2642 > www.fjord-best.com/portneuf

## 11    SENTIER POLYVALENT DU CLUB LE MORILLON 🏔

Le sentier débute à la marina de Bergeronnes et se termine aux Escoumins en longeant la rive du Saint-Laurent. On traverse des zones de forêt mixte et des zones déboisées offrant des points de vue sur la mer. On peut également accéder à un belvédère offrant lui aussi une vue sur la mer. 🐾

**🎿 P 🚻**

🥾 *10 km (linéaire, débutant) + hors-piste sur une portion du territoire*

HORAIRE    Tout l'hiver > Du lever au coucher du soleil
TARIF      Gratuit > Une contribution volontaire peut être envoyée au Club Plein Air Le Morillon.

ACCÈS  De la route 138 à Bergeronnes, on peut accéder au sentier seulement par le secteur de la marina, sur la rue de la Mer.

INFORMATION  (418) 232-6595

## 12  ZEC DE FORESTVILLE

La zec de Forestville a une superficie de 1 328 km². En parcourant ses sentiers et son territoire, on traversera une vielle forêt composée de sapinière à bouleau blanc. On verra des montagnes, des falaises rocheuses, plusieurs cours d'eau dont un lac d'une longueur de 8 km et des chutes formant des chandelles de glace. On verra également un campement autochtone et on aura une vue sur un barrage d'Hydro-Québec. On pourra apercevoir des orignaux, des loups, des renards, des castors et des gélinottes. Fait étonnant, on a déjà aperçu un cougar. 🐾

🚶 6,2 km + hors-piste sur tout le territoire

| 🚶 🎿* | NOM DU SENTIER | LONGUEUR | TYPE | NIVEAU | DÉNIVELÉ |
|---|---|---|---|---|---|
| ✓ | Sentier en Dent de Chien | 3,0 km | Linéaire | Débutant | 75 m |
| ✓ | Camping Laval | 3,2 km | Linéaire | Débutant | |

HORAIRE  Tout l'hiver > Du lever au coucher du soleil
TARIF  Gratuit
ACCÈS  De Forestville, emprunter la route 385 sur environ 12 km jusqu'à l'entrée du territoire.

DOCUMENTATION  Carte (à l'accueil)
INFORMATION  (418) 587-4000 > 1 888 587-0112
www.zecforestville.zecquebec.com

Mauricie

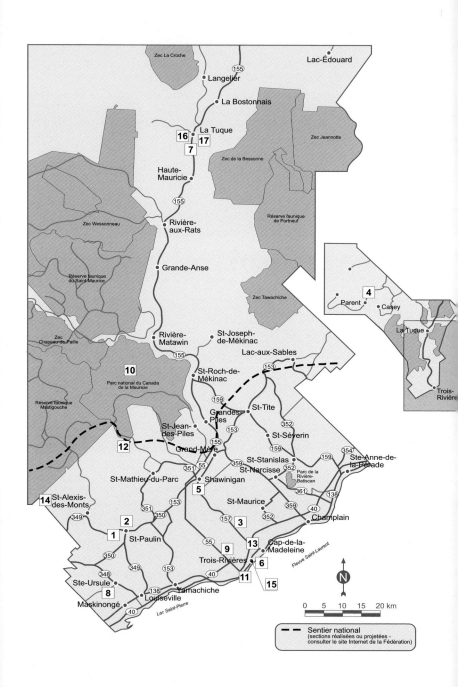

Le site offre un relief vallonné. Il est divisé par la rivière du Loup, qu'on traversera grâce à des passerelles et sur laquelle on aura de nombreux points de vue. Cette rivière est ponctuée de plusieurs cascades et chutes qu'on pourra admirer, dont la chute aux Trembles située au bout du trottoir de bois. Les sentiers longent en majorité la rivière, surtout le Chemin des Embuscades. On verra quelques peuplements forestiers dont la pinède et l'érablière, un barrage de castor et des bâtiments tels que la chapelle et le moulin à vent.

🏠 P 👫 ( ✕ ⌂ 🛏 🏠 🏋 ⎍ 👤⤸

🚶 *16,5 km* 🚶* *24,2 km* **Multi** *18,5 km*

| 🚶 | 🚶* | NOM DU SENTIER | LONGUEUR | TYPE | NIVEAU | DÉNIVELÉ |
|---|---|---|---|---|---|---|
| | ✓ | Trottoir de bois | 1,2 km | Linéaire | Débutant | |
| ✓ | ✓ | Chemin des Mouliniers | 3,5 km | Boucle | Intermédiaire | |
| ✓ | ✓ | Chemin des Capots blancs | 4,5 km | Mixte | Débutant | |
| ✓ | ✓ | Chemin des Embuscades | 5,0 km | Boucle | Intermédiaire | 50 m |
| | ✓ | Chemin des Abatis | 3,5 km | Boucle | Débutant | |
| ✓ | ✓ | Chemin de la Pinière | 2,0 km | Boucle | Intermédiaire | |
| ✓ | | L'archipel | 1,5 km | Boucle | Débutant | |
| | ✓ | Chemin de l'Érablière | 1,0 km | Linéaire | Débutant | |
| | ✓ | Chemin de la Rivière | 1,0 km | Linéaire | Débutant | |
| | ✓ | Patinoire | 2,5 km | Linéaire | Débutant | |

HORAIRE De mi-décembre à mars > De 9 h à 17 h

TARIF Fin de semaine / semaine > Adulte : 9,50 $ / 6,05 $ > Âge d'or / étudiant : 8,35 $ / 4,90 $ > Enfant (5 à 12 ans) : 6,65 $ / 3,75 $ > Enfant (4 ans et moins) : gratuit > Famille : 25,60 $ / 15,85 $

ACCÈS De Louiseville, suivre la route 349 nord jusqu'à Saint-Paulin. Continuer tout droit jusqu'au chemin des Trembles. Tourner à droite et poursuivre sur 1 km.

DOCUMENTATION Dépliant (à l'accueil)

INFORMATION (819) 268-2555 > 1 800 789-5968 > www.baluchon.com

Les sentiers sont situés autour du lac Castor, dans la forêt de la Mauricie. Une partie du territoire est composée de forêt de conifères datant de quelques centaines d'années, ainsi que de pruches de l'est et de thuyas. On y retrouve aussi une forêt en régénération, des arbres rongés par les castors ou griffés par les ours, ainsi qu'une aire de frottage de cerfs de Virginie. Le sentier du « reel de la chanterelle rieuse » longe l'affluent du lac au Foin et mène au sommet de la montagne où se trouve un majestueux érable à sucre. Sur « le menuet de la Grande Ourse » on retrouve un site d'expérimentation du MRN. On note la présence de la gélinotte huppée, du lynx du Canada, du loup et de l'orignal. On peut aussi observer des lièvres dans une clairière. Deux belvédères, sur les sentiers de la chouette et du maringouin, offrent des vues sur le fleuve et les montérégiennes. On retrouve aussi deux passerelles d'où on peut observer l'étang gelé.

★ P 👫 ( ⌂ 🏠 🌲* 🏋 ⎍ 🍃 👤⤸

🚶 *30 km + hors-piste sur tout le territoire*

| 🚶 ⛷❄ | NOM DU SENTIER | LONGUEUR | TYPE | NIVEAU | DÉNIVELÉ |
|---|---|---|---|---|---|
| ✓ | La symphonie de la grenouille masquée | 1,6 km | Boucle | Débutant | |
| ✓ | Le menuet de la Grande Ourse | 2,1 km | Boucle | Débutant | |
| ✓ | Le tango de la forêt boréale | 4,5 km | Boucle | Débutant | |
| ✓ | La valse de l'érable enjoué | 5,4 km | Boucle | Intermédiaire | 75 m |
| ✓ | Le reel de la chanterelle rieuse | 3,5 km | Boucle | Intermédiaire | 50 m |
| ✓ | La gigue du chevr'œil écervelé | 5,0 km | Boucle | Intermédiaire | 75 m |
| ✓ | La sérénade du maringouin sans dard | 6,4 km | Boucle | Intermédiaire | 75 m |
| ✓ | La turlutte du lièvre et de la torture | 2,1 km | Boucle | Avancé | 100 m |
| ✓ | Le rap des castors de travers | 0,8 km | Linéaire | Débutant | |
| ✓ | Le concerto des oiseaux de passage | 1,0 km | Linéaire | Débutant | |
| ✓ | La ritournelle du lama perdu | 0,6 km | Linéaire | Débutant | |
| ✓ | La toune de la chouette à répondre | 6,1 km | Linéaire | Intermédiaire | 200 m |

HORAIRE   Tout l'hiver > Du lever au coucher du soleil
TARIF   Adulte : 5,00 $ > Famille : 12,00 $ > Taxes incluses
ACCÈS   De Louiseville, prendre la route 349 nord jusqu'à Saint-Paulin. Continuer tout droit jusqu'au chemin des Allumettes, puis suivre les indications.

DOCUMENTATION   Carte des sentiers (au lac Castor)
INFORMATION   (819) 268-3339 > www.laccastor.com

## 3   LE DOMAINE DE LA FORÊT PERDUE

Le réseau de sentiers en labyrinthe permet de faire une promenade à travers une forêt mixte et une pinède parsemées de lacs. On apercevra des oiseaux et, grâce à un enclos, des chevreuils qu'on pourra nourrir.

🏛 P 🚻 🄫 ✕ ⌂ 🛏

*Note : la restauration n'est disponible que durant les fins de semaine.*

🚶❄ *10 km (mixte, débutant)*

HORAIRE   De décembre à début avril > De 9 h à 23 h
TARIF   Adulte : 10,00 $ > Enfant : 8,00 $ > Note : Le visiteur achète un produit de la ferme (miel ou érable), ce qui lui donne accès aux sentiers.
ACCÈS   De la sortie 203 de l'autoroute 40, emprunter la route 157 nord sur environ 12 km. Au clignotant, tourner à droite sur le rang Saint-Félix et poursuivre jusqu'à l'entrée.

DOCUMENTATION   Dépliant (à l'accueil)
INFORMATION   1 800 60-FORET > (819) 378-5946 > www.domainedelaforetperdue.com

## 4   MONTAGNE DU RADAR

La montagne du Radar est un ancien site militaire. Le sentier passe à travers une forêt mixte dominée par les conifères, notamment l'épinette. Il longe la route principale et mène au sommet de la montagne d'où on a une vue sur des cours d'eau, les montagnes et le petit village au pied de la montagne. On peut aussi apercevoir quelques anciennes installations de la base militaire. 🚩

⛷ P

🚶 *5 km (linéaire, débutant, dénivelé de 90 m) + hors-piste sur tout le territoire*

HORAIRE   Tout l'hiver > Du lever au coucher du soleil
TARIF   Gratuit
ACCÈS   De Parent, prendre la route forestière RO-450, puis à gauche la RO-400. Poursuivre jusqu'à l'indication Base du Radar.

INFORMATION   (819) 676-8800 > (819) 523-5930 > www.tourismehsm.qc.ca

## 5    PARC DE L'ÎLE MELVILLE

Ce parc, situé à proximité du centre-ville de Shawinigan, est presque entièrement baigné par la rivière Saint-Maurice. Il est formé des îles Melville et Banane, et divisé en deux secteurs. Le secteur nord, l'île Melville, comprend un enclos où vivent une trentaine de cerfs de Virginie en milieu naturel. On retrouve, dans le secteur sud-ouest, un belvédère offrant une vue sur le Trou du Diable. Le sentier des Chutes s'étend sur ces deux secteurs. On pourra admirer les chutes de Shawinigan.

🔥 P 👫 ( 🍳 🛏 🏛 🚽 🎿 🦯⚡

🏃 *7 km + hors-piste sur une portion du territoire*    🏃❋*3 km*    **Multi** *7 km*

| 🚶 | 🏃❋ | NOM DU SENTIER | LONGUEUR | TYPE | NIVEAU |
|----|----|----------------|----------|------|--------|
| | ✓ | Sentier des Cerfs | 3,0 km | Boucle | Débutant |
| ✓ | | Sentier historique des Chutes | 7,0 km | Linéaire | Intermédiaire |

HORAIRE    Tout l'hiver > Du lever au coucher du soleil
TARIF    Gratuit
ACCÈS    De la sortie 211 de l'autoroute 55, emprunter la route 153 nord. Tourner à droite sur la route 157 et poursuivre jusqu'à l'entrée du parc qui se trouve devant la Cité de l'Énergie.

DOCUMENTATION    Dépliant, carte des sentiers (à l'accueil)
INFORMATION    (819) 536-7155 > (819) 536-0222 > www.ilemelville.com

## 6    PARC DE L'ÎLE SAINT-QUENTIN

Cette île est située au confluent de la rivière Saint-Maurice et du fleuve Saint-Laurent. On observera, entre les glaces, les deux couleurs différentes de l'eau. On retrouve cinq zones de végétation différentes : la berge, la saulaie, l'érablière argentée, la peupleraie et l'ormaie-frênaie. On trouve aussi le bouleau gris, le noyer cendré, l'aubépine, le tilleul d'Amérique et le cenellier, un arbre très rare. Des panneaux d'interprétation sont disposés le long d'une passerelle de 750 m de long. L'un d'eux parle de la Wayagamack, une industrie papetière, visible depuis un belvédère offrant une vue sur les îles avoisinantes. Des mangeoires permettent d'observer des oiseaux dont l'oriole du nord. On verra le parc portuaire, un ancien préau d'accueil de l'ancienne terrasse Turcotte datant du début du siècle et une croix érigée en l'honneur de Jacques Cartier en 1984. La piste cyclable, utilisée pour la raquette, fait le tour de l'île tandis que le sentier de marche hivernale longe en grande partie le fleuve. ⚠ Il est possible que parfois le bruit d'une usine de pâtes et papiers, situé à proximité, se fasse entendre.

🔥 P 👫 ( ✗ 🏛 🚽 🌿 🎿 🦯⚡

🏃 *5,8 km + hors-piste sur tout le territoire*    🏃❋*2 km*

| 🚶 | 🏃❋ | NOM DU SENTIER | LONGUEUR | TYPE | NIVEAU |
|----|----|----------------|----------|------|--------|
| ✓ | | Piste cyclable | 2,5 km | Boucle | Débutant |
| ✓ | ✓ | Sentiers pédestres | 2,0 km | Linéaire | Débutant |
| ✓ | | Sentier Panoramique et Passerelle | 1,3 km | Boucle | Débutant |

HORAIRE    De décembre à mars > De 10 h à 17 h
TARIF    Adulte : 3,50 $ > Aîné (55 ans et plus) : 3,00 $ > Enfant (3 à 12 ans) : 1,00 $ > Automobile : 2,00 $
ACCÈS    De la sortie 201 de l'autoroute 40, rouler sur 3,5 km et tourner à droite sur le boulevard des Chenaux. Tourner ensuite à gauche sur le pont Duplessis (intersection boul. Saint-Maurice) et suivre les indications.

DOCUMENTATION Dépliant (à l'accueil)
INFORMATION (819) 373-8151 > 1 866 370-8151 > www.ile-st-quentin.com

## 7 PARC DES CHUTES DE LA PETITE RIVIÈRE BOSTONNAIS

La forêt de la région est composée, entre autres, de plusieurs variétés de pins, d'épinettes et de peupliers, ainsi que de sapins baumiers, de mélèzes et d'érables. La plupart de ces arbres se retrouvent dans le boisé sillonné par les sentiers, passant de la forêt mixte à la forêt boréale. On se promènera sur les deux rives de la rivière Bostonnais, et on accèdera à un belvédère offrant une vue sur la chute de 35 m. Cette chute et les autres du parc sont parmi les plus hautes au Québec. Des panneaux d'interprétation, dont l'un sur la traite des fourrures et un autre sur la façon de reconnaître les arbres, agrémentent le parcours.

2,4 km + hors-piste sur tout le territoire   *Multi* 0,5 km

| | | NOM DU SENTIER | LONGUEUR | TYPE | NIVEAU |
|---|---|---|---|---|---|
| ✓ | | Sentier pédestre n° 1 | 0,5 km | Boucle | Débutant |
| ✓ | | Sentier pédestre n° 2 | 0,7 km | Linéaire | Débutant |
| ✓ | | Sentier pédestre n° 3 | 0,6 km | Linéaire | Débutant |
| ✓ | | Sentier pédestre n° 5 | 0,4 km | Linéaire | Débutant |
| ✓ | | Sentier pédestre n° 6 | 0,3 km | Linéaire | Débutant |

HORAIRE Tout l'hiver > Du lever au coucher du soleil
TARIF Gratuit
ACCÈS L'entrée du parc est située à environ 6 km au sud de La Tuque, le long de la route 155.

DOCUMENTATION Carte, brochure et dépliant (à l'accueil)
INFORMATION (819) 523-5930 > (819) 676-8800 > www.tourismehsm.qc.ca

## 8 PARC DES CHUTES DE SAINTE-URSULE

Ce parc est caractérisé par ses nombreuses chutes, dont l'une est encaissée dans une gorge, ainsi que ses cascades. On peut facilement voir la déviation de la rivière, datant du tremblement de terre de 1663. Ce site étant autrefois celui d'une exploitation industrielle, on y retrouve les vestiges des fondations d'une pulperie fonctionnant entre 1882 et 1907 et le site d'un moulin à scie datant de 1811. On observera quelques phénomènes géologiques et géomorphologiques comme des failles.

3 km (mixte, débutant, dénivelé de 60 m) + hors-piste sur tout le territoire
3 km   *Multi* 3 km

HORAIRE Tout l'hiver > De 9 h 30 au coucher du soleil
TARIF Adulte : 3,50 $ > Âge d'or : 3,00 $ > Adolescent / étudiant : 3,00 $ > Enfant (5 à 10 ans) : 2,00 $ > Enfant (moins de 5 ans) : gratuit
ACCÈS De la route 138 à Louiseville, emprunter la route 348 ouest sur environ 10 km, soit jusqu'au parc.

INFORMATION (819) 228-3555 > 1 800 660-6160 > www.chutes-ste-ursule.com

## 9 PARC LINÉAIRE TROIS-RIVIÈRES

Ce parc linéaire traverse la ville de Trois-Rivières du sud au nord. Il débute à proximité du centre-ville, à la hauteur du terrain d'Exposition, et mène au parc Lambert, en passant par l'université. Cette piste est bordée en grande majorité d'un boisé mixte composé, entre autres, de bouleaux et de chênes.

🏠 P 👫 ( *Note : le pavillon d'accueil est ouvert durant la journée seulement.*

🏃 *Hors-piste sur tout le territoire*   👟❄ *8 km (linéaire, débutant)*   **Multi** *8 km*

HORAIRE  Tout l'hiver > De 7 h à 23 h
TARIF  Gratuit
ACCÈS  Le départ se situe au parc Fortin, à proximité du terrain de l'Exposition, au cœur de Trois-Rivières.

INFORMATION  (819) 372-4621

## 10 PARC NATIONAL DU CANADA DE LA MAURICIE

Ce parc de conservation a une superficie de 536 km². Il présente un paysage au relief accidenté, composé de collines arrondies, de rivières, de cascades et de lacs. Le sentier d'interprétation Mekinac passe par une ancienne plantation ayant subi un brûlage dirigé pour protéger le pin blanc. On traversera le ruisseau Bouchard et on atteindra un belvédère offrant une vue sur le lac Rosoy et la rivière Saint-Maurice. Le sentier des Deux-Criques offre plusieurs points de vue et conduit aux cascades du ruisseau du Fou. On pourra apercevoir des orignaux et des loups.

🏠 P 👫 ( 🏠 🏕 🔥 🌿

🏃 *28 km + hors-piste sur une portion du territoire*

| 🏃 | 👟❄ | NOM DU SENTIER | LONGUEUR | TYPE | NIVEAU | DÉNIVELÉ |
|---|---|---|---|---|---|---|
| ✓ | | Sentier Mekinac | 11,0 km | Boucle | Avancé | 170 m |
| ✓ | | Sentier des Deux-Criques | 14,5 km | Boucle | Avancé | 200 m |
| ✓ | | Sentier des Cascades | 1,8 km | Boucle | Débutant | 100 m |
| ✓ | | Sentier du Ruisseau-Brodeur | 0,7 km | Linéaire | Débutant | |

HORAIRE  Tout l'hiver > Du lever au coucher du soleil
TARIF  Adulte : 8,00 $ > Aîné : 7,00 $ > Enfant (6 à 16 ans) : 4,00 $ > Famille : 21,00 $
ACCÈS  De l'autoroute 55, prendre la sortie 226 en direction de Saint-Jean-des-Piles.

DOCUMENTATION  Carte, dépliant (à l'accueil et à la Fédération québécoise de la marche)
INFORMATION  (819) 538-3232 > www.pc.gc.ca/mauricie

## 11 PARC PORTUAIRE / VIEUX TROIS-RIVIÈRES

Ce circuit patrimonial s'effectue à travers 18 endroits où sont disposés des panneaux d'interprétation historique. Un audio-guide fournit de l'information sur les lieux et leur histoire. Le parcours débute au belvédère de la terrasse Turcotte, continue au quartier historique où les bâtiments datent du XVIII⁰ siècle et aboutit au centre-ville. Grâce à des promenades sur trois niveaux, on aura une vue sur le port et le fleuve Saint-Laurent. 🐴

🏠 P 👫 ( X 🏠 🔥 ⛷
👟❄ *3 km (boucle, débutant)*

HORAIRE Tout l'hiver > Du lever au coucher du soleil

TARIF Gratuit

ACCÈS De l'autoroute 40, prendre la sortie 199 et suivre les indications pour le centre-ville.

DOCUMENTATION Guide du promeneur (à l'accueil)

INFORMATION (819) 375-1122 > www.tourismetroisrivieres.com

## 12 PARC RÉCRÉOFORESTIER SAINT-MATHIEU

Ce parc, d'une superficie de 127 km², est caractérisé par la présence de l'érablière à bouleau jaune. Il est situé au sud du parc national de la Mauricie, au cœur de la forêt laurentienne. On y retrouve 48 lacs, ainsi que des chutes et des cascades. Les sentiers, tous en montagne, sillonnent un boisé mixte dans lequel on pourra apercevoir des chevreuils, des orignaux, des perdrix et plusieurs espèces vulnérables. On aura plusieurs points de vue s'étendant sur une soixantaine de kilomètres et un belvédère permet d'admirer la chaîne de montagnes, les lacs et la vallée. ★ Il y a un amphithéâtre en milieu forestier unique en Amérique.

Note : les services sont disponibles à l'auberge du Trappeur

50,1 km + hors-piste sur tout le territoire

| NOM DU SENTIER | LONGUEUR | TYPE | NIVEAU | DÉNIVELÉ |
|---|---|---|---|---|
| Sentier national | 5,5 km | Linéaire | Intermédiaire | 100 m |
| Sentier d'interprétation | 7,0 km | Boucle | Intermédiaire | 100 m |
| Le Lac en Cœur | 9,5 km | Boucle | Intermédiaire | |
| La Paroi | 3,4 km | Mixte | Avancé | 150 m |
| La Pinède | 3,8 km | Boucle | Débutant | |
| Le Circuit poétique | 1,5 km | Linéaire | Débutant | |
| La Chute du Diable | 9,0 km | Boucle | Avancé | 200 m |
| Le Mongrain | 3,7 km | Boucle | Débutant | |
| Jetée Plate | 6,7 km | Boucle | Avancé | |

HORAIRE Tout l'hiver > Du lever au coucher du soleil

TARIF Gratuit

ACCÈS De l'autoroute 55, prendre la sortie 217 et poursuivre sur la route 351 sud sur environ 12 km. Tourner ensuite à droite sur le chemin Saint-François. Continuer sur 4 km et traverser le petit pont se situant sur la droite. Suivre les directions pour le parc national du Canada de la Mauricie sur 5,8 km. Le sentier débute en face de l'auberge du Trappeur.

DOCUMENTATION Carte (à l'auberge du Trappeur)

INFORMATION (819) 532-2600 > www.bonjourmauricie.com

## 13 PISTE CHATEAUDUN

Au centre de l'arrondissement de Cap-de-la-Madeleine, on retrouve un parc boisé dense, composé de feuillus et de conifères. On apercevra plusieurs oiseaux et des lièvres.

★P

Hors-piste sur tout le territoire

HORAIRE   De décembre à mars > Du lever au coucher du soleil
TARIF   Gratuit
ACCÈS   De l'autoroute 40 à Cap-de-la-Madeleine, sortir à la rue Thibeau Sud et suivre celle-ci jusqu'à la rue Berlinguet où l'on tourne à gauche. Tourner à gauche à nouveau sur la 5e Rue et continuer jusqu'au bout.

INFORMATION   (819) 378-8039

## 14   POURVOIRIE AYA PE WA

Le nom de cette pourvoirie signifie « mâle orignal » en langue algonquine. Elle est située dans la chaîne de montagnes des Laurentides, près du lac Sacacomie, et de la réserve Mastigouche sur lesquelles on aura des points de vue panoramique. Les sentiers, en terrain montagneux, sillonnent une forêt mixte. Des falaises offrent une vue sur les basses Laurentides. Un sentier centenaire mène à un site où se trouvait une tour de garde-feu. 🚩

🥾 *14,5 km + hors-piste sur une portion du territoire*      🏃❄ *9,8 km*

| 🏃 | 🏃❄ | NOM DU SENTIER | LONGUEUR | TYPE | NIVEAU | DÉNIVELÉ |
|----|----|----------------|----------|------|--------|----------|
| ✓ |   | Perdrix | 1,2 km | Boucle | Débutant |  |
| ✓ |   | Ours | 1,8 km | Boucle | Débutant | 100 m |
| ✓ |   | Animalier | 3,2 km | Boucle | Intermédiaire | 100 m |
| ✓ |   | Lièvre | 3,5 km | Boucle | Intermédiaire | 100 m |
| ✓ | ✓ | Jardin | 5,8 km | Mixte | Intermédiaire | 100 m |
|   | ✓ | Tour | 4,0 km | Linéaire | Intermédiaire |  |

HORAIRE   De janvier à avril > Du lever au coucher du soleil
TARIF   Gratuit
ACCÈS   De Louiseville, suivre la route 349 en direction nord sur environ 45 km. Tourner à droite, juste après le pont, sur le rang Morin et faire 8 km. Le stationnement se situe près du gros pin. Depuis le stationnement, il faut prévoir une distance de 4 km de marche afin d'atteindre le site.

DOCUMENTATION   Dépliant (à l'accueil)
INFORMATION   (819) 265-3665 > (819) 265-2451 > www.ayapewa.ca

## 15   PROMENADE DE LA POÉSIE

Ce circuit urbain mène à travers les rues du centre-ville de Trois-Rivières, capitale mondiale de la poésie, à la découverte de 300 poèmes d'amour de poètes québécois ancrés aux murs de la ville. 🚩

★ P ( X 🛒 🏠

🏃❄ *8 km (mixte, débutant)*

HORAIRE   Tout l'hiver > Du lever au coucher du soleil
TARIF   Gratuit
ACCÈS   Cette promenade se fait dans le centre-ville de Trois-Rivières. On se procure le guide de parcours à l'Office de tourisme, au coin des rues des Forges et Notre-Dame.

DOCUMENTATION   Guide de la promenade (à l'Office du tourisme et des congrès de Trois-Rivières)
INFORMATION   (819) 379-9813 > www.fiptr.com

On sillonera une forêt mature de feuillus composée, entre autres, du bouleau jaune et de l'érable. On traversera aussi une cédrière. Cette forêt caractérise le territoire. Les sections du sentier ont été aménagées sur la rive ouest de la rivière Saint-Maurice. La section Rapide-Croche longe plusieurs lacs et escarpements de la rivière. On pourra voir une hutte de castor et des traces de la présence de chevreuils dû au ravage à proximité. On pourra apercevoir des orignaux et des oiseaux comme le geai bleu, la gélinotte, et la mésange qui vient manger dans la main. On aura plusieurs points de vue panoramique.

*20 km + hors-piste sur tout le territoire*

| | | NOM DU SENTIER | LONGUEUR | TYPE | NIVEAU | DÉNIVELÉ |
|---|---|---|---|---|---|---|
| ✓ | | Blondin | 6,0 km | Linéaire | Avancé | |
| ✓ | | Bourassa | 3,0 km | Linéaire | Intermédiaire | 130 m |
| ✓ | | Rapide-Croche | 11,0 km | Linéaire | Avancé | 90 m |

**HORAIRE** Tout l'hiver > Du lever au coucher du soleil
**TARIF** Gratuit
**ACCÈS** À La Tuque : prendre le petit pont qui enjambe la rivière Saint-Maurice, puis la rue Bourassa et continuer sur environ 8 km.

**DOCUMENTATION** Carte (à la boutique Le Yéti, à la Ville de La Tuque, à la boutique Le Pionnier et à la Fédération québécoise de la marche)
**INFORMATION** (819) 523-2204 poste 322 > (819) 523-4653 > mrchsm@mrchsm.org

## 17  SENTIER PETITE-RIVIÈRE-BOSTONNAIS

En parcourant les sentiers, tous en forêt, on longera la rivière et on pourra admirer les chutes Wayagamac où elles se précipitent. On passera aussi par le site d'un ancien feu de forêt où on verra de gros pins ayant survécu, d'autres partiellement brûlés. On y retrouve plusieurs pics-bois. On pourra aussi apercevoir des chevreuils, des affleurements rocheux et des blocs erratiques. On aura plusieurs points de vue panoramique sur l'ancienne aluminerie, sur la ville de La Tuque et sur la rivière Saint-Maurice. Une passerelle traverse la rivière en haut des chutes.

*13,9 km + hors-piste sur tout le territoire*

| | | NOM DU SENTIER | LONGUEUR | TYPE | NIVEAU | DÉNIVELÉ |
|---|---|---|---|---|---|---|
| ✓ | | Le Grand Nord | 4,5 km | Linéaire | Intermédiaire | 170 m |
| ✓ | | Alphide-Tremblay | 6,0 km | Linéaire | Intermédiaire | 150 m |
| ✓ | | La Boucle | 3,4 km | Boucle | Intermédiaire | 100 m |

**HORAIRE** Tout l'hiver > Du lever au coucher du soleil
**TARIF** Gratuit
**ACCÈS** Accès « La Chute » : du centre commercial à La Tuque, prendre le chemin Wayagamac et rouler sur environ 7 km. Prendre ensuite à gauche et se rendre à la clôture métallique. Suivre alors les indications pour l'entrée du sentier « Grand-Nord ». Accès « Lac Panneton » : du centre commercial à La Tuque, prendre le chemin Wayagamac et rouler sur environ 1 km. Prendre le chemin à gauche sur 1,3 km. L'accès au sentier se trouve à gauche.

<u>Accès « La Boucle »</u> : suivre les indications pour le centre de ski alpin. Le début du sentier se situe à droite de la pente des chambres à air.

DOCUMENTATION    Carte (à la boutique Le Yéti, à la Ville de La Tuque, à la boutique Le Pionnier et à la Fédération québécoise de la marche)

INFORMATION    (819) 523-2204 poste 322 > (819) 523-5930 > mrchsm@mrchsm.org

Montérégie

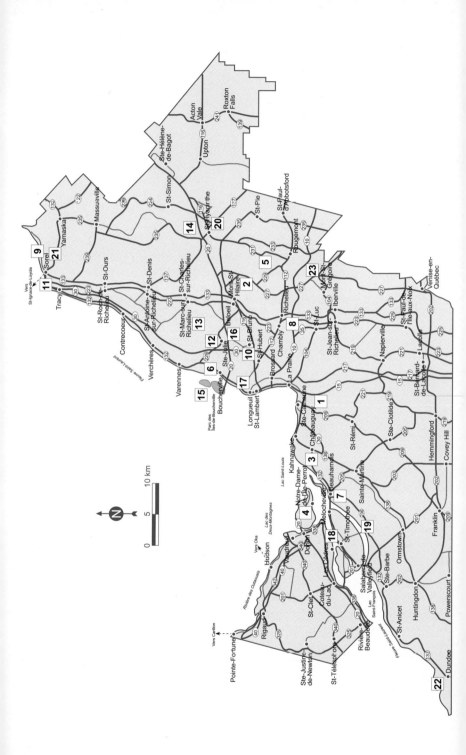

1 CENTRE CULTUREL DENIS-LORD

2 CENTRE DE LA NATURE MONT-SAINT-HILAIRE

3 CENTRE ÉCOLOGIQUE FERNAND-SÉGUIN

4 CENTRE NOTRE-DAME DE FATIMA

5 CIDRERIE MICHEL JODOIN

6 CIRCUIT PATRIMONIAL DE BOUCHERVILLE

7 LE BOIS ROBERT

8 LIEU HISTORIQUE NATIONAL DU CANADA DU CANAL-DE-CHAMBLY

9 MAISON DU MARAIS

10 PARC DE LA CITÉ

11 PARC DE PLEIN AIR SOREL-TRACY

12 PARC EDMOUR-J.-HARVEY

13 PARC LE ROCHER

14 PARC LES SALINES

15 PARC NATIONAL DES ÎLES-DE-BOUCHERVILLE

16 PARC NATIONAL DU MONT-SAINT-BRUNO

17 PARC RÉGIONAL DE LONGUEUIL

18 PARC RÉGIONAL DES ÎLES DE SAINT-TIMOTHÉE

19 PARC RÉGIONAL DU CANAL BEAUHARNOIS

20 PROMENADE GÉRARD-COTÉ

21 RANDONNÉE DU PATRIMOINE DE SOREL

22 RÉSERVE NATIONALE DE FAUNE DU LAC SAINT-FRANÇOIS

23 VERGERS DENIS CHARBONNEAU

## 1    CENTRE CULTUREL DENIS-LORD

Anciennement l'écomusée de Saint-Constant, le centre culturel Denis-Lord offre deux sentiers. Le sentier de la nature est en milieu boisé, majoritairement composé de feuillus. Sur le sentier des rocailles et massifs, on peut voir le marais gelé. On peut observer des oiseaux et voir un secteur de la ville depuis les sentiers. 🐾

🏛 P ⛹ ( *Note : le pavillon d'accueil est ouvert durant la semaine en soirée et la fin de semaine durant toute la journée.*

🚶 *Hors-piste sur tout le territoire*    🚶* 2,5 km

| 🚶 | 🚶* | NOM DU SENTIER | LONGUEUR | TYPE | NIVEAU |
|---|---|---|---|---|---|
| | ✓ | Sentier de la nature | 1,5 km | Boucle | Débutant |
| | ✓ | Sentier des rocailles et massifs | 1,0 km | Mixte | Débutant |

HORAIRE    Tout l'hiver > Du lever au coucher du soleil
TARIF    Gratuit
ACCÈS    De la route 132 à Saint-Constant, emprunter la rue Maçon jusqu'au 66.

INFORMATION    (450) 635-8414 poste 223 > (450) 635-8414 poste 201
www.ville.saint-constant.qc.ca

## 2    CENTRE DE LA NATURE MONT-SAINT-HILAIRE

La partie protégée totale du mont Saint-Hilaire occupe 10 km². Le réseau de sentiers mène à quatre sommets et au lac Hertel. On traversera une forêt composée de plusieurs espèces d'arbres, dont des érables et des hêtres ayant plus de 400 ans, et un espace ouvert offrant une vue sur les sommets l'entourant. On passera par la falaise Dieppe, dotée de pentes abruptes, où l'on retrouve des cèdres de 500 ans. Plusieurs animaux sont présents dont environ 200 cerfs de Virginie et, fait étonnant, un lynx roux. Une source d'eau forme un amoncellement de glace dessinant la forme d'un cheval blanc sur fond noir. Cette sculpture naturelle alimente une des nombreuses légendes entourant la montagne. ⚠ Certaines sections des parcours de raquette sont partagées avec la marche hivernale.

🏛 P ⛹ ( 🌿 ⛲
🚶 13 km    🚶* 12,3 km

| 🚶 | 🚶* | NOM DU SENTIER | LONGUEUR | TYPE | NIVEAU | DÉNIVELÉ |
|---|---|---|---|---|---|---|
| | ✓ | Pain-de-Sucre | 2,6 km | Linéaire | Intermédiaire | 255 m |
| | ✓ | Dieppe | 3,6 km | Linéaire | Intermédiaire | 220 m |
| | ✓ | Rocky | 4,5 km | Linéaire | Intermédiaire | 240 m |
| | ✓ | Burned Hill | 1,6 km | Linéaire | Débutant | 160 m |
| ✓ | | A | 2,2 km | Boucle | Débutant | 60 m |
| ✓ | | D | 6,7 km | Boucle | Avancé | 240 m |
| ✓ | | B | 2,5 km | Boucle | Intermédiaire | 100 m |
| ✓ | | C | 1,6 km | Linéaire | Avancé | 180 m |

HORAIRE    Tout l'hiver > De 8 h à 1 heure avant le coucher du soleil
TARIF    Adulte : 4,00 $ > Aînés (65 ans et plus) : 2,00 $ > Enfants (6 à 17 ans) : 2,00 $ > Enfants (0 à 5 ans) : gratuit
ACCÈS    De la route 116 à Saint-Hilaire, emprunter la rue Fortier qui devient le chemin Ozias-Leduc. Tourner à gauche sur le chemin de la Montagne, et à gauche à nouveau sur le chemin des Moulins par lequel on accède au centre. Ou, de l'autoroute 20, emprunter la sortie 113 et suivre les indications.

DOCUMENTATION   Dépliant-carte (à l'accueil)
INFORMATION     (450) 467-1755 > www.centrenature.qc.ca

## 3  CENTRE ÉCOLOGIQUE FERNAND-SÉGUIN

Ce centre est situé à Châteauguay, derrière une école secondaire. Les sentiers passent à travers une érablière à caryer, fôret type du sud-ouest du Québec, dans laquelle on pourra apercevoir des chouettes, des sitelles et des pics. Des mésanges viennent même manger dans la main.

🏛 P 👫 ✕ 🛏 🐦 🗓⚡

*Note : le centre d'interprétation est ouvert de 8 h à 16 h*

🎿 *3,5 km*      🥾※ *2 km*

| 🎿 | 🥾※ | NOM DU SENTIER | LONGUEUR | TYPE | NIVEAU |
|---|---|---|---|---|---|
| ✓ | | Piste longue | 2,5 km | Boucle | Débutant |
| ✓ | | Piste courte | 1,0 km | Boucle | Débutant |
| | ✓ | Sentier de marche hivernale | 2,0 km | Mixte | Débutant |

HORAIRE   Tout l'hiver > Du lever au coucher du soleil
TARIF     Gratuit
ACCÈS     De la route 138 à Châteauguay, emprunter le boulevard René-Lévesque en direction ouest. Tourner à gauche sur le boulevard Brisebois et continuer jusqu'au bout.

INFORMATION     (450) 698-3133 > www.heritagestbernard.qc.ca

## 4  CENTRE NOTRE-DAME DE FATIMA

Situé au bord du lac Saint-Louis à l'île Perrot, le centre Notre-Dame-de-Fatima est à proximité des grandes villes. Le terrain de 14 hectares comprend un lac, une forêt consituée en majorité de conifères, un parc et plusieurs sites récréatifs. Le centre a pour mission d'offrir des services spécialisés adaptés aux besoins des personnes sourdes ou malentendantes.

🏛 P 👫 ( 🏠 � 🗓⚡

🎿 *2 km (boucle, débutant) + hors-piste sur une portion du territoire*

HORAIRE   De décembre à mars > De 9 h à 16 h
TARIF     Frais non déterminés au moment de la publication
ACCÈS     De Montréal, suivre l'autoroute 20 en direction ouest. Prendre la sortie pour le boulevard Don Quichotte, à l'île Perrot. Tourner à droite sur le boulevard Saint-Joseph. Au bout, tourner à droite sur le boulevard Perrot et tourner encore à droite au premier arrêt.

DOCUMENTATION   Dépliant (à l'accueil)
INFORMATION     (514) 453-7600 > www.centrendfatima.com/groupes

## 5  CIDRERIE MICHEL JODOIN

Le sentier grimpe sur le mont Rougemont, à travers un boisé dominé par les feuillus, agrémenté de quelques sapins. Les arbres sont centenaires. Au sommet, sur le versant sud, un belvédère offre une vue sur les pommiers et les montérégiennes. On longera un petit lac gelé. On verra des traces de la présence de chevreuils. On pourra visiter la cidrerie et déguster ses produits gratuitement. 🐴

🏛 P 👫 ( 🚂

🎿 *2,7 km*

| 🏃 👟※ | NOM DU SENTIER | LONGUEUR | TYPE | NIVEAU | DÉNIVELÉ |
|---|---|---|---|---|---|
| ✓ | Le sentier des Érables | 2,7 km | Boucle | Intermédiaire | 220 m |

**HORAIRE** Tout l'hiver > De 9 h à 17 h

**TARIF** Adulte : 2,00 $

**ACCÈS** De la sortie 29 de l'autoroute 10, prendre la route 133 nord, puis la route 112 est jusqu'à Rougemont. Suivre les panneaux touristiques sur environ 3 km, soit jusqu'à la Cidrerie Michel Jodoin.

**DOCUMENTATION** Dépliant-carte (à la cidrerie)

**INFORMATION** (450) 469-2676 > www.cidrerie-michel-jodoin.qc.ca

## 6    CIRCUIT PATRIMONIAL DE BOUCHERVILLE

Ce circuit, guidé par un dépliant, débute à la place de l'église Sainte-Famille. Il fait parcourir les rues du vieux village à la découverte de maisons ancestrales. Parmi elles, on retrouve la maison de Louis-Hippolyte Lafontaine, un ancien premier ministre du Canada. Cette demeure date de 1790. On retrouve des panneaux d'interprétation historique des îles de Boucherville le long du fleuve. 🐎

✶ P ✗ 🎿

👟※ *3,6 km (mixte, débutant)*

**HORAIRE** Tout l'hiver > Du lever au coucher du soleil

**TARIF** Gratuit

**ACCÈS** Du pont-tunnel Louis-Hippolyte-Lafontaine, emprunter la route 132 est et prendre la sortie du boulevard Marie-Victorin. Le circuit débute au cœur du vieux Boucherville, à l'église.

**DOCUMENTATION** Dépliant « Découvrir le circuit patrimonial de Boucherville » (au centre culturel et à la bibliothèque)

**INFORMATION** (450) 463-7121

## 7    LE BOIS ROBERT

Ce bois, d'une superficie d'environ 40 hectares, est situé en bordure de la rivière Saint-Louis, dans la ville de Beauharnois. Le boisé est composé d'une érablière à caryer. On y retrouve, entre autres, trois variétés de chênes, la pruche de l'Est, l'orme d'Amérique, l'orme liège, le caryer ovale et le caryer cordiforme. En parcourant les sentiers, on apercevra la chute Saint-Louis. On accédera aussi à un belvédère sur une colline. Des panneaux d'interprétation agrémentent le parcours. 🐎

✶ P 👫 🚂 🌿

🏃 *3,4 km*

| 🏃 👟※ | NOM DU SENTIER | LONGUEUR | TYPE | NIVEAU |
|---|---|---|---|---|
| ✓ | Grand Sentier PPG | 1,7 km | Linéaire | Débutant |
| ✓ | Piste verte | 0,4 km | Boucle | Débutant |
| ✓ | Piste jaune | 0,5 km | Linéaire | Débutant |
| ✓ | Piste bleue | 0,5 km | Linéaire | Débutant |
| ✓ | Piste orange | 0,3 km | Linéaire | Débutant |

**HORAIRE** Tout l'hiver > Du lever au coucher du soleil

**TARIF** Gratuit

**ACCÈS** De Châteauguay, prendre la route 132 ouest jusqu'à Beauharnois. L'accès au Bois Robert se situe sur le chemin Saint-Louis, juste avant l'église.

**INFORMATION** (450) 225-5968 > (450) 429-4641 poste 2233 > bupa@rocler.qc.ca

# LIEU HISTORIQUE NATIONAL DU CANADA DU CANAL-DE-CHAMBLY

Situé dans les basses terres du Saint-Laurent, le canal de Chambly relie Chambly à Saint-Jean-sur-Richelieu. On emprunte l'ancien chemin de halage, situé entre le canal et la rivière Richelieu dont on peut observer les rapides. En route, on croisera quelques endroits historiques. On peut observer quelques petits animaux et on note la présence de certains arbres rares au Québec, notamment le chêne bleu. ★ On y trouve les seules écluses opérées manuellement au Québec (comme en 1843). Les écluses en escalier du Vieux-Chambly sont uniques au Québec.

## ✶ P

🎿 *19 km (linéaire, débutant)*

| | |
|---|---|
| HORAIRE | Tout l'hiver > Du lever du soleil au coucher du soleil |
| TARIF | Gratuit |
| ACCÈS | Accès nord : de la sortie 22 de l'autoroute 10, se diriger vers Chambly. Suivre le boulevard Fréchette jusqu'au bout et tourner à droite sur l'avenue Bourgogne. Le stationnement est situé immédiatement après le pont du canal, sur la droite. Accès sud : de l'autoroute 35 à Saint-Jean-sur-Richelieu, prendre le boulevard du Séminaire (route 223) en direction sud et tourner à gauche sur la rue Saint-Jacques. Le début du canal se trouve avant le pont. |
| DOCUMENTATION | Brochure (dans les bureaux de Parcs Canada) |
| INFORMATION | (450) 658-6525 > 1 800 463-6769 > www.pc.gc.ca/lhn-nhs/qc/chambly |

## 9    MAISON DU MARAIS

Le sentier du marais, sur lequel on retrouve une tour d'observation, permet de découvrir le marais en hiver alors qu'il est entièrement recouvert de neige et de glace. À partir du sentier du marais, on a accès aux îles de Sorel en traversant sur la glace. On peut y voir quelques oiseaux de proie, tout dépendant des conditions de neige. 🐎

## ✶ P ⛾ ❧

🎿 *1 km + hors-piste sur tout le territoire*

| 🎿 🥾* | NOM DU SENTIER | LONGUEUR | TYPE | NIVEAU |
|---|---|---|---|---|
| ✓ | Sentier du marais | 1,0 km | Linéaire | Débutant |

| | |
|---|---|
| HORAIRE | Tout l'hiver > Du lever au coucher du soleil |
| TARIF | Gratuit |
| ACCÈS | À l'extrémité est de l'autoroute 30, tourner à gauche sur le boulevard Poliquin. Ensuite, une dizaine de kilomètre plus loin, tourner à droite, juste avant le pont, sur le chemin du Chenal-du-Moine (prolongement du boulevard Poliquin). L'entrée est à quelques mètres plus loin. |
| INFORMATION | (450) 742-5716 |

## 10    PARC DE LA CITÉ

Ce parc est situé dans l'arrondissement Saint-Hubert. Le sentier fait le tour d'un lac artificiel d'une longueur de 1 km, traversé par une passerelle. On passera aussi par un boisé mixte dans lequel on pourra parfois apercevoir des renards et des chevreuils. On verra aussi une butte. 🐎

## ✶ P 🪑

🥾* *3 km (boucle, débutant)*

HORAIRE      Tout l'hiver > De 7 h à 23 h
TARIF        Gratuit
ACCÈS        De la sortie 115 de l'autoroute 30, emprunter le boulevard Cousineau (route
             112) vers l'ouest et tourner à gauche sur le boulevard Gaëtan-Boucher.
             L'entrée du parc se situe à la jonction du boulevard Davis.

INFORMATION      (450) 463-7065 > www.longueuil.ca

## 11    PARC DE PLEIN AIR SOREL-TRACY

Ce parc a été réalisé grâce à un partenariat entre la Ville de Sorel-Tracy et l'entreprise
QIT-Fer et Titane. Il est situé dans le secteur de Tracy, près de la voie ferrée. Le sentier
traverse un boisé mixte composé, entre autres, de chênes, d'érables et de bouleaux.
On apercevra plusieurs oiseaux. Des chevreuils sont présents sur le territoire. 🐎

### 🏠 P ⅋ ⚲

🚶 *1 km (linéaire, débutant)*

HORAIRE      Tout l'hiver > Du lever au coucher du soleil
TARIF        Gratuit
ACCÈS        De l'autoroute 30, prendre la sortie 178 indiquant le chemin du Golf. Le parc
             est situé au 3100, chemin du Golf.

DOCUMENTATION    Dépliant-carte (à l'accueil)
INFORMATION      (450) 743-2785 > (450) 780-5731

## 12    PARC EDMOUR-J.-HARVEY

Ce parc récréatif est situé sur un des flancs du mont Saint-Bruno. Le sentier traverse
sa partie boisée, composée de conifères et de quelques érables. 🐎

### 🏠 P ⅋ ⚲

🚶* *3 km (linéaire, débutant)*     **Multi** *3 km*

HORAIRE      Tout l'hiver > Du lever au coucher du soleil
TARIF        Gratuit
ACCÈS        De la sortie 102 de l'autoroute 20, prendre à droite le chemin du Fer-à-
             Cheval, puis à gauche le boulevard des Haut-Bois. Tourner à droite sur la
             rue Gilles-Vigneault, et à droite à nouveau sur la rue des Brises au bout de
             laquelle se trouve le parc.

INFORMATION      (450) 922-7122 > www.ville.sainte-julie.qc.ca

## 13    PARC LE ROCHER

Ce parc municipal, d'une superficie de 125 hectares, est situé à Saint-Amable. Il a été
aménagé dans une ancienne sablière ayant fourni le sable pour la construction
d'autoroutes. Son environnement marécageux recouvert de neige permet la pratique
de la raquette. Le territoire est également boisé.

### P

🚶 *Hors-piste sur une portion du territoire*

HORAIRE      Tout l'hiver > De midi à 16 h (samedi et dimanche)
TARIF        Gratuit
ACCÈS        De la sortie 128 de l'autoroute 30, suivre les indications pour Saint-Amable.
             Tourner à gauche sur la rue Auger, puis à droite sur la rue Thomas.

INFORMATION      (450) 649-3555

## 14    PARC LES SALINES

Ce parc urbain, situé à Saint-Hyacinthe, tient son nom des sources d'eau salée qui y coulaient à la fin du XIXᵉ siècle. Il est traversé par deux ruisseaux gelés et une partie du terrain est recouverte de forêt. Des mangeoires permettent d'observer des oiseaux.
★ De l'éclairage a été installé dans le parc pour permettre la marche en soirée.

🎿 P ♐ ( � ◊≑

🎿 4 km + hors-piste sur tout le territoire       ☀6 km       **Multi** 6 km

| | | NOM DU SENTIER | LONGUEUR | TYPE | NIVEAU |
|---|---|---|---|---|---|
| ✓ | | Sentier jaune | 4 km | Boucle | Débutant |
| | ✓ | Sentier rouge | 6 km | Mixte | Débutant |

HORAIRE      Tout l'hiver > De 7 h à 23 h
TARIF        Gratuit
ACCÈS        De l'autoroute 20, prendre la sortie 130 nord. Tourner à droite sur la rue Martineau. Poursuivre jusqu'à l'entrée du parc située au numéro 5330.

DOCUMENTATION      Carte des sentiers (à l'accueil)
INFORMATION        (450) 778-8335 > (450) 796-2530 >
                   www.ville.st-hyacinthe.qc.ca/loisirs-culture/pleinair.html#salines

## 15    PARC NATIONAL DES ÎLES-DE-BOUCHERVILLE

Le parc national des Îles-de-Boucherville, d'une superficie de 8,14 km², est situé en plein milieu du fleuve Saint-Laurent, tout près du centre-ville de Montréal. On y retrouve un champ en régénération. Tous les sentiers passent, par endroits, près ou à travers un boisé. Sur Le Grand-Duc, on peut apercevoir un arbre coupé par des castors. Le sentier polyvalent fait le tour de l'île et offre différentes vues sur le fleuve. On peut apercevoir le cerf de Virginie et le renard roux. On peut observer la faune ou des traces de sa présence, comme des pistes, ainsi que des nids d'écureuils et d'oiseaux.
⚠ L'hiver, seule l'île Sainte-Marguerite est accessible.

🎿 P ♐ ( ⌂ ⟁ ◊≑

🎿 7 km       ☀8 km

| | | NOM DU SENTIER | LONGUEUR | TYPE | NIVEAU |
|---|---|---|---|---|---|
| | ✓ | Le Grand-Duc | 1,5 km | Boucle | Débutant |
| | ✓ | La Petite Rivière | 2,5 km | Boucle | Débutant |
| | ✓ | La Grande Rivière | 4,0 km | Boucle | Débutant |
| ✓ | | Sentier polyvalent (piste cyclable) | 7,0 km | Boucle | Débutant |

HORAIRE      Tout l'hiver > De 8 h au coucher du soleil
TARIF        Adulte (18 ans et plus) : 3,50 $ > Enfant (6 à 17 ans) : 1,50 $ > Enfant (moins de 6 ans) : gratuit > Famille : 7,00 $ > Laissez-passer annuel pour un parc : 16,50 $/7,50 $ > Laissez-passer annuel pour l'ensemble des parcs nationaux du Québec : 30,00 $/15,00 $ > Autres tarifs disponibles
ACCÈS        De l'autoroute 25, prendre le pont-tunnel Louis-Hippolyte Lafontaine, puis la sortie 1. Suivre ensuite les indications.

DOCUMENTATION      Dépliant, journal du parc (au centre d'interprétation)
INFORMATION        (450) 928-5088 > www.parcsquebec.com

## 16 PARC NATIONAL DU MONT-SAINT-BRUNO

Ce parc national, d'une superficie de 7,9 km², couvre la majorité du territoire du mont Saint-Bruno. Les sentiers sillonnent une forêt composée de l'érablière à caryer, de la chênaie rouge à érable à sucre et à ostryer de Virginie, ainsi que de la prucheraie à érable à sucre. Le chemin du lac Seigneurial fait le tour de ce dernier. On verra un monument commémoratif, la maison Murray et un arboretum. On passera au pont des trois arches et au Vieux-Moulin, bâtiment historique converti en centre d'exposition sur l'évolution et l'histoire du mont.

*12 km*

| Raquette | Marche hivernale | NOM DU SENTIER | LONGUEUR | TYPE | NIVEAU |
|---|---|---|---|---|---|
| | ✓ | Chemin du Lac Seigneurial | 7,0 km | Boucle | Débutant |
| | ✓ | Sentier du Grand-Duc | 3,5 km | Boucle | Débutant |
| | ✓ | Sentier du Petit-Duc | 1,5 km | Boucle | Débutant |

**HORAIRE** De décembre à fin mars > De 8 h au coucher du soleil

**TARIF** Adulte (18 ans et plus) : 3,50 $ > Enfant (6 à 17 ans) : 1,50 $ > Enfant (moins de 6 ans) : gratuit > Famille : 7,00 $ > Laissez-passer annuel pour un parc : 16,50 $/7,50 $ > Laissez-passer annuel pour l'ensemble des parcs nationaux du Québec : 30,00 $/15,00 $ > Autres tarifs disponibles

**ACCÈS** De la sortie 102 de l'autoroute 20, ou de la sortie 121 de l'autoroute 30, poursuivre sur environ 3 km en suivant les indications pour le parc.

**DOCUMENTATION** Journal du parc, carte (à l'accueil)

**INFORMATION** (450) 653-7544 > www.parcsquebec.com

## 17 PARC RÉGIONAL DE LONGUEUIL

Le parc régional de Longueuil a une superficie de 185 hectares, équivalente à celle du parc du Mont-Royal. En partie boisé et comprenant un marais, il est à la fois un lieu de conservation de la nature et un lieu d'activités de plein air. Bien qu'il soit en pleine ville, on y retrouve des cerfs de Virginie. On peut voir un cadran solaire permettant de lire l'heure de façon originale.

*3 km*

| Raquette | Marche hivernale | NOM DU SENTIER | LONGUEUR | TYPE | NIVEAU |
|---|---|---|---|---|---|
| ✓ | ✓ | Cœur en mouvement | 3,0 km | Boucle | Débutant |

**HORAIRE** Tout l'hiver > De 9 h à 22 h 30

**TARIF** Gratuit

**ACCÈS** De l'autoroute 20 et 132 à Longueuil, emprunter le boulevard Roland-Therrien. Tourner à gauche sur le boulevard Curé-Poirier et continuer jusqu'à la rue Adoncour à la jonction de laquelle se trouve l'entrée principale du parc.

**DOCUMENTATION** Carte du parc (au pavillon d'accueil)

**INFORMATION** (450) 468-7617 > (450) 468-7642 > www.longueuil.ca

Le parc régional des îles de Saint-Timothée est situé entre la rivière Saint-Charles et le fleuve Saint-Laurent. On y retrouve huit panneaux d'interprétation sensibilisant aux différents milieux comme le marais, le bassin et l'érablière, entre autres. Le sentier passe à travers un boisé composé en majorité de conifères. 🐕 *Portion : 14 km*

🏵 P 👫 ( ⌂ 🍃 🎿   *Note : le téléphone et les toilettes ne sont accessibles que lorsque le pavillon d'accueil est ouvert durant la période des fêtes et la semaine de relâche.*

🚶 *17 km (mixte, débutant) + hors-piste sur une portion du territoire*    🚶* *3 km*

**HORAIRE**    Tout l'hiver > Du lever au coucher du soleil
**TARIF**    Gratuit
**ACCÈS**    De Châteauguay, suivre la route 132 ouest jusqu'à Saint-Timothée. Le site est accessible via la rue Saint-Laurent.

**INFORMATION**    (450) 377-1117 > (450) 370-4390 > www.ville.valleyfield.qc.ca

Ce parc régional, situé à proximité des lacs Saint-François et Saint-Louis, longe les deux côtés du canal de Beauharnois. Cette piste relie Beauharnois et Salaberry-de-Valleyfield. On pourra voir les écluses et les navires circulant sur le fleuve Saint-Laurent. On aura des points de vue, dont un sur la centrale hydroélectrique Beauharnois. Plusieurs aires d'interprétation expliquent l'histoire du canal, de la centrale hydroélectrique et de la navigation maritime. Ayant le statut de ZICO (zone importante pour la conservation des oiseaux), on y apercevra plusieurs oiseaux. Des bancs le long du sentier permettent de se reposer. 🐕

✻ P 🍴 🍃 🎿
🚶 *46,5 km*    **Multi** *46,5 km*

| 🚶 | 🚶* | NOM DU SENTIER | LONGUEUR | TYPE | NIVEAU |
|---|---|---|---|---|---|
| ✓ | | La Prairie | 3,9 km | Linéaire | Débutant |
| ✓ | | Tronçon S2 - La Voie Maritime | 9,7 km | Linéaire | Débutant |
| ✓ | | Tronçon N3 - Le Sous-Bois | 6,9 km | Linéaire | Débutant |
| ✓ | | Sauvagine et Plaine Agricole | 12,5 km | Linéaire | Débutant |
| ✓ | | Tronçon S1 - Le Grand Large | 3,2 km | Linéaire | Débutant |
| ✓ | | La Route des Ouvriers | 10,3 km | Linéaire | Débutant |

**HORAIRE**    Tout l'hiver > Du lever au coucher du soleil
**TARIF**    Gratuit
**ACCÈS**    On peut accéder à la piste en plusieurs points le long du canal de Beauharnois. L'un de ceux-ci se trouve au stationnement situé près du pont Larocque, sur la route 132, à Salaberry-de-Valleyfield.

**DOCUMENTATION**    Carte « La Montérégie, pistes cyclables » (au bureau d'information touristique)
**INFORMATION**    (450) 225-0870
www.suroit.qc.ca ou www.mrc-beauharnois-salaberry.com

## 20 PROMENADE GÉRARD-COTÉ

Cette promenade, située à Saint-Hyacinthe, longe la rivière Yamaska. On peut observer les rapides de la rivière ainsi que différentes espèces d'oiseaux. 🐾

**P**

🚶*2 km (linéaire, débutant)*

| | |
|---|---|
| HORAIRE | Tout l'hiver > De 7 h à 23 h |
| TARIF | Gratuit |
| ACCÈS | De la sortie 130 sud de l'autoroute 20, se rendre au centre-ville de Saint-Hyacinthe. Le parc se situe au coin des rues Girouard et Pratte. |
| INFORMATION | (450) 778-8333 > www.ville.st-hyacinthe.qc.ca |

## 21 RANDONNÉE DU PATRIMOINE DE SOREL

La ville de Sorel a célébré son 350ᵉ anniversaire en 1992. Il s'agit de la quatrième plus vieille ville du Canada. Cette promenade, formée de trois circuits différents, permet de découvrir les vestiges ayant survécu. Plusieurs rues du Vieux-Sorel rappellent la présence britannique. Le Carré Royal adopte la forme du drapeau de l'Union Jack. 🐾

**P 🚶 ( X 🍴 ✏**

🚶*4,7 km*

| 🎿 | 🚶* | NOM DU SENTIER | LONGUEUR | TYPE | NIVEAU |
|---|---|---|---|---|---|
| | ✓ | La Naissance d'une ville | 1,0 km | Boucle | Débutant |
| | ✓ | La Rencontre des Cultures | 2,2 km | Boucle | Débutant |
| | ✓ | La Marche des Gouverneurs | 1,5 km | Boucle | Débutant |

| | |
|---|---|
| HORAIRE | Tout l'hiver > Du lever au coucher du soleil (en semaine) |
| TARIF | Gratuit |
| ACCÈS | À Sorel, suivre le chemin des Patriotes jusqu'au centre-ville. |
| DOCUMENTATION | La randonnée pédestre du patrimoine de Sorel (à l'Office du tourisme du Bas-Richelieu) |
| INFORMATION | (450) 746-9441    1 800 474-9441 www.tourismesoreltracyregion.qc.ca |

## 22 RÉSERVE NATIONALE DE FAUNE DU LAC SAINT-FRANÇOIS

La réserve nationale de faune du lac Saint-François, d'une superficie d'environ 13 km², est située sur la rive sud du lac dans un territoire dominé par la forêt de feuillus. On y retrouve un érable à sucre de quelques centaines d'années. On peut y voir plusieurs mammifères comme le coyote, le renard roux, le lapin à queue blanche, le porc-épic et le raton laveur, ainsi que quelques rongeurs. On y retrouve aussi plusieurs oiseaux dont le dindon sauvage, une espèce en danger, ainsi que le junco ardoisé et le grand-duc d'Amérique. Un belvédère sur la digue aux aigrettes offre un point de vue sur le marais gelé où on peut apercevoir le chevreuil ainsi que les montagnes Adirondack. Une tour d'observation près de l'accueil offre une vue hivernale de la réserve. 🐾

**✶ 🚶 🏭 🗼**

🚶 *9,3 km*

| 🚶 ⛷※ | NOM DU SENTIER | LONGUEUR | TYPE | NIVEAU |
|---|---|---|---|---|
| ✓ | Trille penchée | 0,8 km | Boucle | Débutant |
| ✓ | Sentier de l'érablière à caryers (section Piasetski) | 3,7 km | Boucle | Débutant |
| ✓ | Sentier de la Digue aux aigrettes | 3,7 km | Boucle | Débutant |
| ✓ | Sentier de la tour (Frênaie) | 0,5 km | Boucle | Débutant |
| ✓ | Sentier du marais | 0,6 km | Linéaire | Débutant |

HORAIRE    Tout l'hiver > Du lever au coucher du soleil

TARIF    Gratuit

ACCÈS    De Salaberry-de-Valleyfield, suivre la route 132 ouest. À partir de Saint-Anicet, suivre les indications.

INFORMATION    (450) 264-5908 > (450) 370-6954 > www.amisrnflacstfrancois.com

## 23    VERGERS DENIS CHARBONNEAU

La partie boisée est composée, en plus de l'érablière et du verger, de conifères et de bouleaux. On passe par le verger ainsi que par l'érablière qui se trouvent au pied du mont Saint-Grégoire, la plus petite des collines montérégiennes. Les sentiers grimpent sur la montagne à travers une érablière à caryer et une chênaie boréale. Un belvédère offre une vue jusqu'au stade olympique de Montréal. On pourra voir, sur le parcours, une petite caverne, des panneaux d'interprétation ainsi que des oiseaux et des chevreuils. 🐕

🏠 P 👫 ( ✗ 🔥 🌿

🚶 5 km + hors-piste sur tout le territoire

| 🚶 ⛷※ | NOM DU SENTIER | LONGUEUR | TYPE | NIVEAU |
|---|---|---|---|---|
| ✓ | Petit train du nord | 1,0 km | Linéaire | Débutant |
| ✓ | Sentier de la grosse pomme | 2,0 km | Linéaire | Débutant |
| ✓ | Sentier du verger | 1,0 km | Linéaire | Débutant |
| ✓ | Sentier du boisé | 1,0 km | Linéaire | Débutant |

HORAIRE    Tout l'hiver > De 8 h à 17 h

TARIF    Adulte : 2,00 $

ACCÈS    De la sortie 37 de l'autoroute 10, prendre la route 227 en direction sud. Au premier carrefour, tourner à droite sur le rang du Sous-Bois et continuer jusqu'au bout.

INFORMATION    (450) 347-9090 > (450) 347-9184 > www.vergersdc.qc.ca

# Montréal

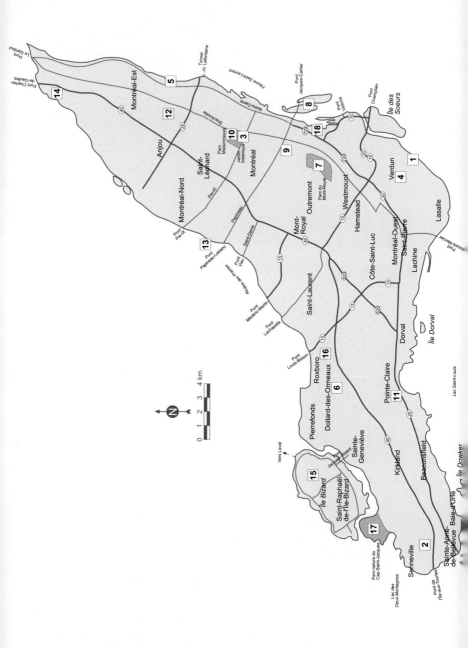

1   ANCIEN « BOARDWALK »
2   ARBORETUM MORGAN
3   JARDIN BOTANIQUE DE MONTRÉAL
4   PARC ANGRIGNON
5   PARC DE LA PROMENADE BELLERIVE
6   PARC DU CENTENAIRE
7   PARC DU MONT-ROYAL
8   PARC JEAN-DRAPEAU
9   PARC LA FONTAINE
10  PARC MAISONNEUVE
11  PARC TERRA COTTA
12  PARC THOMAS-CHAPAIS
13  PARC-NATURE DE L'ÎLE-DE-LA-VISITATION
14  PARC-NATURE DE LA POINTE-AUX-PRAIRIES
15  PARC-NATURE DU BOIS-DE-L'ÎLE-BIZARD
16  PARC-NATURE DU BOIS-DE-LIESSE
17  PARC-NATURE DU CAP-SAINT-JACQUES
18  VIEUX-PORT DE MONTRÉAL

## 1 ANCIEN « BOARDWALK »

Située à Verdun, cette piste borde le centre-ville et le quartier Desmarchais-Crawford. Elle longe le fleuve Saint-Laurent et permet d'admirer ses berges. On y retrouve quelques arbres. 🐕

P ( X 🏛

🎿 *Hors-piste sur tout le territoire*

| | |
|---|---|
| **HORAIRE** | Tout l'hiver > Du lever au coucher du soleil |
| **TARIF** | Gratuit |
| **ACCÈS** | De l'autoroute Décarie (15), sortir à la rue Wellington et se diriger vers l'ouest. Prendre à gauche le boulevard Lasalle jusqu'à la jonction de la rue Rielle près de laquelle débute le sentier. **Transport public** > Descendre au métro de l'Église et marcher sur la rue de l'Église en direction sud jusqu'au boulevard Lasalle. Tourner à droite et marcher jusqu'à la rue Rielle. |

**INFORMATION**    (514) 765-7150 > (514) 765-7270

## 2 ARBORETUM MORGAN

Cette propriété, composée en grande partie de l'arrière-cour du domaine Stoneycroft Farm, appartenait à la famille Morgan jusqu'à ce que l'Université McGill en fasse l'acquisition. On y retrouve des peuplements de feuillus, de conifères et des deux à la fois. Plusieurs sont très vieux, ce qui est assez inhabituel pour les forêts de la région. On y retrouve une hêtraie, des zones de régénération, des arbres exotiques et un « coin fleuri » dans lequel se trouvent des thuyas, des genévriers, des ifs et des marronniers, pour ne nommer que ceux-là. Plusieurs endroits permettent l'observation des oiseaux d'hiver comme le pic du Nord et le jaseur boréal. On note aussi la présence, sur le territoire, de deux types de chouette : cendrée et de Tengmalm. Sur le sentier orange, on peut observer le bruant à gorge blanche et le junco ardoisé grâce à des mangeoires situées près des cèdres. On retrouve sur le site une cabane à sucre patrimoniale. ★ L'Arboretum Morgan est le plus grand au Canada. 🐕 *La promenade avec chien est un privilège réservé aux Ami-e-s de l'Arboretum. Seuls les chiens enregistrés auprès de l'AAM sont admis sur le site.*

🌼 P 👥 ( 🌿

🎿 *5,5 km*    🥾 *3 km*

| 🎿 | 🥾 | NOM DU SENTIER | LONGUEUR | TYPE | NIVEAU | DÉNIVELÉ |
|:---:|:---:|---|---|---|---|---|
| ✓ | | Sentier rouge | 1,5 km | Boucle | Débutant | |
| | ✓ | Sentier orange | 3,0 km | Boucle | Débutant | |
| ✓ | | Sentier noir | 4,0 km | Boucle | Intermédiaire | |

| | |
|---|---|
| **HORAIRE** | Tout l'hiver > De 9 h à 16 h |
| **TARIF** | Adulte : 5,00 $ > Enfant (de 5 à 17 ans) : 2,00 $ > Enfant (moins de 5 ans) : gratuit > taxes incluses |
| **ACCÈS** | De l'autoroute 40, prendre la sortie 41 et le chemin Sainte-Marie. À l'arrêt en haut de la côte, tourner à gauche sur le chemin des Pins et continuer jusqu'au chalet des Pins. **Transport public** > Du métro Lionel-Groulx, prendre l'autobus 211 Bord-du-Lac en direction ouest. Descendre à l'angle de la rue Sainte-Anne et du Collège MacDonald, puis marcher 4,4 km. |

| | |
|---|---|
| **DOCUMENTATION** | Carte des sentiers, dépliants (à l'accueil) |
| **INFORMATION** | (514) 398-7811 > www.arboretummorgan.org |

## 3 JARDIN BOTANIQUE DE MONTRÉAL

Le jardin botanique, d'une superficie de 75 hectares, est divisé en plusieurs secteurs. Parmi eux, on retrouve un arboretum couvrant presque la moitié du territoire. Des serres permettent d'admirer la floraison de quelques espèces comme les poinsettias, les orchidées et les bonsaïs. On retrouve dans le jardin des Premières-Nations une forêt de feuillus dominée par l'érable à sucre, le frêne et l'orme, ainsi qu'une forêt de conifères et la végétation des territoires nordiques. Dans le jardin japonais se trouve une des six cloches de la paix offertes par Hiroshima pour se souvenir des morts lors du bombardement de la ville en 1945. ★ Le plus important jardin botanique en Amérique.

🏠 P ♛ C ✕ 🚌 ❦ 🚐

🎿❄ 5 km (mixte, débutant)

| | |
|---|---|
| **HORAIRE** | De novembre à avril > De 9 h à 17 h |
| **TARIF** | Gratuit |
| **ACCÈS** | À partir de l'autoroute 25, emprunter la rue Sherbrooke vers l'ouest jusqu'à l'intersection du boulevard Pie-IX où se trouve l'entrée du Jardin. **Transport public** > Du métro Pie-IX, monter le boulevard Pie-IX sur un peu plus de 100 m. L'entrée principale est au coin de la rue Sherbrooke. |
| **DOCUMENTATION** | Dépliants (à l'accueil) |
| **INFORMATION** | (514) 872-1400 > www.ville.montreal.qc.ca/jardin |

[JCT] PARC MAISONNEUVE

## 4 PARC ANGRIGNON

Le parc Angrignon est la deuxième plus grande superficie boisée de l'île de Montréal avec ses 140 hectares. Des chemins sont déblayés pour que les gens puissent marcher librement. On verra des cours d'eau gelés dont un lac de 1 km de long. ★ Il y a environ 1,6 km de sentiers éclairés. 🐎

🏠 P ♛ C ⌂

🎿 🎿❄ 2 km (mixte, débutant)

| | |
|---|---|
| **HORAIRE** | Tout l'hiver > De 6 h à minuit |
| **TARIF** | Gratuit |
| **ACCÈS** | De l'autoroute Décarie (15), prendre la sortie du boulevard de La Vérendrye et continuer sur celui-ci vers l'ouest. Tourner à droite sur le boulevard des Trinitaires, puis à gauche sur la rue Lacroix. **Transport public** > Métro Angrignon. |
| **INFORMATION** | (514) 872-3816 > www.fortangrignon.com |

## 5 PARC DE LA PROMENADE BELLERIVE

La Promenade Bellerive relie quatre parcs tout en longeant le fleuve Saint-Laurent. On y retrouve deux belvédères dont un offrant une vue sur l'île Charron et les îles de Boucherville. Malgré la présence de quelques arbres, le terrain est très dégagé et offre une vue constante sur le fleuve. 🐎

🏠 P ♛ C 🏛 ❦ **Note** : le pavillon d'accueil est ouvert à partir de la mi-décembre, de 9 h à 17 h. Par contre, il est fermé le jour de Noël et le jour de l'An.

🎿 🎿❄ 2,2 km (mixte, débutant) + raquette hors-piste sur tout le territoire

**Multi** 2,2 km

| | |
|---|---|
| **HORAIRE** | Tout l'hiver > Du lever au coucher du soleil |
| **TARIF** | Gratuit |

ACCÈS De l'autoroute 25, rejoindre la rue Notre-Dame en direction est. Le parc est situé au sud de la rue Notre-Dame, au coin de la rue Mercier. **Transport public** > Du métro Honoré-Beaugrand, prendre l'autobus 185 en direction est jusqu'au terminus. Du métro L'Assomption, prendre l'autobus 22 Est.

DOCUMENTATION  Dépliant (à l'accueil)
INFORMATION    (514) 493-1967 > sapb@cam.org

## 6    PARC DU CENTENAIRE

Le parc du Centenaire, d'une superficie de 103 hectares, est au cœur de l'arrondissement Dollard-des-Ormeaux. Le sentier de l'Ours fait le tour d'un lac artificiel de 29 hectares. D'autres sentiers passent à travers une forêt mature constituée d'une érablière à caryer. Un sentier gravit deux buttes, de 18 et 28 m, d'où on a des vues jusqu'au mont Royal. 🐴

🏠 P 👥 ℂ

🚶* 4,9 km

| 🧍 | 🚶* | NOM DU SENTIER | LONGUEUR | TYPE | NIVEAU |
|---|---|---|---|---|---|
| | ✓ | Renard | 1,0 km | Boucle | Débutant |
| | ✓ | Lièvre | 1,3 km | Boucle | Débutant |
| | ✓ | Ours | 2,6 km | Boucle | Débutant |

HORAIRE  Tout l'hiver > Du lundi au vendredi, de 8 h 30 à 16 h > Du samedi et dimanche, de 8 h 30 à 18 h
TARIF    Gratuit
ACCÈS    De l'autoroute 40, prendre la sortie 55 et suivre le boulevard des Sources nord. À la rue Churchill, tourner à gauche, puis à droite sur la rue Lake. Poursuivre en direction ouest jusqu'à la jonction de la rue Manuel, en face de laquelle se trouve l'entrée principale. **Transport public** > Du métro Henri-Bourassa, prendre l'autobus 69 vers l'ouest. Descendre au terminus à l'angle des rues Grenet et De Serres, puis prendre l'autobus 68 Pierrefonds en direction ouest. Descendre à l'angle du boulevard Gouin et de la rue Robitaille, et continuer avec l'autobus 208 Brunswick en direction ouest. Descendre finalement à l'angle de la rue Tecumseh et du boulevard De Salaberry, et marcher environ 850 m.

INFORMATION    (514) 684-1010 > www.ville.montreal.qc.ca

## 7    PARC DU MONT-ROYAL

Le mont Royal, d'une superficie de 174 km², est situé en plein cœur de la ville. Aucun édifice à Montréal ne peut être plus haut que le sommet de la montagne, situé à 233 m d'altitude. Il compte trois sommets : la colline de la Croix où on retrouve le parc du Mont-Royal, la colline d'Outremont et la colline de Westmount. Des belvédères offrent des vues sur la ville et sur des lieux importants comme l'oratoire Saint-Joseph. Le chemin Olmsted fait grimper jusqu'au lac des Castors à travers le boisé mixte recouvrant la montagne. 🐴

🏠 P 👥 ℂ ✕ 🚻 🪑 🌿 🎿 ⛲

🧍 3,5 km + hors-piste sur une portion du territoire    🚶* 7 km    **Multi** 8,5 km

| 🧍 | 🚶* | NOM DU SENTIER | LONGUEUR | TYPE | NIVEAU | DÉNIVELÉ |
|---|---|---|---|---|---|---|
| | ✓ | Chemin Olmsted | 5,0 km | Linéaire | Débutant | 145 m |
| ✓ | ✓ | Circuit des mangeoires | 2,0 km | Boucle | Débutant | |
| ✓ | | Sentiers du Piedmont | 1,5 km | Mixte | Intermédiaire | |

HORAIRE    Tout l'hiver > De 6 h à minuit
TARIF      Gratuit > Frais de stationnement
ACCÈS      De la rue Sherbrooke : emprunter le chemin de la Côte-des-Neiges vers le nord, puis prendre à droite le chemin Remembrance. De l'avenue du Parc : emprunter le boulevard du Mont-Royal ouest, puis la voie Camilien-Houde. **Transport public** > Du métro Mont-Royal, prendre l'autobus 11 en direction ouest et descendre à l'angle du chemin Remembrance et du chemin du Chalet. Marcher ensuite environ 150 m.

DOCUMENTATION    Carte du parc (à la maison Smith et à la Fédération québécois de la marche)
INFORMATION      (514) 843-8240 poste 0 > www.lemontroyal.qc.ca

## 8    PARC JEAN-DRAPEAU

Le parc Jean-Drapeau, d'une superficie de 268 hectares, chevauche les îles Sainte-Hélène et Notre-Dame. Sur l'île Sainte-Hélène, qui détient l'héritage de l'Expo 67, on verra des bâtiments de l'époque coloniale comme son fort. Sur l'île Notre-Dame, on retrouve, entre autres, des œuvres d'art publiques et la tour de Lévis. Les sentiers sont bordés d'arbres. 🐕

🏛 P 👫 ( X 🎞 🚂 🌿

🎿 *Hors-piste sur tout le territoire*      🚶※ *5 km (mixte, débutant)*

HORAIRE    Tout l'hiver > Du lever au coucher du soleil
TARIF      Gratuit (sauf durant la période de la Fête des Neiges de Montréal)
ACCÈS      À partir du pont Jacques-Cartier, suivre les indications pour « Parc Jean-Drapeau ». On peut aussi accéder à ce lieu depuis la Cité du Havre en passant par le pont de la Concorde. **Transport public** > La station de métro Jean-Drapeau est située en plein cœur du parc Jean-Drapeau.

DOCUMENTATION    Carte du site (à l'accueil)
INFORMATION      (514) 872-6120 > www.parcjeandrapeau.com

## 9    PARC LA FONTAINE

Ce parc, d'une superficie de 36 hectares, existe depuis plus de 100 ans au cœur de Montréal, dans l'arrondissement du Plateau-Mont-Royal. Il fait partie des six grands parcs métropolitains. On y trouve deux étangs traversables grâce à une passerelle. On y voit d'immenses arbres, des sculptures, des monuments commémoratifs et des demeures victoriennes entourant le parc. 🐕

🏛 P 👫 ( 🎞 🚂

🚶※ *5 km (mixte, débutant)*

HORAIRE    Tout l'hiver > De 8 h à 23 h
TARIF      Gratuit
ACCÈS      Du pont Jacques-Cartier, poursuivre vers le nord sur l'avenue De Lorimier et tourner à gauche sur la rue Sherbrooke. Le parc est situé non loin sur la droite. **Transport public** > Du métro Sherbrooke, prendre l'autobus 24 et descendre sur la rue Sherbrooke, face au parc.

INFORMATION      (514) 872-2644 > www.ville.montreal.qc.ca

## 10 PARC MAISONNEUVE

Ce parc, attenant au jardin botanique et à deux pas du stade olympique, a une superficie de 63 hectares. Installé sur le site d'un ancien terrain de golf, il est majoritairement à aire ouverte. Il présente un relief vallonné parsemé d'arbres. 🐴

🏠 P 🚻 C X

🚶 5,1 km + hors-piste sur tout le territoire   🎿* 2 km

| 🚶 | 🎿* | NOM DU SENTIER | LONGUEUR | TYPE | NIVEAU |
|---|---|---|---|---|---|
| ✓ | | Sentier du parc | 3,1 km | Boucle | Débutant |
| ✓ | ✓ | Santé-vous en nature | 2,0 km | Boucle | Débutant |

HORAIRE   Tout l'hiver > Du lever au coucher du soleil
TARIF   Gratuit
ACCÈS   À partir de l'autoroute 25, emprunter la rue Sherbrooke vers l'ouest jusqu'au 4601, en face du stade olympique. **Transport public** > Du métro Viau, prendre l'autobus 132 jusqu'à la rue Sherbrooke et marcher 2 minutes vers l'ouest, soit jusqu'à l'entrée du parc. Il est possible aussi de prendre, au métro Viau, la navette du Parc olympique qui mène du Biodôme à l'entrée du parc Maisonneuve.

INFORMATION   (514) 872-6555 > ville.montreal.qc.ca

JCT   JARDIN BOTANIQUE DE MONTRÉAL

## 11 PARC TERRA COTTA

Ce parc, situé au cœur de l'arrondissement Pointe-Claire, a une superficie de 45 hectares. Il tient son nom de la tuilerie qui l'occupait autrefois. On y retrouve des espaces boisés où certains arbres sont centenaires. Les sentiers longent un cours d'eau qu'on traverse à un endroit. On peut observer quelques mammifères dont une famille de renards et une trentaine d'espèces d'oiseaux comme des pics et des petits ducs. 🐴

✳ P 🌿

🚶 6 km (mixte, débutant)   **Multi** 6 km

HORAIRE   Tout l'hiver > De 7 h à 23 h
TARIF   Gratuit
ACCÈS   De l'autoroute 20, prendre la sortie 50 et emprunter le boulevard Saint-Jean en direction nord. Tourner à droite sur l'avenue Douglas Shand et encore à droite sur le chemin Maywood. Ensuite, tourner à gauche sur l'avenue Donegani et à gauche à nouveau sur l'avenue Terra Cotta. **Transport public** > Du métro Lionel-Groulx, prendre l'autobus 211 Bord-du-Lac en direction ouest et descendre à la gare de Pointe-Claire. Marcher ensuite un peu plus de 1 km.

DOCUMENTATION   Feuillet (à l'arrondissement de Pointe-Claire, au 94, avenue Douglas Shand)
INFORMATION   (514) 630-1214 >  (514) 630-1241 > www.ville.pointe-claire.qc.ca

## 12  PARC THOMAS-CHAPAIS

Ce parc tient son nom de Sir Thomas Chapais, qui a été avocat, journaliste, ministre, sénateur et historien canadien. On peut y parcourir quelques petits sentiers ayant des noms d'oiseaux comme le sentier du Merle. On traversera un boisé de feuillus dense, composé de plusieurs espèces d'arbres, et on longera un espace à aire ouverte. Des bancs sont disposés le long de cet espace. On croisera plusieurs écureuils. 🐕

**✳ P**

🚶 *1,3 km (boucle, débutant) + hors-piste sur tout le territoire*

| | |
|---|---|
| HORAIRE | Tout l'hiver > Du lever au coucher du soleil |
| TARIF | Gratuit |
| ACCÈS | Emprunter la rue Sherbrooke vers l'est jusqu'au boulevard Pierre-Bernard. Continuer sur la rue Sherbrooke ou sur le boulevard Pierre-Bernard jusqu'à l'intersection de la rue de Grosbois. **Transport public** > De la station de métro Honoré-Beaugrand, prendre l'autobus 141 Jean-Talon Est, descendre à l'intersection des rues Des Ormeaux et Sentennes, et marcher sur 150 m. |
| INFORMATION | (514) 872-4202 |

## 13  PARC-NATURE DE L'ÎLE-DE-LA-VISITATION

Ce parc-nature, d'une superficie de 34 hectares, est situé au bord de la rivière des Prairies. On peut accéder à une île, aux berges de la rivière et à un boisé. On a plusieurs points de vue sur la rivière et on peut voir la chute au barrage de la centrale hydroélectrique Rivière-des-Prairies. On peut accéder à des bâtiments historiques plus que centenaires : la Maison du Pressoir et la Maison du Meunier. On voit aussi les ruines du site des Moulins, en service de 1726 à 1960. 🐕

**🏠 P 👫 C ✕ 🚊 🚃 🏛 ♣ 🎿**

*Note : le chalet d'accueil est ouvert de 9 h 30 à 16 h 30*

🚶 *9,3 km (mixte, débutant)*

| | |
|---|---|
| HORAIRE | De fin décembre à mi-mars > Du lever au coucher du soleil |
| TARIF | Stationnement : 5,00 $ |
| ACCÈS | Par l'autoroute 19 ou l'avenue Papineau, emprunter le boulevard Henri-Bourassa en direction est. Tourner à gauche sur la rue de Lille et poursuivre jusqu'au boulevard Gouin où se trouve l'entrée du parc. **Transport public** > Du métro Henri-Bourassa, prendre l'autobus 69 vers l'est et descendre à la rue de Lille. Marcher ensuite sur cette rue en direction nord, puis tourner à droite sur le boulevard Gouin. Le chalet d'accueil se situe sur la gauche. |
| DOCUMENTATION | Dépliant-carte (à l'accueil) |
| INFORMATION | (514) 280-6733 > (514) 280-6767 > www.ville.montreal.qc.ca/parcs-nature |

## 14  PARC-NATURE DE LA POINTE-AUX-PRAIRIES

Ce parc-nature de 261 hectares, situé à la pointe est de l'île de Montréal, est divisé en deux secteurs. Le secteur Bois-de-l'Héritage abrite les seuls boisés matures à l'est du mont Royal, tandis que le secteur Rivière-des-Prairies est composé de marais gelés. Les sentiers sillonnent ces deux secteurs. On y retrouvera des érablières matures et on observera, entre autres, le grand-duc d'Amérique. 🐕 *Sur les sentiers de marche hivernale seulement*

🏛 P ⛷ ᪲ 🛝 🍴 ♨ 🏕 🌲 ♨

*Note : le chalet d'accueil est ouvert de 9 h 30 à 16 h 30, et le pavillon des marais est ouvert de 10 h 30 à 16 h 30*

🎿 3,8 km     🚶※ 10 km

| 🎿 | 🚶※ | NOM DU SENTIER | LONGUEUR | TYPE | NIVEAU |
|---|---|---|---|---|---|
| ✓ | | Sentier d'interprétation - secteur Héritage | 1,8 km | Boucle | Débutant |
| ✓ | | Sentier d'interprétation - secteur Rivière-des-Prairies | 2,0 km | Mixte | Débutant |
| | ✓ | Sentiers de marche | 10,0 km | Mixte | Débutant |

HORAIRE    De fin décembre à fin mars > Du lever au coucher du soleil

TARIF    Stationnement : 5,00 $ (valide pour les 2 secteurs)

ACCÈS    Chalet d'accueil Héritage : de l'autoroute 40, prendre la sortie 87 et emprunter la rue Sherbrooke vers l'est jusqu'à l'entrée du parc située au 14905. Pavillon des Marais : de l'autoroute 40, prendre la sortie 83 et emprunter le boulevard Saint-Jean-Batiste vers l'est. Poursuivre en direction nord et emprunter le boulevard Gouin vers l'est jusqu'à l'entrée du parc située au 12300. **Transport public** > Du métro Honoré-Beaugrand, prendre l'autobus 189 Pointe-aux-Trembles en direction est et descendre à l'angle de la rue Sherbrooke et du boulevard Gouin. Prendre ensuite l'autobus 183 Gouin en direction est, descendre à l'angle du boulevard Gouin et du Collège Saint-Jean-Vianney et marcher environ 600 m.

DOCUMENTATION    Dépliant-carte (à l'accueil)

INFORMATION    (514) 280-6691 > (514) 280-6767 > www.ville.montreal.qc.ca/parcs-nature

## 15    PARC-NATURE DU BOIS-DE-L'ÎLE-BIZARD

Ce parc-nature, d'une superficie de 201 hectares, est situé au nord-ouest de l'île de Montréal. Il est en forme d'étoile. Le sentier traverse une érablière à hêtres et une cédrière. Un belvédère offre une vue sur le lac des Deux Montagnes. On peut observer des oiseaux grâce aux mangeoires installées. 🦌

🏛 P ⛷ X ᪲ 🌲 ⛷

*Note : le chalet d'accueil est ouvert de 9 h 30 à 16 h 30*

🚶※ 2,5 km (mixte, débutant)

HORAIRE    Tout l'hiver > Du lever au coucher du soleil

TARIF    Gratuit > Frais de stationnement de 5,00 $

ACCÈS    De l'autoroute 40, prendre la sortie 52 et emprunter le boulevard Saint-Jean en direction nord. Au boulevard Pierrefonds, tourner à gauche, puis à droite sur le boulevard Jacques-Bizard. Traverser le pont, tourner à gauche sur la rue Cherrier et à droite sur la montée de l'Église. Prendre à droite sur le chemin du Bord-du-Lac et continuer jusqu'à l'entrée du parc située au numéro 2115. **Transport public** > Du métro Henri-Bourassa, prendre l'autobus 69 Gouin en direction ouest et descendre à l'angle des rues De Serres et Grenet. Prendre l'autobus 68 Pierrefonds en direction ouest et descendre à l'angle des boulevards Pierrefonds et Jacques-Bizard. Prendre l'autobus 207 Jacques-Bizard en direction nord, descendre à l'angle de la rue Cherrier et de la montée de l'Église, et marcher sur 3,2 km.

DOCUMENTATION    Carte des sentiers, programmation des activités (au chalet d'accueil)

INFORMATION    (514) 280-8517 > (514) 280-PARC > www.ville.montreal.qc.ca/parcs-nature

D'une superficie de 159 hectares, ce parc-nature chevauche quatre arrondissements. On y trouve la zone boisée les Bois-Francs, une forêt d'arbres centenaires et des érablières argentées. Le parc est sillonné par le ruisseau Bertrand qu'on peut traverser grâce à une passerelle. On peut observer plusieurs oiseaux aux mangeoires et apercevoir des renards roux. 🐾

🏢 P ♟ ℂ ✗ 🏛 ▭ 🌿 🍶🍴

🚶 *1,5 km*     🎿*3,5 km*

| 🚶 | 🎿 | NOM DU SENTIER | LONGUEUR | TYPE | NIVEAU |
|---|---|---|---|---|---|
| ✓ | | Sentier des Érables noirs | 1,5 km | Linéaire | Débutant |
| | ✓ | Sentier de marche | 3,5 km | Mixte | Débutant |

HORAIRE Tout l'hiver (sauf le 25 décembre et le 1er janvier) > Du lever au coucher du soleil
TARIF Gratuit > Stationnement : 5,00 $
ACCÈS De l'autoroute 13, prendre la sortie 8 et emprunter le boulevard Gouin vers l'ouest. L'entrée du parc est située au 9432. **Transport public** > Du métro Henri-Bourassa, prendre l'autobus 69 Gouin en direction ouest. Descendre à l'angle des rues De Serres et Grenet. Prendre ensuite l'autobus 68 Pierrefonds en direction ouest. Descendre à l'angle du boulevard Gouin et de l'avenue Du Ruisseau et marcher sur 325 m.

DOCUMENTATION Dépliant-carte (à l'accueil)
INFORMATION (514) 280-6729 > (514) 280-6678 > www.ville.montreal.qc.ca/parcs-nature

## 17 PARC-NATURE DU CAP-SAINT-JACQUES

Ce parc-nature, le plus grand du réseau avec ses 288 hectares, est situé à la rencontre du lac des Deux Montagnes et de la rivière des Prairies. On traversera l'érablière à sucre et l'érablière argentée. Le sentier de marche hivernale mène à une cabane à sucre et au secteur de la ferme écologique, d'où on peut voir la maison Brunet datant de 1835. On atteint aussi un autre bâtiment historique, le château Gohier datant de 1916, offrant une vue sur le lac des Deux Montagnes. 🐾 *Sur le sentier de marche hivernale seulement*

🏢 P ♟ ℂ ✗ 🪑 🌿 🍶🍴

*Note : le chalet d'accueil est ouvert de 9 h 30 à 16 h 30*

🚶 *2 km (linéaire, débutant)*     🎿*5,5 km (mixte, débutant)*

HORAIRE Tout l'hiver > Du lever au coucher du soleil
TARIF Gratuit > Stationnement : 5,00 $
ACCÈS De l'autoroute 40, prendre la sortie 49 et tourner à gauche sur le chemin Sainte-Marie. Emprunter le chemin de l'Anse-à-l'Orme sur toute sa longueur et tourner à droite sur le boulevard Gouin. Continuer jusqu'au numéro 20099 où est situé le chalet d'accueil. **Transport public** > Du métro Henri-Bourassa, prendre l'autobus 69 Gouin en direction ouest et descendre à l'angle des rues De Serres et Grenet. Prendre ensuite l'autobus 68 Pierrefonds en direction ouest, descendre à l'angle de la rue Cap-Saint-Jacques et du boulevard Gouin et marcher sur 1,7 km.

DOCUMENTATION Dépliant-carte (au chalet d'accueil)
INFORMATION (514) 280-6871 > (514) 280-PARC > www.ville.montreal.qc.ca/parcs-nature

Le Vieux-Port de Montréal, qui longe le fleuve Saint-Laurent, est l'un des plus vieux ports réaménagés les plus grands au monde avec sa superficie de 54 hectares. À l'ouest, on peut voir les écluses et à l'est on peut accéder au belvédère de la tour de l'horloge. Du Vieux-Port, on a une vue sur le Vieux-Montréal et son architecture.

*3,5 km*

| 🚶 🚶* | NOM DU SENTIER | LONGUEUR | TYPE | NIVEAU |
|---|---|---|---|---|
| ✓ | Promenade du Vieux-Port/Circuit historique | 3,5 km | Linéaire | Débutant |

HORAIRE    Tout l'hiver > Du lever au coucher du soleil
TARIF    Gratuit > Frais pour le stationnement
ACCÈS    De l'autoroute Bonaventure (10) ou du pont Victoria, suivre les indications pour Le Vieux-Port. **Transport public** > Stations de métro Champ-de-Mars, Place d'Armes ou Square-Victoria. Se diriger ensuite vers le port par la rue Sanguinet, la rue Saint-Urbain ou la rue McGill.

DOCUMENTATION    Brochure (au bureau d'information touristique)
INFORMATION    (514) 496-PORT > 1 800 971-PORT > www.vieuxportdemontreal.com

Nord-du-Québec –
Baie-James

## 1     LOCALITÉ DE RADISSON

Cette municipalité, fondée en 1974, a été nommée en l'honneur de l'explorateur et marchand de fourrure français du XVIIe siècle. Elle est située sur une petite colline, au bout de la route de la Baie-James. Le territoire, au cœur de la taïga, permet d'admirer les paysages du Moyen Nord. Un belvédère offre une vue sur La Grande Rivière et les installations de la centrale hydroélectrique Robert-Bourassa. 🐴

🎿 P 👫 🥛 ✕ 🛏 🏠 🏛

🏃 *Hors-piste sur tout le territoire*

| | |
|---|---|
| HORAIRE | Tout l'hiver > Du lever au coucher du soleil |
| TARIF | Gratuit |
| ACCÈS | Au kilomètre 617 de la route de la Baie-James, tourner à gauche sur l'avenue Des Groseillers et poursuivre jusqu'à l'entrée du village, au bureau d'information touristique. |

| | |
|---|---|
| DOCUMENTATION | Guide touristique officiel (au bureau d'information touristique) |
| INFORMATION | (819) 638-8687 > (819) 638-7777 > www.municipalite.baie-james.qc.ca |

## 2     OUJÉ-BOUGOUMOU NATURE TRAIL

Oujé-Bougoumou fait partie des 50 collectivités exemplaires de la planète selon l'Organisation des Nations unies. Son réseau de sentiers est aménagé à proximité du lac Opémiska. En les parcourant, on traversera une forêt de type boréal. 🐴

🎿 P 🛏

🏃 *2 km (mixte, débutant)*

| | |
|---|---|
| HORAIRE | Tout l'hiver > Du lever au coucher du soleil |
| TARIF | Gratuit |
| ACCÈS | De Chibougamau, prendre la route 113 en direction de Chapais. Après une trentaine de kilomètres, tourner à droite en face de la scierie Barrette-Chapais. Parcourir alors 26 km pour atteindre l'entrée du village. L'accès aux sentiers se situe à l'ouest du village. |

| | |
|---|---|
| DOCUMENTATION | Dépliant (au bureau touristique) |
| INFORMATION | (418) 745-3905 > (418) 745-2519 > www.ouje.ca |

## 3     PARC OBALSKI

Les sentiers de raquette serpentent à travers la forêt et se rendent au Petit lac Gilman et continuent ensuite jusqu'au lac Gilman. On déblaie une portion du sentier Kiwanis pour que les marcheurs puissent circuler. On longe le lac Gilman. On retrouve plusieurs aires de repos le long des sentiers. 🐴

🎿 P 🏛 🎿

🏃 *6 km + hors-piste sur tout le territoire*    🚶※ *3 km*

| 🏃 | 🚶※ | NOM DU SENTIER | LONGUEUR | TYPE | NIVEAU |
|---|---|---|---|---|---|
| | ✓ | Sentier Kiwanis | 3,0 km | Boucle | Débutant |
| ✓ | | Sentier de raquette | 6,0 km | Mixte | Intermédiaire |

| | |
|---|---|
| HORAIRE | Tout l'hiver > Du lever au coucher du soleil |
| TARIF | Gratuit |
| ACCÈS | Les sentiers débutent près de la plage municipale de Chibougamau. |

| | |
|---|---|
| INFORMATION | (418) 748-7195 > (418) 748-3132 > www.ville.chibougamau.qc.ca |

## 4     RÉSEAU BELL-NATURE

Les sentiers, passant par plusieurs parcs en milieu urbain, sillonnent une forêt dense de type boréal. Ils longent la rivière Bell et le rapide du Chenal. Une tour d'observation, située près de l'entrée du réseau, ainsi qu'un belvédère offrent des vues sur le village et la région. 🐴

✶ P 🏕 🏛 🚏 ∣ ⚄

🚶 *3,5 km + hors-piste sur tout le territoire*

| 🚶 🎿 | NOM DU SENTIER | LONGUEUR | TYPE | NIVEAU |
|---|---|---|---|---|
| ✓ | Parc de la Rivière-Bell | 3,5 km | Mixte | Débutant |

HORAIRE    Tout l'hiver > Du lever au coucher du soleil
TARIF       Gratuit
ACCÈS     Dans la ville de Matagami, plusieurs panneaux de signalisation indiquent les différentes entrées possibles.

INFORMATION     (819) 739-2718 > (819) 739-4566 > www.matagami.com

## 5     ZONE RÉCRÉATIVE DU LAC MATAGAMI

La zone récréative du lac Matagami, d'une superficie de 400 km², est le lieu de collision de deux microcontinents. Les sentiers, situés en pleine montagne, traversent une forêt de conifères, la taïga et la toundra. On peut y voir les marques des plus anciens volcans de la Terre, ainsi que des traces de loups et de lynx. Le mont Laurier est le résultat de pressions faites sur le roc par des intrusions volcaniques. On y a une vue sur l'arrière-pays de la Baie-James. 🐴

🏵 P 👫 ✕ 🏠 ⛺ 🏛 ⚘ 🎿 ∣ ⚄

🚶 *30 km + hors piste sur tout le territoire*

| 🚶 🎿 | NOM DU SENTIER | LONGUEUR | TYPE | NIVEAU | DÉNIVELÉ |
|---|---|---|---|---|---|
| ✓ | Mont-Laurier | 4,0 km | Boucle | Intermédiaire | 250 m |
| ✓ | Parcours des Sommets | 10,0 km | Boucle | Avancé | 160 m |
| ✓ | Sentier des Collines | 16,0 km | Boucle | Avancé | 150 m |

HORAIRE    De mi-décembre à mi-avril > Du lever au coucher du soleil
TARIF       Gratuit
ACCÈS     De la ville de Matagami, emprunter la route de la Baie-James. Il y a des entrées pour les sentiers aux km 10, 12 et 18. On peut également accéder à la zone aux km 2, 4, 32 et 36.

INFORMATION     (819) 739-2541 > (819) 739-4566 > www.matagami.com

*Outaouais*

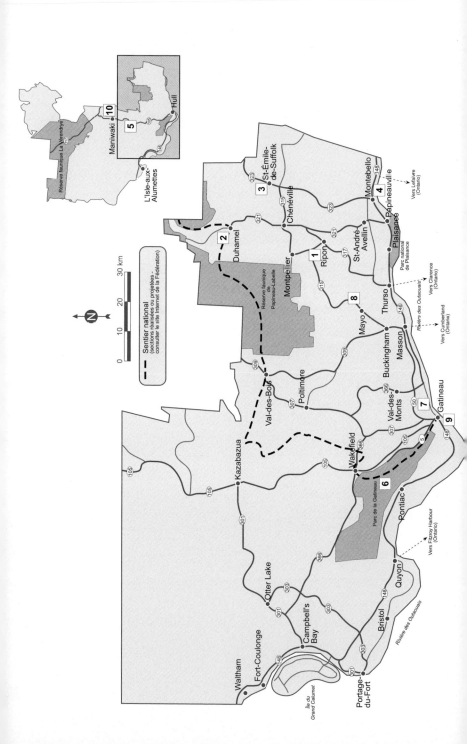

## 1    CENTRE D'AVENTURE ET DE PLEIN AIR DES MONTAGNES NOIRES

Le sentier fait monter jusqu'à une altitude de 428 m. Au sommet, un belvédère offre une vue sur la vallée de la Petite Nation et le mont Tremblant. Sur le sommet, on retrouve des blocs erratiques datant de l'ère glaciaire ainsi que des rochers de granit.

★ P ♟♛ ⌂ ⛏ ❦

🏃 *3,5 km (linéaire, intermédiaire, dénivelé de 200 m)*

*+ hors-piste sur tout le territoire*

| | |
|---|---|
| HORAIRE | Tout l'hiver > Du lever au coucher du soleil |
| TARIF | Gratuit |
| ACCÈS | De Thurso, suivre la route 317 nord jusqu'à Ripon et tourner à gauche sur le chemin Montpellier. Tourner ensuite à gauche sur le chemin de la Montagne-Noire et encore à gauche sur le chemin du Mont-Grand-Pic. Le stationnement se situe à gauche du chemin. |
| DOCUMENTATION | Carte des sentiers (à la municipalité et au garage Ultramar de Ripon) |
| INFORMATION | (819) 983-2000 > www.ville.ripon.qc.ca |

## 2    CENTRE TOURISTIQUE DU LAC-SIMON

Le Centre touristique du Lac-Simon, situé dans la vallée de la Petite Nation, a une superficie de 4 km². Ce territoire boisé s'étend le long des rives du lac Simon, un plan d'eau de 2 849 hectares, le deuxième en importance en Outaouais. Les sentiers passent par une forêt mixte, composée majoritairement de pins blancs, d'érables et de bouleaux blancs. Les sentiers de raquette sont également des sentiers d'interprétation traitant des oiseaux et du cerf de Virginie. La Paruline longe le lac Simon du haut d'un escarpement et continue sa route vers la rivière de la Petite Nation. La Biche suit la rivière de la Petite Nation et passe à travers une pinède et une prucheraie. De la plage du lac Simon, on a une vue sur ce lac gelé et sur les montagnes. ★ Durant la saison froide, de mille à deux milles cerfs de Virginie fréquentent les environs du lac Simon.

🏛 P ♟♛ 🚐 ⛏ ❦ ⚲⚞

🏃 🏃❄ *4 km + raquette hors-piste sur une portion du territoire*

| 🏃 | 🏃❄ | NOM DU SENTIER | LONGUEUR | TYPE | NIVEAU |
|---|---|---|---|---|---|
| ✓ | ✓ | La Paruline | 2,0 km | Boucle | Débutant |
| ✓ | ✓ | La Biche | 2,0 km | Linéaire | Débutant |

| | |
|---|---|
| HORAIRE | Tout l'hiver > De 9 h à 16 h |
| TARIF | Adulte : 4,50 $ > Enfant (moins de 12 ans) : 2,50 $ > Taxes incluses |
| ACCÈS | De l'extrémité ouest de l'autoroute 50, tourner à gauche sur la route 148 ouest, et continuer jusqu'à Papineauville. Tourner ensuite à droite sur la route 321 et rouler jusqu'à Duhamel. Dans le village, tourner à gauche sur la rue Principale et suivre les indications sur 3 km. |
| INFORMATION | (819) 428-7931 > 1 800 665-6527 > www.sepaq.com |

## 3    CENTRE TOURISTIQUE LA PETITE ROUGE

Ce centre est érigé sur une presqu'île à Saint-Émile-de-Suffolk, au cœur de la forêt laurentienne. Le terrain a une superficie de 396 hectares. Le réseau commence avec un sentier qui longe une baie du lac des Îles. Ensuite, un autre sentier fait monter jusqu'au sommet de la montagne où on découvre un petit lac gelé et plusieurs barrages de castors. On a également une vue panoramique sur la région et le mont Tremblant.

🏛 P ⚥ ⊂ ✗ ⌂ ⌒ ⸙⚕

🚶 4,5 km         🚶✳ 10 km

| 🚶 🚶✳ | NOM DU SENTIER | LONGUEUR | TYPE | NIVEAU |
|---|---|---|---|---|
| ✓ | Sentier A | 1,7 km | Boucle | Débutant |
| ✓ | Sentier B | 1,5 km | Linéaire | Intermédiaire |
| ✓ | Sentier C | 1,3 km | Linéaire | Intermédiaire |
| ✓ | Chemin des pruniers | 10,0 km | Mixte | Débutant |

HORAIRE    De fin décembre à fin mars > de 9 h à 17 h
TARIF      Adulte : 6,00 $
ACCÈS      De Montebello, prendre la route 323 en direction nord. Continuer sur 40 km, soit jusqu'à Saint-Émile-de-Suffolk. L'entrée du Centre touristique La Petite Rouge se trouve à gauche, 1 km passé le village. Traverser la petite rivière et suivre l'allée de pins pour se rendre sur les lieux.

DOCUMENTATION    Dépliant (à l'accueil)
INFORMATION      (819) 426-2191 > www.petiterouge.com

## 4    FAIRMONT – LE CHÂTEAU MONTEBELLO

Deux sentiers se trouvent sur le terrain de cet hôtel du Canadien Pacifique. Le premier contourne le golf et le second longe la rivière des Outaouais, passe par le château et la marina, et traverse une forêt mixte. Des panneaux proposant des exercices physiques et des étirements sont accrochés le long du sentier 1 000 pas. ★ Le Château Montebello est la plus grande construction en bois rond au monde. 🐴

🏛 P ⚥ ⊂ ✗ ⌒ ⸙⚕

*Note : certains services ne sont disponibles qu'à l'ancienne gare*

🚶 *25,7 km + hors-piste sur une portion du territoire*

| 🚶 🚶✳ | NOM DU SENTIER | LONGUEUR | TYPE | NIVEAU |
|---|---|---|---|---|
| ✓ | Sentier 1 000 pas | 5,7 km | Boucle | Débutant |
| ✓ | Sentier des Amoureux | 20,0 km | Boucle | Avancé |

HORAIRE    Tout l'hiver > Du lever au coucher du soleil
TARIF      Gratuit
ACCÈS      Le stationnement se situe à l'ancienne gare, en plein cœur de Montebello. L'entrée des sentiers est à l'est de la gare. Marcher le long du chemin principal (route 148) pour accéder aux sentiers à partir du Château Montebello.

INFORMATION    (819) 423-6959 > (819) 423-6341

## 5    LA FORÊT DE L'AIGLE

La Forêt de l'Aigle s'étend sur une superficie de 140 km². Les deux principaux cours d'eau du territoire sont la rivière de l'Aigle et la rivière Hibou. De plus, on compte cinq ruisseaux d'importance. Les méandres de la rivière de l'Aigle sont visibles depuis le belvédère du sentier Le Nid de l'Aigle. Un panneau d'interprétation décrit les travaux réalisés dans la pinède blanche. On aperçoit la rivière Hibou de deux belvédères situés sur le sentier Le Barrage. 🐴

🏛 P ⚥ ✗ ⌒ 🏠 ⛺ 🏕 ⸙⚕

*Note : le pavillon Black Rollway est ouvert de 9 h à 17 h*

🚶 *12,3 km + hors-piste sur tout le territoire*

| 🚶 | 🏂* | NOM DU SENTIER | LONGUEUR | TYPE | NIVEAU | DÉNIVELÉ |
|---|---|---|---|---|---|---|
| ✓ | | Sentier du Hibou | 2,6 km | Boucle | Débutant | |
| ✓ | | Le Barrage | 4,1 km | Boucle | Intermédiaire | |
| ✓ | | Le Marais | 5,0 km | Boucle | Débutant | 50 m |
| ✓ | | Le Nid de l'Aigle | 0,6 km | Linéaire | Débutant | 65 m |

HORAIRE  Tout l'hiver > Du lever au coucher du soleil

TARIF  Gratuit

ACCÈS  De Maniwaki, prendre la route 105 sud sur environ 20 km. Tourner à droite sur le chemin de la Montagne et encore à droite sur le chemin du Lac-à-l'Arche. Suivre les indications jusqu'à l'entrée est qui se trouve sur le chemin du Black Rollway.

INFORMATION  (819) 449-7111 > 1 866 449-7111 > www.cgfa.ca

## 6  PARC DE LA GATINEAU 🚶

Le parc de la Gatineau, d'une superficie de 363 km², s'étend entre les rivières des Outaouais et Gatineau. Ses collines, arrondies par le passage des glaciers et atteignant 390 m, font partie du bouclier canadien. Le territoire du parc est constitué à 80 % de forêt majoritairement composée de feuillus comme l'érable et le chêne. Le sentier des Loups se rend sur l'escarpement d'Eardley, du côté nord, pour redescendre vers le lac Meech. L'escarpement d'Eardley, une falaise d'environ 300 m, marque la limite entre le bouclier canadien et les basses terres du Saint-Laurent. Il s'agit du milieu naturel le plus riche et le plus fragile du parc. On y retrouve deux chênaies, ce qui est rare à cette latitude. Des îlots abritent en même temps des chênes rouges et des chênes blancs, phénomène très rare au Québec. La très grande majorité des cerfs de Virginie du parc y passent l'hiver à cause du microclimat chaud et sec très particulier pour la région qui les protège des vents froids du nord et leur permet de circuler facilement car la neige s'y accumule moins et fond plus rapidement au printemps. Le parc renferme cinq espèces d'arbres menacées ou vulnérables. Deux d'entre elles se retrouvent sur l'escarpement : le chêne blanc et le genévrier de Virginie, très rare au Québec, dont plus de 80 % des individus répertoriés au Québec s'y trouvent. Un belvédère d'une hauteur de 250 m, situé au début du sentier Lariault, offre une vue sur la vallée de l'Outaouais, la forêt et les collines du bouclier canadien. Le site historique des ruines du domaine Mackenzie-King est situé à proximité. Le sentier de la caverne Lusk mène à cette caverne de marbre située dans le secteur du lac Philippe. Le trajet est agrémenté de panneaux d'interprétation. 🏠 *Seulement sur les sentiers de marche hivernale*

🚶 14,3 km     🏂* 4,3 km     **Multi** 8,3 km

| 🚶 | 🏂* | NOM DU SENTIER | LONGUEUR | TYPE | NIVEAU | DÉNIVELÉ |
|---|---|---|---|---|---|---|
| | ✓ | Sentier Lauriault | 3,0 km | Boucle | Débutant | |
| ✓ | | Sentier des Loups | 8,3 km | Boucle | Intermédiaire | 90 m |
| ✓ | | Caverne Lusk | 6,0 km | Linéaire | Intermédiaire | 50 m |
| | ✓ | Sentier des Pionniers | 1,3 km | Boucle | Débutant | |

HORAIRE  Tout l'hiver > Du lever au coucher du soleil

TARIF  Gratuit

ACCÈS  De Gatineau, prendre l'autoroute 5 jusqu'à la sortie 12 et suivre les indications pour le parc sur environ 2 km.

DOCUMENTATION  Carte et dépliant (au centre des visiteurs et à la Fédération québécoise de la marche)

## 7   PARC DU LAC-BEAUCHAMP

Ce parc urbain, situé à Gatineau, offre un petit sentier en terrain boisé.

🏠 **P**

🎿 *3 km (boucle, débutant) + hors-piste sur tout le territoire*

HORAIRE     De mi-décembre à mi-mars (fermé le 25 décembre et le 1er janvier)
            > De 8 h à 22 h
TARIF       Gratuit
ACCÈS       Le parc se situe au 745, boulevard Maloney (route 148), à Gatineau.

DOCUMENTATION   Carte (au pavillon du lac Beauchamp)
INFORMATION     (819) 669-2548 > beauchamplac@ville.gatineau.qc.ca

## 8   RÉSERVE ÉCOLOGIQUE DE LA FORÊT-LA-BLANCHE

La Forêt La Blanche est un territoire de 2 052 hectares recouvert en majorité par une érablière à hêtre. C'est l'une des dernières forêts anciennes – certains arbres ont entre 300 et 450 ans – au Québec. Le sentier le Cendré offre la possibilité de faire une randonnée longue ou courte grâce à un raccourci. Si on ignore ce dernier, on passera par des grands escaliers et une prucheraie vieille de plus de 250 ans. On pourra aussi observer le phénomène de gélivure sur un bouleau blanc et la faune composée, entre autres du vison et du cerf de Virginie. Du sentier le Ouaouaron, on observera une chute et un barrage de castors. Des belvédères offrent une vue sur des chutes ainsi que sur la région et ses lacs. ★ La Forêt La Blanche devient la 69e réserve écologique au Québec dont seulement trois sont accessibles au public.

🏠 **P** 🚻 ☕ 🏛 🪑 🔭 🌿 🎿 ⛷

🥾 *18,6 km*     🎿* *7,4 km*     **Multi** *11,2 km*

| 🥾 | 🎿* | NOM DU SENTIER | LONGUEUR | TYPE | NIVEAU |
|----|-----|----------------|----------|------|--------|
| ✓ | ✓ | le Forestier | 1,3 km | Boucle | Intermédiaire |
| ✓ | ✓ | le Ouaouaron | 2,4 km | Boucle | Débutant |
| ✓ | ✓ | le Cendré | 2,1 km | Mixte | Intermédiaire |
| ✓ | ✓ | le Chablis | 0,5 km | Boucle | Débutant |
| ✓ | ✓ | le Prucheraie | 1,1 km | Linéaire | Intermédiaire |
| ✓ | | l'Orignal | 2,3 km | Linéaire | Débutant |
| ✓ | | le Castor | 1,5 km | Linéaire | Débutant |
| ✓ | | lac Vert | 4,5 km | Linéaire | Avancé |
| ✓ | | lac Howard | 3,0 km | Linéaire | Avancé |

HORAIRE     Tout l'hiver > De 9 h à 17 h
TARIF       Adulte : 4,00 $ > Enfant : 2,00 $ > Famille : 10,00 $ (2 enfants)
ACCÈS       De Buckingham, prendre la route 315 et poursuivre jusqu'à 6 à 8 km après
            Mayo. Tourner à droite sur le chemin Saddler et rouler jusqu'à son extrémité,
            soit environ 2 km.

DOCUMENTATION   Dépliants, carte (au pavillon d'interprétation)
INFORMATION     (819) 281-6700 > (819) 986-6132 > www.lablanche.ca

Le sentier de la Capitale est, en réalité, un réseau de sentiers. Certains sont au Québec et d'autres, en Ontario. Le sentier du Ruisseau-de-la-Brasserie longe la rivière du même nom. Le sentier des Voyageurs a un relief parfois accidenté et offre une vue panoramique sur la rivière des Outaouais. Il donne aussi accès à plusieurs parcs. Le sentier de l'Île donne accès au ruisseau de la Brasserie. On retrouve des côtes et des pentes parfois abruptes sur le sentier du Ruisseau Leamy. Ce dernier passe parfois en milieu boisé et donne accès à la rivière Gatineau et au parc de la Gatineau. 🐎

✶ P 👫 🎋

🏃 34,5 km + hors-piste sur tout le territoire

| 🏃 | 🏃❄ | NOM DU SENTIER | LONGUEUR | TYPE | NIVEAU |
|---|---|---|---|---|---|
| ✓ | | Sentier des Voyageurs | 10,0 km | Linéaire | Débutant |
| ✓ | | Sentier de l'Île | 1,5 km | Linéaire | Débutant |
| ✓ | | Sentier du Ruisseau Leamy | 10,0 km | Linéaire | Intermédiaire |
| ✓ | | Sentier du Ruisseau-de-la-Brasserie | 3,0 km | Linéaire | Débutant |
| ✓ | | Sentier des Pionniers | 10,0 km | Linéaire | Débutant |

HORAIRE    Tout l'hiver > Du lever au coucher du soleil
TARIF    Gratuit
ACCÈS    De multiples accès sont possibles à partir de la ville de Gatineau.

INFORMATION     (613) 239-5000 > 1 800 465-1867 > www.capcan.ca

[JCT]    PARC DE LA GATINEAU

## 10     VILLE DE MANIWAKI

La ville de Maniwaki est traversée par la rivière Désert. Débutant au centre-ville, la Promenade de la rivière Désert longe cette dernière et aboutit au centre d'interprétation du Château Logue, dédié à la protection de la forêt contre le feu. On y traite de l'évolution des moyens de protection contre les feux de forêt. Un circuit débute au Parc du Draveur, où on retrouve des panneaux d'interprétation, et se poursuit dans la ville. Une passerelle couverte est présente sur le lieu. 🐎

🏠 P 👫 ( ✗ 🍴 🏠 🛏 🎋 🚌 🎐 🌱 🎿

🏃 3,3 km + hors-piste sur tout le territoire    🏃❄ 2,9 km    **Multi** 2,2 km

| 🏃 | 🏃❄ | NOM DU SENTIER | LONGUEUR | TYPE | NIVEAU |
|---|---|---|---|---|---|
| ✓ | ✓ | Sentier pédestre de la Pointe des Pères | 0,7 km | Linéaire | Débutant |
| ✓ | ✓ | Sentier de la Montagne des Pères | 1,0 km | Linéaire | Débutant |
| ✓ | ✓ | Sentier pédestre du Fer à Cheval | 0,5 km | Linéaire | Débutant |
| ✓ | | Promenade de la rivière Désert | 0,7 km | Linéaire | Débutant |
| | ✓ | Sentier récréatif de la Cité Étudiante | 0,7 km | Linéaire | Débutant |
| ✓ | | Parc du Draveur | 0,4 km | Linéaire | Débutant |

HORAIRE    Tout l'hiver > Du lever au coucher du soleil
TARIF    Gratuit
ACCÈS    De Gatineau, suivre la route 105 nord jusqu'à Maniwaki. Le circuit débute au 156, rue Principale Sud, juste avant de traverser le pont de la rivière Désert. Le circuit se poursuit sur la rue des Oblats qui longe la rivière Désert vers l'est.

INFORMATION     (819) 449-2800 poste 216 > www.ville.maniwaki.qc.ca

Forêt récréotouristique de la Montagne du Diable – Laurentides. *(Photo : Sylvain Lavoie)*

Haut : Cap 360, sur le Sentier national – Laurentides. *(Photo : Daniel Pouplot)*
Bas : Rapide des Neiges – Lanaudière. *(Photo : Sylvain Lavoie)*

Secteur du mont Dôme et du mont de l'Ours – Charlevoix. *(Photo : Yves Ouellet)*

Haut : Dans le secteur du mont Gosford, sur les Sentiers frontaliers –
Cantons-de-l'Est. *(Photo : www.zecquebec.com)*

Bas : Parc d'environnement naturel de Sutton – Cantons-de-l'Est. *(Photo : Sylvain Lavoie)*

Sentier L'Expédition, sur le Sentier national – Laurentides.
*(Photo : Daniel Pouplot)*

Haut : Le lac Pioui, vu des sommets – Charlevoix. *(Photo : Yves Ouellet)*
Bas : Forêt récréotouristique de la Montagne du Diable – Laurentides. *(Photo : Sylvain Lavoie)*

Réserve nationale de faune du Cap Tourmente – Québec.
*(Photo : Service canadien de la faune)*

Sentier de l'Orignac – Charlevoix.

*(Photo : Michel Devost, Société des sentiers de la Capitale-Nationale du Québec)*

Québec

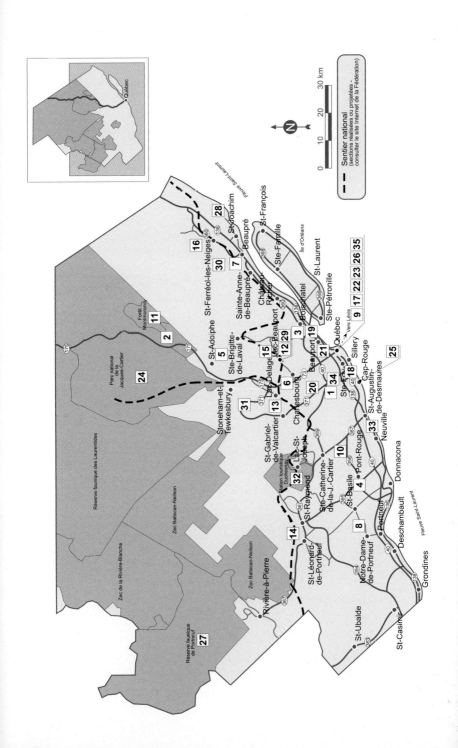

## 1    BASE DE PLEIN AIR DE VAL-BÉLAIR

Située non loin du centre-ville de Québec, la base de plein air de Val-Bélair offre un sentier aménagé pour la marche. Le sentier est tracé à l'intérieur d'une forêt mixte. Les randonneurs ont accès à la chapelle et peuvent même s'y reposer. 🐾 *Seulement sur le sentier de marche hivernale*

🏠 P ♟♟ C ⌂ ⛄

🚶 *Hors-piste sur tout le territoire*    🎿 *1,5 km (linéaire, débutant)*

**HORAIRE**    De mi-décembre à fin mars > De 9 h à 16 h
**TARIF**    Gratuit
**ACCÈS**    De Québec, prendre le boulevard Henri-IV (573) en direction nord, puis l'avenue de l'Industrielle. Ensuite, prendre le boulevard Pie-XI vers le sud, puis l'avenue de la Montagne vers l'ouest sur 1,5 km.

**DOCUMENTATION**    Dépliant (à l'accueil)
**INFORMATION**    (418) 641-6473 > (418) 641-6128

## 2    CAMP MERCIER

Le camp Mercier est situé dans la réserve faunique des Laurentides. On pénètre dans un milieu naturel et sauvage constitué par la forêt boréale. On y retrouve plus de 2 000 lacs et rivières ainsi qu'une faune abondante dont le caribou, le loup, le lynx et le lièvre d'Amérique. Le sentier de raquette passe à travers la forêt. Certains sentiers mènent à un belvédère offrant une vue sur les lacs à Noël, Régis et à L'Épaule, ce dernier étant l'un des plus grands du parc national de la Jacques-Cartier.

🏠 P ♟♟ C ✕ ⌂ 🛏 🍴 ⛄ **Autres :** *clinique de premiers soins et radio-téléphones disponibles dans chaque relais.*

🚶 *10,3 km*

| 🚶 | 🎿 | NOM DU SENTIER | LONGUEUR | TYPE | NIVEAU |
|----|----|----------------|----------|------|--------|
| ✓ |  | 50 | 1,3 km | Mixte | Débutant |
| ✓ |  | 51 | 2,0 km | Mixte | Débutant |
| ✓ |  | 52 | 1,2 km | Mixte | Débutant |
| ✓ |  | 53 | 1,0 km | Linéaire | Intermédiaire |
| ✓ |  | 54 | 1,8 km | Linéaire | Débutant |
| ✓ |  | 55 | 1,0 km | Linéaire | Débutant |
| ✓ |  | 56 | 2,0 km | Linéaire | Intermédiaire |

**HORAIRE**    De décembre à mi-avril > De 8 h 30 à 16 h
**TARIF**    Adulte : 4,00 $
**ACCÈS**    De Québec, l'accueil du camp Mercier se trouve au kilomètre 93 de la route 175 nord, à 9 km de l'entrée sud de la réserve faunique des Laurentides.

**DOCUMENTATION**    Brochure de la réserve faunique des Laurentides, dépliant (à la réserve faunique des Laurentides)
**INFORMATION**    (418) 848-2422 > www.sepaq.com

## 3    CAMPING MUNICIPAL DE BEAUPORT

Ce camping est situé à 7 km du Vieux-Québec, dans un boisé protégé de l'arrondissement de Beauport. Il est en bordure de la rivière Montmorency, tout près de la grande chute du même nom. Le sentier de marche emprunte un trajet se rendant jusqu'à la bibliothèque municipale Étienne-Parent par la piste cyclable.

✳ P ♟♟ C ✕ ⌂

🚶 *3,7 km + hors-piste sur tout le territoire*     🚶❄ *6 km*

| 🚶 | 🚶❄ | NOM DU SENTIER | LONGUEUR | TYPE | NIVEAU |
|---|---|---|---|---|---|
| ✓ | | L'audacieuse | 2,3 km | Boucle | Intermédiaire |
| ✓ | | L'agréable | 1,4 km | Boucle | Débutant |
| | ✓ | Piste cyclable | 6,0 km | Linéaire | Débutant |

**HORAIRE** De mi-décembre à mi-mars > De 9 h à 21 h

**TARIF** 2,00 $ par voiture (résident de Québec) > 5,00 $ par voiture (non-résident de Québec) > Passe de saison disponible

**ACCÈS** De l'autoroute 40, prendre la sortie 321. Emprunter ensuite le boulevard Raymond vers le nord. Toutner à droite sur l'avenue Larue puis tourner à gauche sur la rue Saint-Jean-Baptiste. Tourner à droite sur la rue de la Sérénité. **Transport public** > Du terminus Beauport, prendre l'autobus 55 et descendre à la pharmacie Racine. Marcher 10 minutes vers l'est.

**DOCUMENTATION** Carte (à l'accueil et au centre Monseigneur-De Laval)

**INFORMATION** (418) 641-6112     (418) 641-6045 > www.campingbeauport.qc.ca

## 4    CENTRE DE PLEIN AIR DANSEREAU

Le sentier multifonctionnel longe la rivière Jacques-Cartier, qui compte plusieurs rapides. On peut voir une chute, le barrage du Grand-Remous et les ruines d'un vieux moulin à scie datant du début du siècle.

🏠 🅿 👫 ⛄ 🏕 🌿 ⛷ 🎍⚑

🚶 *5 km (linéaire, débutant)*     🚶❄ *2 km*     **Multi** *5 km*

**HORAIRE** Tout l'hiver > Du lever au coucher du soleil

**TARIF** Adulte : 2,50 $

**ACCÈS** De l'autoroute 40, prendre la sortie 281 nord et se rendre à Pont-Rouge. En face de l'église, prendre la rue Charles-Julien, puis tourner à gauche sur la rue Dansereau.

**DOCUMENTATION** Dépliant (au bureau touristique régional)

**INFORMATION** (418) 873-4150 > (418) 873-2817 > www.ville.pontrouge.qc.ca

## 5    CENTRE DE PLEIN AIR LE REFUGE

Les sentiers de ce centre, situé à 600 m d'altitude, sillonnent un boisé de conifères et de feuillus. Le long des divers sentiers, on peut observer des grottes, la rivière des Hurons et trois chutes. On a des points de vue sur la région avoisinante. On peut observer des oiseaux près des chutes, ainsi que des mammifères comme l'orignal, la loutre et le vison.

🏠 🅿 👫 ⛄ 🏕 🏠 🏚 ⛷ 🎿 ⛷ 🎍⚑

🚶 *16,2 + hors-piste sur une portion du territoire*     🚶❄ *9,7 km*

| 🚶 | 🚶❄ | NOM DU SENTIER | LONGUEUR | TYPE | NIVEAU | DÉNIVELÉ |
|---|---|---|---|---|---|---|
| ✓ | ✓ | Combi (secteur 1) | 2,0 km | Linéaire | Débutant | |
| ✓ | ✓ | Combi (secteur 2) | 1,8 km | Linéaire | Intermédiaire | |
| ✓ | | R1 - A | 1,3 km | Linéaire | Débutant | |
| ✓ | | R1 - B | 1,5 km | Linéaire | Intermédiaire | |
| ✓ | | R2 | 1,6 km | Linéaire | Débutant | |
| ✓ | ✓ | R3 | 3,1 km | Linéaire | Intermédiaire | 170 m |
| ✓ | ✓ | R4 | 2,8 km | Linéaire | Débutant | |
| ✓ | | R5 | 2,1 km | Linéaire | Intermédiaire | 170 m |

Tout l'hiver > De 8 h au coucher du soleil
TARIF     Adulte : 4,00 $ (lundi au vendredi) > 5,00 $ (fins de semaine et jours fériés)
ACCÈS     De Québec, suivre l'autoroute 73, puis l'autoroute 175 en direction nord.
          Tourner à droite sur la route Saint-Edmond à Saint-Adolphe. Le centre se
          situe au 1190.

DOCUMENTATION    Carte des pistes (à l'accueil)
INFORMATION      (418) 848-6155 > www.centrelerefuge.com

---

## 6  CENTRE DE SKI DE FOND CHARLESBOURG

Le sentier de raquette est dans un territoire boisé et montagneux. Il traverse une
érablière et une cédrière. On a une vue sur la grande région de Québec, de l'île
d'Orléans à Cap-Rouge, ainsi que sur la rive sud de Québec et les Appalaches.

🏠 P 👫 ✕ ⌂ ⛄

🚶 10 km (boucle, débutant) + hors-piste sur une portion du territoire

🚶 18 km (mixte, débutant)

HORAIRE    De décembre à avril > De 8 h 30 à 16 h 30 (semaine) > De 8 h à 16 h 30 (fin
           de semaine, jours fériés et relâche scolaire)
TARIF      Enfant (13 ans et moins, accompagné d'un adulte) : gratuit > Adulte : 3,00 $
           (semaine) > 4,00 $ (fin de semaine, jours fériés et relâche scolaire)
ACCÈS      De l'autoroute 73, prendre la sortie 155. Prendre la rue Georges-Muir en
           direction est, puis l'avenue Notre-Dame en direction nord. Tourner à droite
           sur la rue Dublin. Le centre est situé au 375, rue de l'Aventure, mais l'accès
           est par la rue Dublin. **Transport public** > Du terminus du zoo, prendre
           l'autobus 31. Descendre à l'angle de l'avenue Notre-Dame et de la rue
           Dublin, puis marcher environ 15 minutes.

DOCUMENTATION    Carte des pistes, carte des tarifs (à l'accueil)
INFORMATION      (418) 849-9054 > partagedeslaurentides@bellnet.ca

---

## 7  CENTRE DE SKI DE FOND ROBERT GIGUÈRE

Le site contient de nombreux pins centenaires. On retrouve aussi un grand champ et
un barrage. Le sentier de raquette longe la rivière Sainte-Anne. Un belvédère et des
bancs disposés le long de la rivière permettent de se reposer ou d'admirer la vue sur
le mont Sainte-Anne. Deux chutes sont visibles, mais on ne peut y accéder. Avant le
mois de février, on peut apercevoir des chevreuils. 🦌

🏠 P 👫 🎿 🏚 ⛄

🚶 5 km     Multi 5 km

| | NOM DU SENTIER | LONGUEUR | TYPE | NIVEAU |
|---|---|---|---|---|
| 🚶 🚶 ✓ | Sentier de la rivière Sainte-Anne | 5,0 km | Linéaire | Débutant |

HORAIRE    De décembre à fin mars > De midi à 16 h (semaine) > De 10 h à 16 h (fin de
           semaine)
TARIF      Adulte : 5,00 $ > Enfant (12 ans et moins) : gratuit
ACCÈS      De Québec, emprunter la route 138 est jusqu'à Beaupré. Monter la côte de
           la Miche jusqu'au pont de la rivière Sainte-Anne. Traverser le pont et tourner
           à gauche sur la rue du Plateau Sportif, puis encore à gauche sur la rue des
           Érables. Les indications sont présentes sur des panneaux bleus.

DOCUMENTATION    Dépliant (à la mairie, hôtels et motels de la Côte-de-Beaupré)
INFORMATION      (418) 827-8902

## 8   CENTRE SKI-NEUF

Ce centre a mis l'emphase sur la fréquentation hivernale. Les sentiers parcourent une forêt boréale composée, entre autres, de sapins, de hêtres et d'érables. Des lots de cabanes à sucre sont traversés. On peut passer par une colline. Un sentier débutant au centre des loisirs longe un ruisseau traversé par un petit pont. Ce site est mis en valeur grâce au programme de réaménagement naturel d'Hydro-Québec. On peut apercevoir des chevreuils. 🐴

🏠 P 👫 🏠 🚉

*Note : le pavillon d'accueil est ouvert les fins de semaine seulement*

🚶 *5 km + hors-piste sur tout le territoire*      👟❄ *9,3 km*

| 🚶 | 👟❄ | NOM DU SENTIER | LONGUEUR | TYPE | NIVEAU |
|---|---|---|---|---|---|
| | ✓ | Sentier A | 5,0 km | Linéaire | Débutant |
| | ✓ | Sentier B | 1,0 km | Linéaire | Débutant |
| | ✓ | Sentier C | 1,5 km | Linéaire | Débutant |
| | ✓ | Sentier D | 1,8 km | Mixte | Débutant |
| ✓ | | Sentier R | 5,0 km | Linéaire | Débutant |

**HORAIRE**   De fin décembre à fin mars > De 10 h à 16 h
**TARIF**   Gratuit
**ACCÈS**   De la sortie 261 de l'autoroute 40, prendre la direction nord vers Notre-Dame-de-Portneuf. Tourner à droite sur la rue Saint-Charles, à gauche sur l'avenue Saint-Germain, et encore à gauche sur le boulevard Gauthier.

**DOCUMENTATION**   Dépliant (à l'accueil)
**INFORMATION**   (418) 286-6966 > (418) 286-6993 > www.skineuf.cjb.net

## 9   DOMAINE MAIZERETS

Le domaine Maizerets, situé à l'est de Québec, est considéré comme un des plus grands espaces verts à vocation de plein air en ville avec ses 27 hectares. En traversant un des ponts menant à l'île Saint-Hyacinthe, on pourra voir une statue de la Vierge. Deux ponts passent au-dessus de la rivière du Moulin. On retrouve sur le territoire un bâtiment historique datant du XVIIᵉ siècle, une grange-étable, une chapelle et un belvédère. 🐴

🏠 P 👫 🎿 🚉 🌿 🛷 🍴

*Note : le pavillon d'accueil est ouvert de 10 h à 21 h*

🚶 *11 km + hors-piste sur une portion du territoire*      👟❄ *7 km*

| 🚶 | 👟❄ | NOM DU SENTIER | LONGUEUR | TYPE | NIVEAU |
|---|---|---|---|---|---|
| ✓ | | Parc | 4,0 km | Mixte | Débutant |
| ✓ | | Anneau et marais | 1,0 km | Boucle | Débutant |
| ✓ | | Boisé | 2,0 km | Mixte | Débutant |
| ✓ | | Arboretum | 4,0 km | Mixte | Débutant |
| | ✓ | Sentiers de marche hivernale (1 à 5) | 7,0 km | Mixte | Débutant |

**HORAIRE**   Tout l'hiver > Du lever au coucher du soleil
**TARIF**   Gratuit

De l'autoroute Dufferin-Montmorency (440), emprunter l'avenue d'Estimauville vers le nord. Tourner à gauche sur le boulevard Montmorency et continuer jusqu'à l'entrée du Domaine située sur la gauche. **Transport public** > De la Place d'Youville, prendre l'autobus express 800 Est et descendre à la station Bardy. Marcher durant environ 10 minutes sur la rue Bardy, à droite, en direction sud, jusqu'à l'entrée du domaine, sur le boulevard Montmorency.

DOCUMENTATION  Dépliant (à l'accueil)
INFORMATION  (418) 641-6335 > societedudomainemaizerets.org

## 10  DOMAINE NOTRE-DAME

Sur un des sentiers du domaine Notre-Dame, se découpant dans le paysage enneigé, on retrouve une roche fendue. On peut aussi observer le cerf.

🏛 P ♛ ( ✕ 🏠 ⚲⇂

*3,9 km + hors-piste sur tout le territoire*

| ⚲ | ⚲※ | NOM DU SENTIER | LONGUEUR | TYPE | NIVEAU |
|----|----|---------------|----------|------|--------|
| ✓ | | Sentier A | 2,1 km | Boucle | Débutant |
| ✓ | | Sentier B | 1,1 km | Boucle | Débutant |
| ✓ | | Sentier C | 0,7 km | Boucle | Débutant |

HORAIRE  De début janvier à fin mars > De 9 h à 16 h (du vendredi au dimanche)
TARIF  Adulte : 5,00 $ > Enfant : 2,50 $ > Famille : 12,00 $
ACCÈS  De la sortie 295 de l'autoroute 40, suivre la route de Fossambault vers le nord (route 367). Tourner à gauche à l'intersection de la route Notre-Dame. Suivre la route 367 nord et tourner à gauche sur la route Grand-Capsa (route 358). Le domaine se trouve au 83, route Grand-Capsa.

INFORMATION  (418) 875-2583 > www.domaine-notre-dame.com

## 11  FORÊT MONTMORENCY

La Forêt Montmorency, d'une superficie de 6 664 hectares, est située dans les contreforts des Laurentides, au cœur de la forêt boréale. Dû au climat, on y trouve la sapinière à bouleau blanc. Son relief accidenté forme un plateau d'une altitude de 750 m environ, traversé par deux rivières. Ses collines atteignent 1 000 m. Un sentier mène à la chute de la rivière Noire, d'une hauteur de 28 m. Des belvédères offrent, entre autres, une vue sur la chute. On retrouve une trentaine de panneaux d'interprétation sur la forêt boréale et l'aménagement durable le long du sentier Le Forestier. 🐎

🏛 P ♛ ( ✕ 🏠 🏢 🏕 ⫞ ♨ ⫟ 🪑 ⚲⇂

*14,9 km + hors-piste sur une portion du territoire*  ⚲※ *4,4 km*

| ⚲ | ⚲※ | NOM DU SENTIER | LONGUEUR | TYPE | NIVEAU | DÉNIVELÉ |
|----|----|---------------|----------|------|--------|----------|
| ✓ | | La Chute de la rivière Noire | 1,0 km | Boucle | Débutant | 75 m |
| ✓ | | Le Lac Piché | 2,5 km | Boucle | Débutant | |
| ✓ | ✓ | Le Forestier | 4,4 km | Boucle | Intermédiaire | 120 m |
| ✓ | | Les Deux Vallées | 7,0 km | Linéaire | Avancé | 200 m |

HORAIRE  De janvier à avril > De 7 h 30 à 16 h
TARIF  Adulte : 3,00 $

De Québec, suivre la route 175 nord sur environ 70 km. Au kilomètre 103, emprunter la route 33 sur 3 km, soit jusqu'au pavillon de la Forêt Montmorency.

DOCUMENTATION  Carte, dépliant, brochures d'interprétation (à l'accueil)
INFORMATION  (418) 846-2046 > www.fm.ulaval.ca

## 12   LE MONTAGNARD  🏕

Le Montagnard relie les municipalités de Lac-Beauport et de Sainte-Brigitte-de-Laval. Ce sentier, sillonnant les montagnes de la région, traverse et longe plusieurs endroits comme le parc des Chutes Simmons, le mont Écho et le lac Neigette. Il emprunte aussi les sentiers du Moulin et le parc Richelieu. À Sainte-Brigitte-de-Laval, il est possible de rejoindre la montagne à Deux Têtes, un attrait important de la municipalité. Des belvédères offrent des vues sur la forêt, la chute Simmons, la rivière Montmorency et le lac Beauport.

★P🏠🎋🪑

🚶 19 km (linéaire, intermédiaire, dénivelé de 377 m)

HORAIRE  Tout l'hiver > Du lever au coucher du soleil
TARIF  Gratuit
ACCÈS  Accès Ouest (Lac-Beauport) : de la sortie 157 de l'autoroute 73, prendre le boulevard du Lac jusqu'au chemin du Village. L'accès au sentier se situe au centre communautaire, au 46, chemin du Village. Accès Est (Sainte-Brigitte-de-Laval) : prendre la sortie 321 de l'autoroute 40. Suivre le boulevard Armand-Paris vers le nord, qui se transforme en boulevard Raymond et devient l'avenue Sainte-Brigitte. Ensuite, prendre la rue Goudreault qui donne accès au départ situé dans le parc Richelieu.

INFORMATION  (418) 849-7141 > (418) 825-2515

JCT  LES SENTIERS DU MOULIN

## 13   LES MARAIS DU NORD

Les sentiers sont répartis en deux secteurs séparés par la jonction des lacs Saint-Charles et Delage avec la rivière des Hurons. Un belvédère situé sur un petit mont et une tour d'observation offrent des vues sur les marais et le lac Saint-Charles gelés ainsi que sur un centre de ski. Les sentiers passent parfois à travers un boisé mixte. On retrouve quelques panneaux d'interprétation et on peut observer des écureuils et plusieurs espèces d'oiseaux. 🐴

🏛P👫🎋🚻🪑🌲

🚶❄ 5,5 km

| 🚶 | 🚶❄ | NOM DU SENTIER | LONGUEUR | TYPE | NIVEAU |
|---|---|---|---|---|---|
| | ✓ | La Roche-Plate | 0,5 km | Linéaire | Débutant |
| | ✓ | La Sapinière | 0,3 km | Boucle | Débutant |
| | ✓ | Les Méandres | 0,6 km | Boucle | Débutant |
| | ✓ | Les Marais | 1,0 km | Mixte | Débutant |
| | ✓ | La Tourelle | 0,2 km | Linéaire | Débutant |
| | ✓ | L'Éperon | 2,2 km | Boucle | Débutant |
| | ✓ | La Baie | 0,3 km | Linéaire | Débutant |
| | ✓ | Le Belvédère | 0,4 km | Linéaire | Débutant |

HORAIRE    Tout l'hiver > De 9 h 30 à 16 h 30 (semaine) > De 8 h à 17 h (fin de semaine)
TARIF      Adulte : 3,50 $ > Enfant (6 à 17 ans) : 2,00 $ > Enfant (0 à 5 ans) : gratuit >
           Tarifs annuels disponibles
ACCÈS      De Québec, emprunter la route 175 nord. Prendre la sortie 167 et tourner à
           gauche au premier arrêt. Au second arrêt, continuer tout droit, puis tourner
           à gauche sur le chemin de la Grande-Ligne et continuer sur 3 km. Au
           prochain arrêt, tourner à gauche. Le départ du sentier se trouve au 1100,
           chemin de la Grande-Ligne.

DOCUMENTATION    Carte et dépliant (au pavillon d'accueil)
INFORMATION      (418) 841-4629 > (418) 849-9844 > apel.ccapcable.com

## 14    LES SENTIERS DE LA VALLÉE DU BRAS DU NORD  🏃

Le Montagne Art offre des points de vue sur le côté champêtre de la vallée. La
Mauvaise traverse une érablière mature et domine ensuite la crête des montagnes en
offrant quelques points de vue sur le sud de la vallée. Le Philosore mène au lac
Faucher. Il longe plusieurs lacs dont les deux lacs Morasse et fait monter sur 150 m
pour redescendre ensuite dans la vallée de la rivière Mauvaise. On pourra y apercevoir
des castors, des orignaux, des renards ou des perdrix. Le sentier du Bras-du-Nord
passe par un belvédère et mène au pied de la chute Delaney, une cascade de 150 m.
À la fin de ce sentier, on traverse une passerelle suspendue de 80 m de long. 🦌

🏵 P 🏕 ⛺ 🏠 ⛰ 🎿 🚲 🚃 🌿 🍴♻

🚶 *68,5 km*   ⛄*6,5 km*

| 🚶 | ⛄ | NOM DU SENTIER | LONGUEUR | TYPE | NIVEAU | DÉNIVELÉ |
|----|----|----------------|----------|------|--------|----------|
| ✓ | ✓ | Sentier du Montagne Art | 6,5 km | Boucle | Avancé | 320 m |
| ✓ |   | Sentier de la Mauvaise | 6,0 km | Linéaire | Intermédiaire | 140 m |
| ✓ |   | Sentier du Bras-du-Nord | 21,0 km | Linéaire | Avancé | 250 m |
| ✓ |   | Sentier du Philosore | 26,0 km | Linéaire | Avancé | 170 m |
| ✓ |   | Sentier des Castors | 0,5 km | Linéaire | Débutant | |
| ✓ |   | Sentier du Ruisseau | 0,3 km | Linéaire | Débutant | |
| ✓ |   | Sentier des Falaises | 8,2 km | Linéaire | Avancé | 500 m |

HORAIRE    Tout l'hiver > Du lever au coucher du soleil
TARIF      Adulte : 4,00 $ > Enfant (0 à 12 ans) : gratuit > Note : le droit d'accès est
           inclus dans le prix des nuitées en refuge
ACCÈS      De Saint-Raymond, prendre la route 367 nord (rue Saint-Jacques), passer
           le pont de la rivière Sainte-Anne et tourner à droite sur la rue Monseigneur-
           Vachon. Cette dernière devient le rang du Nord sur 5 km. Tourner ensuite à
           gauche sur le rang Saguenay et continuer sur 7 km. Pour l'accueil Cantin,
           tourner à gauche sur la rue Cantin, puis à droite sur le rang Sainte-Croix. Le
           stationnement se situe à 200 m. Pour l'accueil Shannahan, continuer sur le
           rang Saguenay sur 15 km; le stationnement est indiqué sur la droite.

DOCUMENTATION    Carte des sentiers (au bureau d'information touristique
                 de Saint-Raymond et à la Fédération québécoise de la marche)
INFORMATION      1 800 321-4992 >  (418) 337-3635 > www.valleebrasdunord.com

## 15    LES SENTIERS DU MOULIN

Les Sentiers du Moulin sont situés au nord du lac Beauport, sur un territoire forestier
mixte où on retrouve principalement des conifères. On peut voir une chute et on a quelques
points de vue sur Stoneham et Lac-Beauport. On peut également observer les traces de
la faune composée d'orignaux, de renards, de lièvres, de lynx et de perdrix. 🦌

P ♦♦ ( X ∩ ∩ ⌂ ⬛ 🔥 ⚔ ⬛ ⛟

🚶 *16 km + hors-piste sur une portion du territoire*

| 🚶 | 🚶※ | NOM DU SENTIER | LONGUEUR | TYPE | NIVEAU |
|---|---|---|---|---|---|
| ✓ | | Le Marais | 5,0 km | Boucle | Intermédiaire |
| ✓ | | Le Tourbillon | 6,0 km | Boucle | Intermédiaire |
| ✓ | | Le Poulin | 5,0 km | Linéaire | Débutant |

**HORAIRE** Tout l'hiver > De 8 h 30 à 16 h

**TARIF** Adulte : 5,00 $ > Âge d'or (60 ans et plus) : 4,00 $ > Adolescent (14 à 20 ans) : 4,00 $ > Enfant (7 à 13 ans) : 3,00 $ > Enfant (6 ans et moins) : gratuit

**ACCÈS** De Québec, suivre la route 175 nord et prendre la sortie 157. Emprunter le chemin du Tour-du-Lac, puis le chemin des Lacs, et enfin tourner à droite sur le chemin du Moulin. L'entrée se situe à 2 km.

**DOCUMENTATION** Dépliant (au bureau touristique)

**INFORMATION** (418) 849-9652 > www.sentiersdumoulin.com

JCT LE MONTAGNARD

## 16   MONT-SAINTE-ANNE SKI DE FOND

Les sentiers passent à travers une forêt mixte dense. Le sentier Marie-Josée se rend à une rivière. Comme son nom l'indique, le sentier Le Belvédère mène à un belvédère offrant une vue sur le fleuve, la ville de Québec, l'île d'Orléans et la rive sud. On a la même vue au bout du sentier du Sommet.

P ♦♦ ( X ∩ ⌂ ⬛ 🚆 🚌 ⛟

🚶 *51 km*     🚶※ *2,5 km*

| 🚶 | 🚶※ | NOM DU SENTIER | LONGUEUR | TYPE | NIVEAU | DÉNIVELÉ |
|---|---|---|---|---|---|---|
| | ✓ | Sentier de marche | 2,5 km | Linéaire | Débutant | |
| ✓ | | La Sapinière | 4,0 km | Boucle | Débutant | |
| ✓ | | Le sentier du Ruisseau Rouge | 5,2 km | Boucle | Débutant | |
| ✓ | | Le Saint-Nicolas | 8,4 km | Boucle | Débutant | |
| ✓ | | Le Belvédère | 10,8 km | Boucle | Avancé | 100 m |
| ✓ | | Le sentier du Sommet | 14,8 km | Boucle | Avancé | 100 m |
| ✓ | | Le sentier Marie-Josée | 5,0 km | Boucle | Débutant | |
| ✓ | | La petite boucle | 1,0 km | Boucle | Débutant | |
| ✓ | | La grande boucle | 1,8 km | Boucle | Débutant | |

**HORAIRE** De fin décembre à fin mars > De 9 h à 16 h

**TARIF** **Marche hivernale :** Adulte 2,00 $ > **Raquette :** Adulte 6,00 $

**ACCÈS** De Québec, prendre l'autoroute 40 est jusqu'à la sortie Sainte-Anne-de-Beaupré. Continuer sur la route 138 est jusqu'à Beaupré. De là, emprunter la route 360 et continuer sur environ 8 km. Le centre est situé sur le rang Saint-Julien, à Saint-Ferréol-les-Neiges.

**DOCUMENTATION** Cartes des pistes (à l'accueil, au bureau d'information touristique de Québec et boutiques de sport de la région)

**INFORMATION** (418) 827-4561 poste 0 > www.mont-sainte-anne.com

## 17 PARC CHAUVEAU

Dans un boisé, près de la rivière Saint-Charles, des sentiers comportant de légères dénivellations empruntent parfois des pistes de ski de fond. Quelques tracés, parallèles aux sentiers de ski de fond, sont entretenus pour la marche. On peut maintenant traverser la rivière sur des ponts à quatre endroits différents. ⚠ *Les sentiers n'ont pas de noms distinctifs.* 🐎

🏠 P 👥 ( ✗ 🚡 🚂 *Note : les services sont principalement accessibles en semaine de 13 h à 19 h et les fins de semaine de 10 h à 19 h*

🏃 *10 km (boucle, débutant) + hors-piste sur tout le territoire*

👟❄ *3 km (mixte, débutant)*

HORAIRE Tout l'hiver > Du lever au coucher du soleil
TARIF Gratuit
ACCÈS Le parc se situe à l'intersection du boulevard de l'Ormière (route 371) et de l'avenue Chauveau (route 358), à Québec. **Transport public** > De la place Jacques-Cartier, prendre l'autobus 74 ou 84 et descendre à l'angle de l'avenue Chauveau et du boulevard de l'Ormière. Marcher environ 10 minutes sur l'avenue Chauveau.

INFORMATION (418) 843-6536

## 18 PARC DE LA BASE DE PLEIN AIR DE SAINTE-FOY

La base de plein air offre des sentiers sillonnant un boisé de feuillus et de conifères. On a quelques points de vue sur le lac. On peut observer la petite faune et quelques oiseaux. Un sentier abrite des mangeoires d'oiseaux et des mésanges viennent manger dans la main. 🐎

🏠 P 👥 ( ⌂ 👤⚡

🏃 👟❄ *4 km + raquette hors-piste sur tout le territoire*

| 🏃 | 👟❄ | NOM DU SENTIER | LONGUEUR | TYPE | NIVEAU |
|---|---|---|---|---|---|
| ✓ | ✓ | Vert | 1,0 km | Boucle | Débutant |
| ✓ | ✓ | Jaune | 2,0 km | Boucle | Débutant |
| ✓ | ✓ | Orange | 1,0 km | Boucle | Débutant |

HORAIRE De mi-décembre à fin mars > De 9 h à 16 h
TARIF Gratuit
ACCÈS Le parc est situé à l'intersection des autoroutes Félix-Leclerc (40) et Duplessis (540). On y accède par l'autoroute Duplessis et par la rue Laberge, ou en empruntant la sortie Blaise-Pascal sur l'autoroute Félix-Leclerc (40).

DOCUMENTATION Dépliant (à l'accueil)
INFORMATION (418) 641-6282

## 19 PARC DE LA CHUTE MONTMORENCY

Le sentier longe la rivière et mène à la chute qui est l'une des plus hautes du continent. On peut passer au-dessus de cette chute pour gagner l'autre rive grâce au pont de la chute, suspendu 100 m plus haut. Un autre pont, le pont de la faille, permet de passer au-dessus d'une falaise. L'embrun forme le pain de sucre au pied de la chute et, en gelant, recouvre les parois de la falaise. Un belvédère offre une vue sur l'île d'Orléans, la ville de Québec, la chute et le boisé de feuillus recouvrant le territoire du parc. Des panneaux d'interprétation de la nature et historique sont présents. ★ Les sentiers sont éclairés jusqu'à minuit. 🐎

🏛 P ♦♦ ( ✕ ▦ ♦♦ ▭ ᴒ ❧ ⟋

*Note : les services sont disponibles de 8 h 30 à 17 h.*

🏃 ⛷❋ *1 km (mixte débutant) + raquette hors-piste sur tout le territoire*

| | |
|---|---|
| HORAIRE | Tout l'hiver > Du lever au coucher du soleil |
| TARIF | Gratuit |
| ACCÈS | De l'autoroute 40, prendre la sortie 322 et poursuivre sur le boulevard des Chutes sur environ 3 km en suivant les indications pour le parc. **Transport public** > De la place d'Youville, prendre l'autobus 800-50 vers Beauport, et correspondre au terminus de la Cimenterie avec l'autobus 50, jusqu'au manoir Montmorency. |
| DOCUMENTATION | Brochure (à l'accueil) |
| INFORMATION | (418) 663-3330 > www.chutemontmorency.qc.ca |

## 20 PARC DE LA FALAISE ET DE LA CHUTE KABIR KOUBA

Le sentier longe la rivière Saint-Charles et mène à la chute Kabir Kouba, d'une hauteur de 28 m, qui date de l'époque post-glaciaire. Elle est située dans un canyon dont les falaises s'élèvent sur 42 m et coule sur les roches du bouclier canadien. Elle a abrité plusieurs moulins aujourd'hui en ruines. Un pain de sucre se forme à son niveau, l'hiver. On retrouve des blocs erratiques et des fossiles de 450 millions d'années. On peut observer le phénomène des marmites. Des belvédères permettent d'admirer la chute, le canyon et la forêt composée de cèdres, d'ormes d'Amérique, de sapins et de pruches. 🐎

⛷P ▦ ▭ ᴒ ❧ ⟋

🏃 *1,5 km (linéaire, intermédiaire)*

| | |
|---|---|
| HORAIRE | Tout l'hiver > De 10 h à 17 h |
| TARIF | Gratuit |
| ACCÈS | On accède au parc par le boulevard Bastien, à Loretteville, à la hauteur de Wendake. Le centre d'interprétation Kabir Kouba est accessible par la rue Racine. **Transport public** > Est de Québec : prendre l'autobus 801 vers le terminus Charlesbourg et correspondre avec l'autobus 72. Descendre à l'intersection du boulevard Bastien et de la rue Racine. Ouest de Québec : prendre l'autobus 87 en direction de Loretteville. Descendre au coin des rues Caron et Racine. Prendre ensuite l'autobus 72 sur la rue Racine. |
| DOCUMENTATION | Dépliants, brochures (au bureau administratif au 103, rue Racine, Loretteville) |
| INFORMATION | (418) 842-0077 > www.chutekabirkouba.com |

## 21 PARC DE LA RIVIÈRE BEAUPORT

Le sentier du parc de la rivière Beauport, situé en milieu urbain, longe la rive est de cette rivière. Il passe à travers un boisé mixte, composé en majorité de feuillus. On y retrouve une saulaie et une cascade haute de 10 m qui ne gèle pas. Un pont traverse la rivière en haut de cette cascade. Le sentier offre quelques points de vue sur la rivière et mène à un belvédère donnant une vue sur la vallée. Au bout du parc, on peut observer les vestiges d'un ancien moulin. 🐎

⛷ ▦ ▭

🏃 *2 km (mixte, débutant, dénivelé de 55 m)*

| | |
|---|---|
| HORAIRE | Tout l'hiver > De 6 h à 22 h |
| TARIF | Gratuit |

ACCÈS De Québec, prendre l'autoroute 40 est jusqu'à la sortie 319. Tourner à gauche sur la rue Cambronne, puis à droite sur l'avenue des Cascades. On stationne le long de la route, près de la halte Armand-Grenier. **Transport public** > De la place d'Youville, prendre l'express 800 en direction de Beauport et descendre à la station François-De Laval sur l'avenue Royale. Les sentiers commencent un peu avant le pont.

INFORMATION    (418) 666-6169 > www.cvrb.qc.ca

## 22    PARC DES CHAMPS-DE-BATAILLE

Ce parc, d'une superficie de 108 hectares, est situé au cœur de la ville de Québec. Le sentier passe par endroits à travers un boisé dominé par les feuillus. On retrouve quelques conifères. Des mangeoires permettent d'observer les oiseaux et quelques panneaux d'interprétation sur eux sont présents. Un belvédère offre une vue sur les plaines, le fleuve et la rive sud. On y retrouve plusieurs monuments historiques rappelant les guerres s'y étant déroulées : Montcalm et les Français contre Wolfe et les Anglais en 1759, et Lévis contre Murray en 1760.

*Hors-piste sur tout le territoire*    *5,6 km (mixte, débutant)*

HORAIRE    Tout l'hiver > De 6 h à 1 h
TARIF    Gratuit
ACCÈS    De la Grande-Allée (route 175), on peut accéder au parc par les avenues Wolfe-Montcalm, Taché ou Georges VI. **Transport public** > De la place d'Youville, prendre l'autobus 11 Ouest. On peut descendre en face du Parlement et continuer à gauche, à l'entrée de la Croix du Sacrifice. Une autre entrée du parc se situe en face de l'hôtel Le Concorde (pour le jardin Jeanne-D'Arc). Enfin, on peut aussi continuer jusqu'à l'entrée de l'avenue Wolfe-Montcalm, où se trouve le Musée du Québec.

DOCUMENTATION    Livret de programmation (à la Maison de la découverte
des Plaines d'Abraham)
INFORMATION    (418) 648-4071 > www.ccbn-nbc.gc.ca

## 23    PARC DU BOIS-DE-COULONGE

Le parc du Bois-de-Coulonge s'étend sur près de 24 hectares, incluant un arboretum d'environ un hectare. Ce parc, en plein cœur de la ville, date de plus d'un siècle. La moitié du territoire est occupée par un boisé composé d'érable à sucre, de chêne rouge, d'orme d'Amérique, de hêtre à grandes feuilles et d'épinette blanche. En parcourant le sentier, on peut apercevoir les anciennes écuries qui ont été construites dans les années 1880 et les anciens bâtiments de ferme. On a aussi une vue sur le fleuve. *Des sacs sont disponibles pour les excréments des chiens.*

*2 km (mixte, débutant)*

HORAIRE    Tout l'hiver > Du lever au coucher du soleil
TARIF    Gratuit > **Stationnement :** 1,00 $ / heure (pour les 2 premières heures seulement)
ACCÈS    De l'autoroute 73 ou 540, prendre la route 175 vers l'est, soit le boulevard Laurier. Poursuivre jusqu'au chemin Saint-Louis. Le parc est situé au 1215, chemin Saint-Louis, près de l'avenue Holland. **Transport public** > De la place d'Youville, prendre l'autobus 11 qui s'arrête en face du parc.

DOCUMENTATION    Dépliant (à l'accueil)
INFORMATION    (418) 528-0773 > 1 800 442-0773 > www.capitale.gouv.qc.ca

Le paysage du parc national de la Jacques-Cartier, d'une superficie de 670 km², est caractérisé par son contraste : un plateau montagneux entrecoupé de vallées aux parois abruptes. La plus importante est la vallée de la Jacques-Cartier avec son encaissement de 550 m traversé par une rivière. Les sentiers sillonnent les forêts de feuillus et boréale, composées principalement de bouleau jaune, d'érable à sucre, de sapin et d'épinette noire. On peut apercevoir des orignaux. Le sentier de l'Éperon et un belvédère offrent des vues sur les parois glacées et la vallée de la Jacques-Cartier.

✷ P 👫 ( X 🏠 🛏 🏢 🏕 🏔 🌲 💼 ⛲️

🏃 *30,6 km*    🚶 *13 km*    **Multi** *13 km*

| 🏃 | 🚶 | NOM DU SENTIER | LONGUEUR | TYPE | NIVEAU | DÉNIVELÉ |
|----|----|----------------|----------|------|--------|----------|
| ✓ |  | Sentier 1 | 5,5 km | Boucle | Débutant | |
| ✓ |  | Sentier 2 | 2,6 km | Boucle | Débutant | |
| ✓ |  | Sentier 3 | 1,8 km | Linéaire | Débutant | |
| ✓ |  | Sentier 4 | 6,2 km | Boucle | Intermédiaire | |
| ✓ |  | Sentier 5 | 1,5 km | Linéaire | Avancé | 205 m |
| ✓ | ✓ | Sentier de marche hivernale | 13,0 km | Linéaire | Débutant | |

**HORAIRE**    De la mi-décembre à la fin mars > Du lever au coucher du soleil

**TARIF**    Adulte (18 ans et plus) : 3,50 $ > Enfant (6 à 17 ans) : 1,50 $ > Enfant (moins de 6 ans) : gratuit > Famille : 7,00 $ > Laissez-passer annuel pour un parc : 16,50 $/7,50 $ > Laissez-passer annuel pour l'ensemble des parcs nationaux du Québec : 30,00 $/15,00 $ > Autres tarifs disponibles

**ACCÈS**    À 40 km au nord de Québec par l'autoroute 73 et ensuite l'autoroute 175, l'entrée du parc (secteur de la Vallée) est située au km 74 de la route 175.

**DOCUMENTATION**    Carte du parc (au parc, dans les bureaux de la SÉPAQ et à la Fédération québécoise de la marche)

**INFORMATION**    (418) 528-8787 > (418) 848-3169 > www.sepaq.com

JCT    **STATION TOURISTIQUE DE STONEHAM**

## 25    PLAGE JACQUES-CARTIER

Cette plage, parsemée de rochers, offre une promenade s'étendant du parc nautique de la ville de Cap-Rouge jusqu'à Sainte-Foy, le long du fleuve Saint-Laurent. On aura une vue sur les ponts de Québec et Pierre-Laporte, ainsi que sur l'étendue gelée du fleuve. 🐴

🏢 P 👫 ( X

🏃 *Hors-piste sur tout le territoire*    🚶 *3 km (linéaire, débutant)*

**HORAIRE**    Tout l'hiver > De 9 h à 16 h

**TARIF**    Gratuit

**ACCÈS**    De la sortie 302 de l'autoroute 40, suivre la route Jean-Gauvin vers le sud, puis la rue du Domaine. Tourner à droite sur le boulevard de la Chaudière, puis à gauche sur la rue Saint-Félix et poursuivre jusqu'à la rue de la Plage-Jacques-Cartier. **Transport public** > De la place d'Youville, prendre l'autobus 25 et descendre à l'angle des chemins Saint-Louis et Plage-Jacques-Cartier. Dans la partie escarpée de la côte, on peut emprunter un sentier latéral aménagé d'escaliers.

**INFORMATION**    (418) 641-6800

## 26 PROMENADE DE LA RIVIÈRE SAINT-CHARLES

La promenade de la rivière Saint-Charles est divisée en deux parties. La première s'étend du Vieux-Port au pont Samson. La deuxième continue jusqu'au pont Scott. C'est un sentier en milieu urbain, entre les résidences et la rivière. Ce grand espace dégagé offre un panorama sur la haute ville de Québec, notamment sur le parc Cartier-Brébeuf, situé environ au milieu du parcours, où on peut visiter une réplique du navire de Jacques Cartier – la Grande Hermine – et une reconstruction de maison longue iroquoise.

P

9 km

| | | NOM DU SENTIER | LONGUEUR | TYPE | NIVEAU |
|---|---|---|---|---|---|
| | ✓ | Entre le Vieux-Port et le pont Samson | 5,0 km | Linéaire | Débutant |
| | ✓ | Entre le pont Samson et le pont Scott | 4,0 km | Linéaire | Débutant |

**HORAIRE** Tout l'hiver > Du lever au coucher du soleil
**TARIF** Gratuit
**ACCÈS** Plusieurs accès sont possibles le long de la rivière Saint-Charles, à Québec.

**INFORMATION** (418) 641-6101 > (418) 641-6041 > www.ville.quebec.qc.ca

## 27 RÉSERVE FAUNIQUE DE PORTNEUF

Cette réserve, créée en 1968, couvre un territoire de 775 km² sur lequel on retrouve près de 400 plans d'eau incluant des cascades et des ruisseaux, des vallées et des montagnes. Les sentiers sillonnent une forêt mixte dominée par les feuillus et composée en majorité de bouleaux, d'érables, de sapins et d'épinettes. On peut apercevoir, entre autres, des orignaux, des loups et plusieurs oiseaux. On peut observer le phénomène de marmites, créé par le tournoiement de débris rocheux lors de la fonte des glaciers.

P

*9 km + hors-piste sur tout le territoire*

| | | NOM DU SENTIER | LONGUEUR | TYPE | NIVEAU | DÉNIVELÉ |
|---|---|---|---|---|---|---|
| ✓ | | De la Taupinière | 3,5 | Linéaire | Débutant | |
| ✓ | | Des Portes de l'Enfer | 5,5 | Linéaire | Débutant | |

**HORAIRE** De fin décembre à mi-mars > De 8 h à 16 h
**TARIF** Gratuit
**ACCÈS** De Saint-Raymond, prendre la route 367 jusqu'à Rivière-à-Pierre et suivre les indications sur environ 2 km.

**DOCUMENTATION** Carte des sentiers (à l'accueil)
**INFORMATION** (418) 323-2021 > www.sepaq.com

## 28 RÉSERVE NATIONALE DE FAUNE DU CAP TOURMENTE

Cette réserve, d'une superficie de 2 399 hectares, est située sur la rive nord du fleuve Saint-Laurent. Elle constitue le point de rencontre des basses terres du Saint-Laurent et du bouclier canadien, ainsi que des forêts feuillue et boréale. Le cap Tourmente est formé de granit. On y compte 22 peuplements forestiers dont l'érablière, la hêtraie et la sapinière à bouleau blanc. Des nichoirs permettent l'observation des oiseaux, dont certains sont reconnus comme espèces en péril. On peut aussi apercevoir quelques mammifères comme le renard roux ou le lièvre d'Amérique. Deux abris chauffés sont présents. On a accès à un observatoire au bord d'une falaise de 150 m et à une tour d'observation dans la plaine.

🏛 P 👫 🤵 🏠 🎋 🚩 🌿

🚶‍♀️ *9,2 km

| 🚶 🚶‍♀️* | NOM DU SENTIER | LONGUEUR | TYPE | NIVEAU |
|---|---|---|---|---|
| ✓ | Le Petit-Sault | 1,7 km | Linéaire | Débutant |
| ✓ | L'Érablière | 2,3 km | Mixte | Débutant |
| ✓ | La Prucheraie | 2,5 km | Mixte | Débutant |
| ✓ | L'Aulnaie | 2,7 km | Mixte | Débutant |

**HORAIRE** De début janvier à mi-mars > De 8 h 30 à 16 h (les fins de semaine et la première semaine de mars)

**TARIF** Adulte : 4,00 $ > Enfant (12 ans et moins) : gratuit

**ACCÈS** De la route 138 à Beaupré, suivre les indications pour le Cap Tourmente.

**DOCUMENTATION** Carte des sentiers (à l'accueil et aux abris chauffés)

**INFORMATION** (418) 827-4591 > www.qc.ec.gc.ca/faune/faune/html/rnf_ct.html

JCT SENTIER DES CAPS DE CHARLEVOIX (CHARLEVOIX)

## 29 SENTIER DE LA LIGNE-D'HORIZON

Le sentier de la Ligne-d'Horizon commence dans le parc de la Gentiane et passe à travers la forêt où on peut apercevoir des chevreuils et des lièvres. Passé une pinède, on arrive à un belvédère offrant une vue sur la région et sur le lac Beauport. Le sentier quitte ensuite le parc et continue à flanc de montagne à travers une érablière. On accède au sommet du mont Saint-Castin et à celui du mont Murphy où on retrouve le centre de ski Le Relais. La fin du sentier est une forte descente jusqu'au centre Saint-Dunstan de Lac-Beauport. Une tour d'observation est présente sur le territoire. ★ D'ici 2006, le sentier ira rejoindre Le Montagnard. 🐴

🏛 P 👫 🤵 ✗ 🛷 🎋 🚩 🌿

🛷 10 km (linéaire, intermédiaire, dénivelé de 220 m)　　**Multi** 10 km

**HORAIRE** Tout l'hiver > Du lever au coucher du soleil

**TARIF** Gratuit

**ACCÈS** Parc de la Gentiane : de Québec, prendre l'autoroute 73 nord, puis la sortie 157 vers Lac-Beauport. Emprunter le boulevard du Lac qui devient plus loin le chemin du Tour-du-Lac. Passer devant le centre de ski Le Relais et continuer jusqu'au stationnement du parc de la Gentiane. Centre Saint-Dunstan : de Québec, prendre l'autoroute 73 nord, puis la sortie 157 vers Lac-Beauport. Emprunter le boulevard du Lac et tourner au centre Saint-Dunstan (1020, boul. du Lac). Deux accès secondaires sont également possibles, l'un premier au centre de ski Le Relais et l'autre au mont Saint-Castin.

**DOCUMENTATION** Carte (à la mairie de Lac-Beauport)

**INFORMATION** (418) 849-7141 > www.lacbeauport.com

## 30 STATION MONT-SAINTE-ANNE

Seule la piste La Libériste est accessible l'hiver. Elle traverse une forêt mixte pour se rendre au sommet de la montagne où on retrouve un chalet. En chemin, on pourra apercevoir des renards, des lièvres et des cerfs de Virginie. Une tour d'observation et un belvédère offrent des vues sur la réserve faunique des Laurentides, les montagnes de Charlevoix, le fleuve Saint-Laurent, la ville de Québec et l'île d'Orléans. Une exposition historique sur les évènements sportifs qui se sont déroulés à la station est aménagée au chalet de la crête. 🐴

⚙ P ♦♦ ( X ⌂ ⌂ ⚏ ⚏ ⚑ ⛿⚶

🚶 *8 km (linéaire, avancé, dénivelé de 540 m)*

| | |
|---|---|
| **HORAIRE** | Tout l'hiver > Du lever du soleil à 15 h |
| **TARIF** | Adulte : 5,00 $ > Enfant (6 ans et moins) : gratuit |
| **ACCÈS** | De Québec, prendre l'autoroute 40 est jusqu'à la sortie Sainte-Anne-de-Beaupré. Continuer sur la route 138 est jusqu'à Beaupré. De là, emprunter la route 360 jusqu'à la station Mont-Sainte-Anne. |
| **DOCUMENTATION** | Carte des sentiers (à l'accueil, au kiosque d'information touristique et dans les boutiques de sport de la région) |
| **INFORMATION** | (418) 827-4561 poste 0 > www.mont-sainte-anne.com |

## 31  STATION TOURISTIQUE DE STONEHAM 🏔

La station touristique de Stoneham offre des sentiers dont l'un est intégré au Sentier national. Les sentiers sillonnent le boisé recouvrant la montagne. Le sommet et un belvédère offrent des vues sur la vallée et les montagnes des environs.

⚙ P ♦♦ ( X ⌂ ⚏ ⛿⚶

🚶 *32,6 km*

| 🚶 | 🏂* | NOM DU SENTIER | LONGUEUR | TYPE | NIVEAU | DÉNIVELÉ |
|---|---|---|---|---|---|---|
| ✓ | | Sentier de la Chute | 1,8 km | Linéaire | Intermédiaire | 381 m |
| | ✓ | Sentier du Hibou-Nord (portion de la Station) | 10,5 km | Linéaire | Avancé | 400 m |
| | ✓ | Sentier du Hibou-Sud | 12,9 km | Linéaire | Avancé | 400 m |
| | ✓ | Sentier des Cascades | 7,4 km | Linéaire | Intermédiaire | |

| | |
|---|---|
| **HORAIRE** | Tout l'hiver > Du lever au coucher du soleil |
| **TARIF** | Gratuit |
| **ACCÈS** | De Québec, prendre l'autoroute 73 nord, sortir à Stoneham et suivre les indications pour le centre de ski. |
| **DOCUMENTATION** | Carte des sentiers (à l'accueil et à la Fédération québécoise de la marche) |
| **INFORMATION** | (418) 848-2415 > 1 800 463-6888 > www.ski-stoneham.com |

⎿JCT⏌  **PARC NATIONALE DE LA JACQUES-CARTIER**

## 32  STATION TOURISTIQUE DUCHESNAY 🏔

Cette station est située en bordure du lac Saint-Joseph. Les sentiers sillonnent une forêt mixte, dominée par l'érable et le bouleau jaune, s'étendant sur 89 km². Le retrait du glacier continental a laissé sur le territoire des dépôts glaciaires et des blocs erratiques formant des abris sous roche. On peut observer le cerf de Virginie et l'orignal, entre autres. On retrouve sur le site treize plans d'eau, un hôtel de glace et un belvédère.

🚶 *39,3 km*  🏂* *8 km*

| 🚶 👟* | NOM DU SENTIER | LONGUEUR | TYPE | NIVEAU |
|---|---|---|---|---|
| ✓ | Le Riverain | 5,0 km | Boucle | Débutant |
| ✓ | Le Lac Jaune | 4,0 km | Boucle | Débutant |
| ✓ | La Tourbière | 5,5 km | Boucle | Débutant |
| ✓ | La Randonnée | 6,0 km | Boucle | Débutant |
| ✓ | Le coureur des bois | 13,5 km | Linéaire | Débutant |
| ✓ | La Détente | 9,0 km | Linéaire | Débutant |
| ✓ | L'Orée | 3,0 km | Boucle | Débutant |
| ✓ | L'Érablière | 1,3 km | Boucle | Débutant |

HORAIRE    De mi-décembre à fin mars > De 8 h 30 à 16 h
TARIF    Adulte : 4,00 $
ACCÈS    De l'autoroute 40, prendre la route 367 nord jusqu'à Sainte-Catherine-de-la-Jacques-Cartier, et suivre les indications sur environ 5 km.

DOCUMENTATION    Carte des sentiers (à l'accueil)
INFORMATION    (418) 875-2711 poste 282 > 1 877 683-2711 > www.sepaq.com

## 33    TERRITOIRE DU MARAIS LÉON-PROVANCHER

Le marais est situé en bordure du fleuve Saint-Laurent, à environ 20 km à l'ouest du pont Pierre-Laporte. Ce site naturel est voué à la protection de la faune et de la flore. Le terrain a une superficie de 1,25 km², dont 0,19 sont occupés par un marais gelé. Il s'étend sur deux plateaux entre la rive nord du Saint-Laurent et la route 138. Le réseau de sentiers permet d'accéder au marais, aux berges du fleuve, aux zones boisées et aux vieilles friches. On retrouve aussi sur le site un sentier éducatif sur les aménagements fauniques. On peut observer les oiseaux d'hiver : mésange, pic, sittelle, sizerin, gélinotte, etc.

✸ P 👫 🌿

👟* 4 km (mixte, débutant)    **Multi** 4 km

HORAIRE    Tout l'hiver > Du lever au coucher du soleil
TARIF    Contribution volontaire
ACCÈS    De Québec la sortie 298 de l'autoroute 40, emprunter la route 138 ouest vers Saint-Augustin-de-Desmaures et parcourir environ 9 km. Tourner à gauche vers la place des Îlets. Tourner encore à gauche au premier petit chemin en gravier situé à 500 m.

DOCUMENTATION    Dépliants (à l'accueil)
INFORMATION    (418) 877-6541 > www.provancher.qc.ca

## 34    TRAIT-CARRÉ DU CHARLESBOURG HISTORIQUE

La paroisse de Charlesbourg date de 1693. Au cœur de la ville, le Vieux-Charlesbourg a conservé son découpage urbain unique en Amérique du Nord. À cette époque, les Jésuites ont créé, au centre de la seigneurie Notre-Dame-des-Anges, un noyau communautaire encadré par un chemin, le Trait-Carré. Les colons s'établissaient autour selon un plan radial. Le circuit débutant au moulin des Jésuites parcourt ce Trait-Carré, permettant de suivre l'évolution de l'habitat rural québécois grâce à dix stations d'interprétation et à la vue d'une vingtaine de sites dont l'église Saint-Charles-Borromée. 🐴

🏠 P 👫 ☕ ✕ 🛷 🎒 🎿

👟* 1 km (mixte, débutant)

HORAIRE    Tout l'hiver > Fins de semaine seulement > Du lever au coucher du soleil
TARIF    Gratuit

ACCÈS  Le départ s'effectue au moulin des Jésuites, en plein cœur de Charlesbourg au 7960, boulevard Henri-Bourassa. **Transport public** > De la place d'Youville, prendre l'autobus 801 jusqu'au terminus Charlesbourg. Le Trait-Carré est contigu au terminus  (à l'ouest de ce dernier).

DOCUMENTATION  Carte du circuit (au moulin des Jésuites)
INFORMATION  (418) 624-7720 > www.moulindesjesuites.qc.ca
ou www.moulindesjesuites.org

## 35  VIEUX-PORT DE QUÉBEC

En faisant une promenade dans le Vieux-Port de Québec, on peut apercevoir le château Frontenac, la place Royale et le musée de la Civilisation. On peut aussi observer la marina, les activités portuaires et le déplacement des morceaux de glace sur le Saint-Laurent. 🐴

**⋆P**

 *1 km (linéaire, débutant)*

HORAIRE  Tout l'hiver > Du lever au coucher du soleil
TARIF  Gratuit
ACCÈS  <u>Accès 1</u> : de l'autoroute Dufferin-Montmorecy (440), suivre les indications pour le Vieux-Port de Québec. <u>Accès 2</u> : de Lévis, sur la rive sud du Saint-Laurent, prendre le traversier. **Transport public** > De la place d'Youville, prendre l'autobus 800 en direction de Beauport et s'arrêter à la gare du Palais. L'entrée du Vieux-Port se trouve après le marché public. Il y a la possibilité de prendre l'autobus n°1 en direction de « Cap blanc – Gare maritime Champlain » à partir de la gare du Palais.

INFORMATION  (418) 648-3640 > www.portquebec.ca

Saguenay –
Lac-Saint-Jean

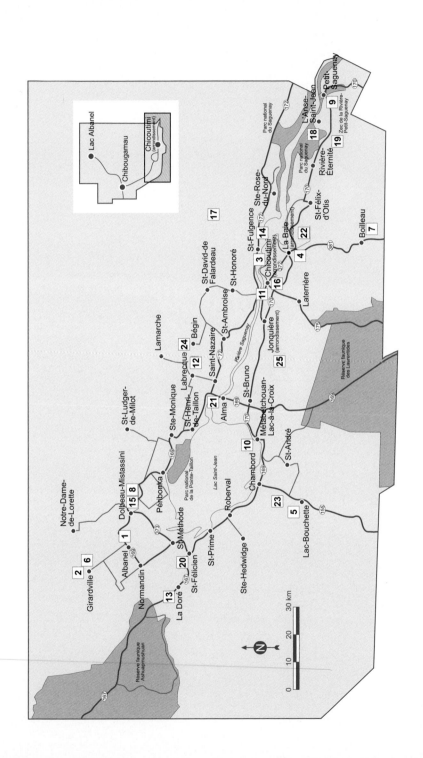

1 ASSOCIATION DES SPORTIFS D'ALBANEL

2 AVENTURAID, BASE ÉCOAVENTURE 4 SAISONS

3 CENTRE D'INTERPRÉTATION DES BATTURES ET DE RÉHABILITATION DES OISEAUX (CIBRO)

4 CENTRE PLEIN AIR BEC-SCIE

5 CENTRE VACANCES NATURE DE LAC-BOUCHETTE INC

6 DOMAINE DE LA RIVIÈRE MISTASSINI

7 DOMAINE DU LAC HA! HA!

8 LA MAGIE DU SOUS-BOIS

9 LE MONDE ENCHANTÉ DE MON ENFANCE

10 LE RIGOLET

11 LES SENTIERS DU SAGUENAY

12 MASSIF AUX 3 LACS

13 MOULIN DES PIONNIERS DE LA DORÉ

14 PARC AVENTURES CAP JASEUX

15 PARC DE LA POINTE-DES-PÈRES

16 PARC DE LA RIVIÈRE DU MOULIN

17 PARC NATIONAL DES MONTS-VALIN

18 PARC NATIONAL DU SAGUENAY

19 SENTIER DE RAQUETTE DU MONT-ÉDOUARD

20 SENTIER DES CHUTES-À-MICHEL

21 SENTIER DES GRANDS PINS BLANCS

22 SENTIER EUCHER

23 SENTIER OUIATCHOUAN

24 SENTIER PÉDESTRE DE BÉGIN

25 SENTIER PÉDESTRE DU LAC KÉNOGAMI

# 1 ASSOCIATION DES SPORTIFS D'ALBANEL

Les sentiers de raquette sont tracés dans une forêt mixte. Le territoire présente par endroits une succession de vallons et de buttes. Un abri chauffé est situé sur le sentier Le lièvre et permet aux raquetteurs de se reposer et de casser la croûte.

🏠 P 👫 Ⓒ ✕ ⌂ 🌿

🚶 *18,3 km + hors-piste sur tout le territoire*     🚶※ *3 km*

| 🚶 | 🚶※ | NOM DU SENTIER | LONGUEUR | TYPE | NIVEAU |
|----|-----|----------------|----------|------|--------|
| ✓ |   | Les petites collines | 2,0 km | Boucle | Débutant |
| ✓ | ✓ | La perdrix | 3,0 km | Boucle | Débutant |
| ✓ |   | Le lièvre | 6,0 km | Boucle | Intermédiaire |
| ✓ |   | Le renard | 7,3 km | Boucle | Avancé |

HORAIRE　De décembre à mars > de 9 h à 17 h
TARIF　　Raquette : Adulte : 2,00 $ > Marche hivernale : gratuit
ACCÈS　　De Dolbeau-Mistassini, suivre la route 169 jusqu'à Albanel. Le stationnement se situe au 1493, route 169.

DOCUMENTATION　Carte des pistes (à l'accueil)
INFORMATION　　(418) 279-5572

# 2 AVENTURAID, BASE ÉCOAVENTURE 4 SAISONS

La base Aventuraid est située au nord du lac Saint-Jean. Les sentiers traversent une forêt dense de type boréal, dominée par les conifères comme le sapin baumier et l'épinette noire. On y trouve aussi l'épinette blanche, le mélèze et le pin gris. Parmi les feuillus, on retrouve le bouleau blanc et le peuplier faux-tremble. Cette forêt est l'habitat de l'orignal, du loup, du lynx, du renard roux et du lièvre. Elle est entrecoupée de lacs et de rivières gelés. On peut apercevoir des barrages de castors. On a également un panorama sur la rivière Ouasiemsca. 🐴

🏠 P 👫 ⌂ ⌂ 🛏 ⛺ 🪑 🌿 ⛷

🚶 *10 km + hors-piste sur tout le territoire*     🚶※ *3 km*

| 🚶 | 🚶※ | NOM DU SENTIER | LONGUEUR | TYPE | NIVEAU |
|----|-----|----------------|----------|------|--------|
|   | ✓ | Sentier Panoramique | 3,0 km | Mixte | Intermédiaire |
| ✓ |   | Sentier du Ruisseau | 1,0 km | Mixte | Débutant |
| ✓ |   | Sentier des Ours | 3,0 km | Linéaire | Intermédiaire |
| ✓ |   | Sentier des Castors | 2,0 km | Mixte | Intermédiaire |
| ✓ |   | Sentier de la Coulée | 2,0 km | Mixte | Intermédiaire |
| ✓ |   | Sentier du Père Noël | 2,0 km | Linéaire | Intermédiaire |

HORAIRE　Tout l'hiver > De 10 h à 18 h
TARIF　　Adulte : 10,00 $ > Enfant : 5,00 $
ACCÈS　　De Dolbeau-Mistassini, emprunter la route 169 en direction ouest. Prendre ensuite la route vers Girardville et continuer sur 16 km. Suivre les indications pour la base.

INFORMATION　　(418) 258-3529 > www.aventuraid.qc.ca

## 3 CENTRE D'INTERPRÉTATION DES BATTURES ET DE RÉHABILITATION DES OISEAUX (CIBRO)

La mission du CIBRO, situé au bord de la rivière Saguenay, est la conservation du milieu naturel. On peut y observer le phénomène de la flèche littorale, une langue de terre s'étalant perpendiculairement à la côte et qui sépare les parties rivière et fjord du Saguenay. Un autre phénomène est la polynie : le contact entre l'eau salée et l'eau douce cause un remous empêchant la formation de la glace, ce qui permet de voir une ligne d'eau non gelée. On peut admirer les oiseaux de proie en soins grâce à des volières. 🐾 *Sur une portion de 1 km*

🏠 P 👫 ( 🏕 🪑 🌿

🏃 *3,3 km*     ⛷ *0,8 km*

| 🏃 ⛷ | NOM DU SENTIER | LONGUEUR | TYPE | NIVEAU | DÉNIVELÉ |
|---|---|---|---|---|---|
| ✓ | Sentier des Battures de Saint-Fulgence | 0,8 km | Boucle | Débutant | |
| ✓ | Sentier du Cap | 1,0 km | Boucle | Intermédiaire | 60 m |
| ✓ | Sentier de la Digue | 2,0 km | Linéaire | Intermédiaire | 60 m |
| ✓ | Sentier du jardin d'oiseaux | 0,3 km | Boucle | Débutant | |

**HORAIRE** De décembre à mars (Fermé de Noël jusqu'au 10 janvier) > De 9 h à 15 h 30 (Fermé les fins de semaine)
**TARIF** Carte de membre obligatoire 30,00 $
**ACCÈS** De Chicoutimi, traverser le Saguenay par le pont Dubuc. Prendre la route 172 est jusqu'à Saint-Fulgence et suivre les indications pour le Centre sur 1 km.

**DOCUMENTATION** Dépliants (à l'accueil)
**INFORMATION** (418) 674-2425 > www.ville.st-fulgence.qc.ca/cibro

## 4 CENTRE PLEIN AIR BEC-SCIE

Les sentiers longent le canyon de la rivière à Mars jusqu'à une chute où l'on a aménagé un belvédère. À côté de la chute, on verra les vestiges d'un ancien barrage hydroélectrique qui alimentait la ville de Bagotville au début du siècle. Des panneaux d'interprétation renseignent sur la géomorphologie du site, la rivière à saumons et le barrage.

🏠 P 👫 ( ✗ 🏠 🏕 🪑 🌿 🎿 🚩⛷

🏃 *18 km*

| 🏃 ⛷ | NOM DU SENTIER | LONGUEUR | TYPE | NIVEAU |
|---|---|---|---|---|
| ✓ | Sentiers des refuges | 10,0 km | Linéaire | Avancé |
| ✓ | La passe du matelot | 8,0 km | Mixte | Intermédiaire |

**HORAIRE** Tout l'hiver > De 8 h 30 à 16 h 30
**TARIF** Adulte : 3,50 $ > Enfant (12 à 17 ans) : 2,00 $ > Enfant (moins de 12 ans) : gratuit
**ACCÈS** De La Baie, prendre la route 170 ouest (boulevard Bagot), puis emprunter le chemin des Chutes à la jonction de l'avenue du Port et poursuivre jusqu'à l'entrée du Centre.

**INFORMATION** (418) 697-5132 > www.sadcdufjord.qc.ca

## 5    CENTRE VACANCES NATURE DE LAC-BOUCHETTE INC

Le centre nature est situé entre un lac, qui est l'élargissement de la rivière Ouiatchouan, et une montagne. Le sentier grimpe à travers un boisé mixte et conduit à une tour d'observation offrant une vue sur le lac Bouchette. On verra quelques structures de la piste d'hébertisme le long du parcours.

🏠 P ♟ ( X 🛋 🎋 ⛷

🏂 *1 km + hors-piste sur une portion du territoire*

| 🏂 ⛷ | NOM DU SENTIER | LONGUEUR | TYPE | NIVEAU | DÉNIVELÉ |
|---|---|---|---|---|---|
| ✓ | Hébertisme | 1,0 km | Boucle | Intermédiaire | 200 m |

HORAIRE   De mi-décembre à mi-mars > Du lever au coucher du soleil
TARIF   Adulte : 5,00 $
ACCÈS   De Trois-Rivières, emprunter l'autoroute transquébécoise (155) nord jusqu'à Lac-Bouchette et suivre les indications pour le Centre vacances nature.

DOCUMENTATION   Dépliant (à l'accueil)
INFORMATION   (418) 348-6832 > centrevacancesnature.com

## 6    DOMAINE DE LA RIVIÈRE MISTASSINI

Le domaine, d'une superficie de 120 hectares, est recouvert en majorité d'une forêt de pins gris. Il longe la rivière Mistassini qui traverse la forêt boréale entre les montagnes. On retrouve une histoire d'amour sous forme de légende au bout du sentier des amoureux. Sur le sentier des oiseaux, on peut observer certaines espèces qui sont nourries. Une quarantaine d'espèces ont été répertoriées dont le pic, la sitelle et le grand-duc d'Amérique. Un belvédère sur le sentier des mistassins offre une vue sur la rivière.

🏠 P ♟ ( X ⛺ 🛋 ⛰ 🎋 🪑 🌿 ⛷

🏂 *1,5 km + hors-piste sur tout le territoire*    ⛷ *3,3 km*

| 🏂 ⛷ | NOM DU SENTIER | LONGUEUR | TYPE | NIVEAU |
|---|---|---|---|---|
| ✓ | (pas de nom) | 1,5 km | Mixte | Débutant |
| ✓ | Sentier des mistassins | 2,6 km | Boucle | Débutant |
| ✓ | Sentiers des oiseaux | 0,3 km | Linéaire | Débutant |
| ✓ | Sentier des amoureux | 0,4 km | Linéaire | Débutant |

HORAIRE   De mi-décembre à mi-mars > De 9 h 30 à 16 h 30
TARIF   12 ans et plus : 12,00 $ > Enfant (3 à 11 ans) : 10,00 $ > Taxes incluses
ACCÈS   D'Albanel, suivre le rang Saint-Joseph Nord jusqu'à Girardville. Le domaine se situe au 2235 rang Saint-Joseph Nord.

DOCUMENTATION   Dépliant (au bureau d'information touristique régional)
INFORMATION   (418) 258-3345 > 1 888 343-3345
        www.domainedelarivieremistassini.com

## 7    DOMAINE DU LAC HA! HA!

Le sentier, traversant une forêt mixte, débute au camping et se rend à l'auberge du Domaine. Il passe par le mont du Four, sur la rive nord du Petit lac Ha! Ha!, et y grimpe jusqu'à un belvédère offrant une vue sur le camping, le lac et le massif des Laurentides. On peut apercevoir plusieurs oiseaux. 🐴

**11 km**

| 🚶 🎿 | NOM DU SENTIER | LONGUEUR | TYPE | NIVEAU | DÉNIVELÉ |
|---|---|---|---|---|---|
| ✓ | Sentier du Mont du Four | 11,0 km | Linéaire | Avancé | 440 m |

**HORAIRE** De décembre à avril > Du lever au coucher du soleil
**TARIF** Gratuit
**ACCÈS** De la route 170 près de La Baie, prendre la route 381 sud jusqu'à Ferland-et-Boilleau et suivre les indications pour le Domaine. Se rendre au poste d'accueil au km 67. Le site est à environ 45 km de La Baie.

**INFORMATION** (418) 676-2373 > 1 877 976-2373 > www.lachaha.com

## 8 LA MAGIE DU SOUS-BOIS

Le sentier passe à travers une plantation de pins et une forêt boréale mixte dans laquelle on retrouve, entre autres, des sapins et des mélèzes. On peut apercevoir des lièvres, des oiseaux comme la perdrix, et des renards. On longera aussi un petit lac. Si on s'aventure hors du sentier, on pourra monter au sommet d'une colline d'environ 35 m offrant une vue sur la municipalité et les environs.

🏛 P 👫 🍶⛅

**5 km (mixte, débutant) + hors-piste sur tout le territoire**

**HORAIRE** De janvier à fin mars > De 10 h à 14 h
**TARIF** 3,50 $ par personne > Taxes en sus.
**ACCÈS** De Dolbeau-Mistassini, prendre la route 169 et tourner sur la 23ᵉ Avenue. Suivre les indications pour La Magie du Sous-Bois.

**DOCUMENTATION** Dépliant (à l'accueil)
**INFORMATION** (418) 276-8926 > magiedusousbois@qc.aira.com

## 9 LE MONDE ENCHANTÉ DE MON ENFANCE

On y retrouve une chute, des ruisseaux et plusieurs variétés d'arbres dont certains sont centenaires, ainsi qu'une érablière. On peut observer un bouleau jaune d'au moins 200 ans qui est en forme de N. On passera par douze ponts couverts contenant chacun la photo d'un poète, comme Richard Séguin ou Paul Piché, et quelques-uns de leurs poèmes. Les sentiers mènent à des refuges dont le premier étage, à aire ouverte, fait office de belvédère offrant une vue sur la rivière Saguenay, le village et les montagnes environnantes. On retrouve sur le territoire trois fours à pain et deux sucreries à l'ancienne. 🐴

★ P 👫 🏠 🎿 🚂 🎿

**11 km + raquette hors-piste sur tout le territoire**

| 🚶 🎿 | NOM DU SENTIER | LONGUEUR | TYPE | NIVEAU | DÉNIVELÉ |
|---|---|---|---|---|---|
| ✓ ✓ | Le Parcours des Défricheurs | 4,0 km | Mixte | Débutant | |
| ✓ ✓ | Le Ruisseau de la Forêt | 3,0 km | Mixte | Intermédiaire | |
| ✓ ✓ | Le Lieu spirituel | 2,0 km | Mixte | Avancé | 120 m |
| ✓ ✓ | L'Aire de l'Abondance | 1,0 km | Mixte | Débutant | |
| ✓ ✓ | Le sentier des poètes | 1,0 km | Boucle | Débutant | |

HORAIRE    Tout l'hiver > Du lever au coucher du soleil
TARIF      Gratuit
ACCÈS      De Saint-Siméon, prendre la route 170 nord jusqu'au village de Petit-Saguenay. Le réseau débute derrière l'hôtel de ville. Il y a un autre accès au 19, route 170, à Petit Saguenay, et un autre par la rue du Quai.

INFORMATION      (418) 296-0406 > (418) 296-9686 > info@lecomtehotel.com

JCT    PARC NATIONAL DU SAGUENAY

## 10   LE RIGOLET

Ce lieu est situé dans la municipalité de Métabetchouan-Lac-à-la-Croix. Le sentier passe à travers un boisé mixte où on peut voir des lièvres et des oiseaux. Un belvédère offre une vue sur les marais gelés qu'on peut traverser grâce à une passerelle de bois sur pilotis. On a des points de vue sur le lac Saint-Jean. 🐎

✳ P 🚉 🛋 🌿

🏃 *1 km (linéaire, débutant) + hors-piste sur tout le territoire*

HORAIRE    De décembre à mars > Du lever au coucher du soleil
TARIF      Gratuit
ACCÈS      D'Alma, suivre la route 169 sud jusqu'à Métabetchouan-Lac-à-la-Croix et prendre la rue Saint-André. L'entrée du Rigolet est située 400 m avant le pont de fer, à droite.

INFORMATION      (418) 349-2060    (418) 349-3696 > www.ville.metabetchouan.qc.ca

## 11   LES SENTIERS DU SAGUENAY

La majorité du sentier longe la rivière Saguenay, jusqu'au pont d'aluminium de Shipshaw. On passera dans une forêt dont les pistes étaient autrefois utilisées par les Montagnais. On traversera le ruisseau Jean-Dechêne, un affluent de la rivière, grâce un petit pont. Des points de vue et un belvédère offrent une vue sur la rivière Saguenay et l'île Wilson, ainsi que sur la centrale Shipshaw et son barrage. 🐎

✳ P 🚉 🛋

🏃 *5 km + hors-piste sur tout le territoire*

| 🏃 ☓⃰ | NOM DU SENTIER | LONGUEUR | TYPE | NIVEAU | DÉNIVELÉ |
|---|---|---|---|---|---|
| ✓ | Sentier principal | 5,0 km | Mixte | Débutant | 50 m |

HORAIRE    De décembre à mars > Du lever au coucher du soleil
TARIF      Gratuit
ACCÈS      De Chicoutimi : prendre le boulevard du Saguenay ouest (route 372). Bifurquer à droite sur la rue Tourangeau et poursuivre jusqu'au bout. De la route 372 ouest : tourner à droite à l'indication du Club de golf et continuer sur environ 2 km. D'autres accès sont possibles par la route 372.

INFORMATION      (418) 698-3207 > (418) 699-6070 > www.ville.saguenay.qc.ca

## 12   MASSIF AUX 3 LACS

Le sentier débute au Relais des Lacs, entre le lac Labrecque et le lac Tommy. On aura une vue constante sur ce dernier car le sentier en fait le tour. 🐎

🏯 P 👪 ☕ ☓ 🚉 🌿 🍷

🏃 *6,2 km (boucle, intermédiaire) + hors-piste sur une portion du territoire*

HORAIRE      De décembre à fin mars > Du lever au coucher du soleil
TARIF        Gratuit
ACCÈS        D'Alma, suivre la route 169 en direction nord jusqu'à Saint-Nazaire. Tourner
             à gauche à l'église et se rendre à Labrecque. Prendre  alors le chemin des
             Vacanciers jusqu'au stationnement du Relais des Lacs.

INFORMATION      (418) 481-2022 > (418) 481-9999 > www.ville.labrecque.qc.ca

## 13      MOULIN DES PIONNIERS DE LA DORÉ

Le sentier traverse une forêt de conifères et longe en partie la rivière aux Saumons qu'on peut traverser grâce à une passerelle. Un belvédère et une tour d'observation offrent des vues sur la rivière, le relief vallonné et le site du moulin des Pionniers où on peut voir plusieurs infrastructures comme la maison de Marie et le camp de bûcheron. Le moulin a complètement brûlé en 1899, mais a été aussitôt reconstruit. On peut observer une petite chute qui ne gèle pas complètement. 🐎

🏠 P 👫 🎣 X 🏠 🛏 🎿 🛶 🚂 🌿 🎿

🚶 *2 km (boucle, débutant) + hors-piste sur tout le territoire*

HORAIRE      Tout l'hiver > Du lever au coucher du soleil
TARIF        2,00 $ par personne
ACCÈS        De Saint-Félicien, prendre la route 167 jusqu'à La Doré. La route 167 devient
             la rue des Peupliers. Le stationnement se trouve au 3951, rue des Peupliers.
             Le site du moulin se trouve à environ 15 km de Saint-Félicien.

INFORMATION      (418) 256-8242    1 866 272-8242 > www.moulindespionniers.qc.ca

## 14      PARC AVENTURES CAP JASEUX

Le parc Aventures Cap Jaseux est situé à Saint-Fulgence, sur la rive nord du Saguenay. Les sentiers sillonnent un boisé d'une superficie de 183 hectares situé à flanc de montagne. On y retrouve plusieurs écosystèmes favorisant la diversification de la faune. Des belvédères offrent des vues sur le fjord. 🐎

🎿 P 🎿 🌿

🚶 *7 km*

| 🚶 | 🎿 | NOM DU SENTIER | LONGUEUR | TYPE | NIVEAU |
|---|---|---|---|---|---|
| ✓ |   | Versant | 0,6 km | Boucle | Intermédiaire |
| ✓ |   | Chanterelles | 1,6 km | Boucle | Intermédiaire |
| ✓ |   | Cascades | 1,5 km | Linéaire | Intermédiaire |
| ✓ |   | Vinaigriers | 1,3 km | Boucle | Débutant |
| ✓ |   | Le Saguenay | 0,8 km | Boucle | Débutant |
| ✓ |   | Pêcheurs | 0,4 km | Linéaire | Débutant |
| ✓ |   | Les Érables | 0,5 km | Boucle | Débutant |
| ✓ |   | Salon de la forêt | 0,3 km | Boucle | Débutant |

HORAIRE      De mi-octobre à mi-mai > Du lever au coucher du soleil
TARIF        Gratuit
ACCÈS        De Chicoutimi, traverser le Saguenay par le pont Dubuc et prendre la route
             172 est. Après Saint-Fulgence, l'entrée du parc est indiquée 1,5 km plus
             loin sur la droite via le chemin de la Pointe-aux-Pins.

DOCUMENTATION      Brochure (dans les kiosques d'information touristique
                   et les commerces de la région)
INFORMATION        (418) 674-9114 > 1 888 674-9114 > www.capjaseux.com

## 15  PARC DE LA POINTE-DES-PÈRES

Au cœur de la ville de Dolbeau-Mistassini, ce parc d'une superficie de 58 hectares est bordé par les rivières Mistassini et Mistassibi. On y retrouve plusieurs vestiges témoignant de la présence des autochtones. Le premier monastère des pères Trappistes a été construit sur la pointe. Les sentiers passent par une zone boisée et une zone de friche. Une centaine de nichoirs ont été installés pour observer les différentes espèces d'oiseaux. 🐎

🏠 P ♟ 𝄐 ♨ ▦ 🌿

🏃 *5,1 km + hors-piste sur tout le territoire*

| 🏃 | 🏃❄ | NOM DU SENTIER | LONGUEUR | TYPE | NIVEAU |
|----|-----|----------------|----------|------|--------|
| ✓ | | Sentier Père Samuel-Scher | 0,9 km | Linéaire | Débutant |
| ✓ | | Sentier Père Benoît-Desforêts | 2,4 km | Boucle | Débutant |
| ✓ | | Sentier Père Fortunat-Brodeur | 1,8 km | Linéaire | Débutant |

HORAIRE  Tout l'hiver > Du lever au coucher du soleil
TARIF  Gratuit
ACCÈS  Le parc de la Pointe-des-Pères est situé dans la ville de Dolbeau-Mistassini, en bordure du boulevard des Pères  (route 169).

INFORMATION  (418) 276-6502 > www.sge.qc.ca

## 16  PARC DE LA RIVIÈRE DU MOULIN

Un des sentiers de raquette utilise l'ancien lit de la rivière du Moulin qui a été modifié lors du déluge de 1996. Au bout de ce sentier, on retrouve une chute gelée. Un sentier mène à une rivière avec des rapides, qu'on peut traverser grâce à une passerelle. Les sentiers passent à travers une forêt mixte dans laquelle on retrouve plusieurs pins. Quelques panneaux d'interprétation sont présents. Des mésanges viennent manger dans la main.

🏠 P ♟ 𝄐 X ▦ 🌿

🏃 *4,9 km + hors-piste sur une portion du territoire*     🏃❄ *5,8 km*

| 🏃 | 🏃❄ | NOM DU SENTIER | LONGUEUR | TYPE | NIVEAU |
|----|-----|----------------|----------|------|--------|
| | ✓ | 1A | 1,5 km | Boucle | Débutant |
| | ✓ | 1B | 3,0 km | Linéaire | Débutant |
| | ✓ | 1C | 1,3 km | Linéaire | Débutant |
| ✓ | | R1 | 2,4 km | Boucle | Intermédiaire |
| ✓ | | R2 | 2,5 km | Boucle | Intermédiaire |

HORAIRE  De décembre à mars > De 10 h à 17 h (semaine) > De 9 h à 17 h (fin de semaine)
TARIF  Gratuit
ACCÈS  Du boulevard Talbot (route 175) à Chicoutimi, prendre le boulevard des Saguenéens vers l'est jusqu'à la rue des Roitelets. Tourner à droite, le parc est à gauche, environ 500 m plus loin.

DOCUMENTATION  Dépliant (à l'accueil)
INFORMATION  (418) 698-3235   (418) 698-3200 > www.ville.saguenay.qc.ca

## 17  PARC NATIONAL DES MONTS-VALIN

Le parc national des Monts-Valin, d'une superficie de 154 km², est recouvert de forêt mixte. En hauteur, on retrouve majoritairement des conifères et des plantes arctiques-alpines. Le paysage est composé de vallées, de sommets dénudés et de lacs. Le mont Valin est le point culminant de la région avec ses 980 m de hauteur. Le sommet du Pic de la Hutte offre un panorama sur toute la ville de Saguenay jusqu'à la réserve faunique des Laurentides. C'est là aussi qu'on peut observer les momies, l'un des deux phénomènes climatiques, l'autre étant les fantômes, observables dans la vallée, à 800 m d'altitude. Le lynx du Canada est présent sur le territoire. *Note : Tous les parcours commencent au centre d'accueil et d'interprétation.* ⚠ Le camping d'hiver est interdit en solo.

🏛 P 👫 🛈 ✗ ⌂ ⌂ 🏠 🖼 🎿 🏔 🪵 🔥 🎍 🌿 🚌 🧳 📍⚡

🏃 *50 km*     **Multi** *50 km*

| 🏃 | 🎿* | NOM DU SENTIER | LONGUEUR | TYPE | NIVEAU | DÉNIVELÉ |
|---|---|---|---|---|---|---|
| ✓ |  | Accueil – Tête de Chien | 4,0 km | Linéaire | Avancé | 340 m |
| ✓ |  | Accueil – Pic de la Hutte | 9,0 km | Linéaire | Avancé | 670 m |
| ✓ |  | Le Mirador | 1,5 km | Linéaire | Débutant | 60 m |
| ✓ |  | Route Gaspard | 5,0 km | Linéaire | Débutant |  |
| ✓ |  | Autres sentiers de raquette | 30,5 km | Mixte | Intermédiaire |  |

**HORAIRE** De mi-décembre à mi-avril > de 8 h à 17 h

**TARIF** Adulte (18 ans et plus) : 3,50 $ > Enfant (6 à 17 ans) : 1,50 $ > Enfant (moins de 6 ans) : gratuit > Famille : 7,00 $ > Laissez-passer annuel pour un parc : 16,50 $/7,50 $ > Laissez-passer annuel pour l'ensemble des parcs nationaux du Québec : 30,00 $/15,00 $ > Autres tarifs disponibles

**ACCÈS** De Chicoutimi, traverser le Saguenay par le pont Dubuc et prendre la route 172 est sur 13 km . Juste avant Saint-Fulgence, tourner à gauche sur le rang Saint-Louis et continuer sur 17 km jusqu'à l'accueil.

**DOCUMENTATION** Carte et dépliants (aux bureaux de la SÉPAQ et à la Fédération québécoise de la marche)

**INFORMATION** (418) 674-1200 > www.parcsquebec.com

## 18  PARC NATIONAL DU SAGUENAY

Le parc national du Saguenay, créé en 1983, longe les deux rives du fjord du Saguenay. En saison hivernale, il se transforme en vaste étendue blanche coupée par des montagnes avec des falaises où on peut parfois faire face à de grands vents. On peut admirer le fjord durant la période de fonte de la glace. On note la présence de toundra sur quelques sommets. Certains sentiers passent par la vallée, d'autres font monter jusqu'à des sommets dénudés d'où on a une vue sur le fjord et la région. Le sentier Les Caps, sur la rive sud, est un parcours boisé commençant à Baie-Éternité et offrant quelques points de vue sur le fjord. Le sentier Anse à la Barge donne une vue sur le fjord mais aussi sur la baie Sainte-Marguerite. On peut accéder au belvédère de la baie Sainte-Marguerite qui donne un vue de 180 degrés sur le fjord. Le sentier De méandres à falaises, qui longe le delta de la rivière et se termine au pied des falaises du cap Trinité, permet d'apercevoir trois espèces de pics ainsi que la baie Éternité et des parois rocheuses. Le sentier des Sommets, quant à lui, offre un paysage de vallée montagneuse. ⚠ L'accès au secteur de la montagne Blanche est interdit en hiver. Il est propice aux avalanches, donc extrêmement dangereux.

🏛 P 👫 🛈 ✗ ⌂ ⌂ 🏠 🖼 🎿 🌿 🚌 📍⚡

🏃 *36,9 km*

| 🏃 | 🎿* | NOM DU SENTIER | LONGUEUR | TYPE | NIVEAU | DÉNIVELÉ |
|---|---|---|---|---|---|---|
| ✓ |  | Sentier Les Caps | 25,0 km | Linéaire | Avancé | 250 m |
| ✓ |  | Anse à la Barge | 6,0 km | Linéaire | Débutant |  |
| ✓ |  | Sentier des Sommets | 2,8 km | Boucle | Intermédiaire | 175 m |
| ✓ |  | Méandres à falaise | 3,1 km | Linéaire | Intermédiaire | 150 m |

HORAIRE   De mi-décembre à fin mars > De 8 h 30 à 16 h 30
TARIF     Adulte (18 ans et plus) : 3,50 $ > Enfant (6 à 17 ans) : 1,50 $ > Enfant
          (moins de 6 ans) : gratuit > Famille : 7,00 $ > Laissez-passer annuel pour un
          parc : 16,50 $/7,50 $ > Laissez-passer annuel pour l'ensemble des parcs
          nationaux du Québec : 30,00 $/15,00 $ > Autres tarifs disponibles
ACCÈS     De la route 170 à Rivière-Éternité, suivre les indications pour le parc (secteur
          Baie-Éternité). Les sentiers situés sur la rive nord sont accessibles à partir
          du village de Sacré-Cœur (secteur Baie-Sainte-Marguerite) par la route 172.
          D'autres accès sont possibles le long du fjord.

DOCUMENTATION   Journal du parc, cartes (4 saisons)
                (à l'accueil et à la Fédération québécoise de la marche)
INFORMATION     1 800 665-6527 > 418 272-1556 > www.parcsquebec.com

JCT   FERME 5 ÉTOILES (MANICOUAGAN); LE MONDE ENCHANTÉ DE MON ENFANCE

## 19   SENTIER DE RAQUETTE DU MONT-ÉDOUARD

Les sentiers de raquette sont situés près du village. Du haut de la montagne, on a accès au chalet et on possède une vue sur le fjord. La particularité principale de la montagne est que les précipitations de neige sont supérieures à la moyenne.

7,5 km + hors-piste sur une portion du territoire

| | NOM DU SENTIER | LONGUEUR | TYPE | NIVEAU | DÉNIVELÉ |
|---|---|---|---|---|---|
| ✓ | Sentier familial | 3,5 km | Mixte | Avancé | 450 m |
| ✓ | Gros pin | 1,5 km | Mixte | Avancé | 250 m |
| ✓ | Rocheuse | 1,0 km | Mixte | Avancé | 250 m |
| ✓ | Cascadeuse | 1,5 km | Mixte | Avancé | 200 m |

HORAIRE   De décembre à mi-avril > Du lever au coucher du soleil
TARIF     Gratuit > Inscription obligatoire
ACCÈS     De Saint-Siméon, prendre la route 170 jusqu'à L'Anse-Saint-Jean. Tourner
          à gauche sur la rue des Coteaux et tourner encore à gauche sur la rue
          Dallaire. Le centre de ski est situé sur la gauche.

DOCUMENTATION   Document maison (au centre de ski)
INFORMATION     (418) 272-2927 > www.montedouard.com

## 20   SENTIER DES CHUTES-À-MICHEL

Le territoire est recouvert d'une forêt mixte, composée en grande majorité de feuillus. On y retrouve la rivière Ashuapmushuan, qui conduit aux rapides Arcand et à la chute à Michel qui ne gèle pas complètement l'hiver. Cinq belvédères offrent des vues sur les rapides, la rivière et la chute. On peut croiser des renards et des lièvres.

Hors-piste sur tout le territoire

HORAIRE   Tout l'hiver > Du lever au coucher du soleil
TARIF     Gratuit
ACCÈS     De Saint-Félicien, prendre la route 167 sur environ 6 km. Suivre les indications
          pour le sentier des Chutes-à-Michel.

INFORMATION     (418) 679-0257 poste 2256 > (418) 679-0257 poste 2257
                www.ville.stfelicien.qc.ca

## 21    SENTIER DES GRANDS PINS BLANCS

L'île Maligne est située dans la partie aval de La Grande Décharge. On y retrouve un puissant barrage hydroélectrique. Comme le territoire n'a pas subi de perturbation humaine depuis 1925, l'écosystème a les caractéristiques des premières forêts de la région. Le sentier passe à travers un milieu boisé composé de grands pins blancs. Un belvédère offre une vue sur la rivière La Grande Décharge.

🏛 P ⛹ ( X 🚻 🎿 🚠 🌾 🏂

🚶 *4,9 km (boucle, intermédiaire)*

HORAIRE    Tout l'hiver > Du lever au coucher du soleil
TARIF    Gratuit
ACCÈS    D'Alma, prendre la route 169 sud (avenue du Pont Nord) et traverser la rivière La Grande Décharge. Suivre les indications pour le complexe touristique du camping de la Dam-en-Terre. Le sentier se situe sur l'île Maligne, voisine de l'île d'Alma. À partir du complexe touristique Dam-en-Terre, prendre la piste cyclable longeant la rivière La Grande Décharge.

INFORMATION      (418) 668-3611 > 1 877 668-3611 > www.tourismealma.com

## 22    SENTIER EUCHER

Le parc de la nordicité est situé en bordure du fjord. Le sentier, qui débute à la marina de La Baie, mène au sommet des caps et surplombe la baie des Ha! Ha! Un belvédère et des points de vue offrent un panorama sur le fjord du Saguenay. On peut voir les vestiges des écorceurs et la croix du Centenaire du Saguenay-Lac-Saint-Jean. Un igloo est présent sur le territoire. 🐴

🏛 P ⛹ ( 🚻 A❅ 🏠 🎿 🌾 🚌 🏂

*Note :* *le pavillon d'accueil est ouvert de 9 h à 16 h*

🚶 *9 km (mixte, avancé, dénivelé de 100 m)*

HORAIRE    Tout l'hiver > Du lever au coucher du soleil
TARIF    Contribution volontaire
ACCÈS    Se rendre à la marina de La Baie où se situe le départ du sentier.

DOCUMENTATION    Dépliant et carte du sentier (à l'accueil et au bureau d'information touristique)
INFORMATION    (418) 697-7831

## 23    SENTIER OUIATCHOUAN

Ce sentier, reliant la municipalité de Lac-Bouchette et le Village historique de Val-Jalbert, longe la rivière Ouiatchouan et offre plusieurs points de vue sur cette dernière. On traverse un boisé mixte composé, entre autres, d'épinette noire. Il s'agit d'une vieille forêt; certains arbres ont plus de cent ans. On passera par six ou sept montagnes offrant des vues sur le lac Saint-Jean. On pourra voir aussi, près des refuges, un torrent et le rapide Ballantyne qui offre une sonorité intéressante. On croisera des perdrix et des lièvres. On peut faire une courte ou une longue randonnée grâce aux trois points d'accès. 🐴

✹ P X 🏠 🚻 🏘 🎿 🚠 🌾

🚶 *32 km (linéaire, avancé, dénivelé de 200 m) + hors-piste sur tout le territoire*

HORAIRE    Tout l'hiver > Du lever au coucher du soleil
TARIF    Gratuit

ACCÈS    De Chambord, prendre la route 155 sud, tourner à gauche sur le chemin de l'Ermitage à Lac-Bouchette, et suivre les indications pour l'Ermitage Saint-Antoine. Deux autres voies d'accès sont possibles par le site du Village historique de Val-Jalbert et par l'auberge Au lait vert de Saint-François.

INFORMATION    (418) 348-6344 > (418) 348-6832 > cdlacbouchette@qc.aira.com

## 24    SENTIER PÉDESTRE DE BÉGIN

Ce sentier est un véritable musée au cœur de la nature. Il est bordé par 17 sculptures en bois grandeur nature représentant divers personnages et animaux. On grimpera la montagne jusqu'à deux belvédères dont l'un est situé près d'un pont suspendu au-dessus d'une vallée. On peut acheter un arbre ou une sculpture pour financer le sentier. 🐎

🎖 P 👬 ( 🏕 🛏 🎹 🌿 ⛷ 🏌️‍♀️⛳

🏃 *5 km (boucle, intermédiaire, dénivelé de 50 m)*

HORAIRE    Tout l'hiver > De 9 h à 16 h
TARIF      Gratuit
ACCÈS      De Chicoutimi, traverser le Saguenay par le pont Dubuc et prendre la route 172 ouest. À Saint-Ambroise, suivre les indications pour Bégin. Le sentier débute au club de ski de fond Perce-Neige.

DOCUMENTATION    Dépliant (à l'accueil)
INFORMATION      (418) 672-2434 > (418) 672-4270 > begin.chez.tiscali.fr/index.html

## 25    SENTIER PÉDESTRE DU LAC KÉNOGAMI

On peut pratiquer la raquette aux deux extrémités du sentier. Le long du parcours, on rencontrera de nombreux points de vue sur le lac Kénogami, des rivières tumultueuses et plusieurs escarpements rocheux. Du sommet du mont Lac Vert, le panorama donne sur la plaine d'Héberville et du lac Saint-Jean.

✳ P 👬 🏠 🏢 ⌐ 🏕 🚻 🛏 🎹

🏃 *16 km + hors-piste sur tout le territoire*

| 🏃 👟 | NOM DU SENTIER | LONGUEUR | TYPE | NIVEAU |
|---|---|---|---|---|
| ✓ | Du mont Lac-Vert au Cap à l'Aigle | 9,5 km | Linéaire | Avancé |
| ✓ | Du km 45 au refuge du km 38,5 | 6,5 km | Linéaire | Avancé |

HORAIRE    De début novembre à mi-mai > Du lever au coucher du soleil
TARIF      Gratuit
ACCÈS      D'Alma : prendre la route 169 sud jusqu'à Hébertville. Le sentier débute en haut des pentes de la station de ski du mont Lac Vert. De Chicoutimi : prendre la route 175 sud jusqu'à Laterrière. Le sentier débute en bordure de la route.

DOCUMENTATION    Carte des sentiers (à l'hôtel de ville de Jonquière)
INFORMATION      (418) 344-4000 > http://kenogami.tripod.com

# Fédération québécoise de la marche

Organisme sans but lucratif, également reconnu comme organisme de charité enregistré, la Fédération québécoise de la marche a pour mandat général la promotion et le développement de la marche sous toutes ses formes, misant particulièrement sur l'aspect loisir. Elle renseigne et conseille depuis plus de 25 ans tous ceux intéressés par la marche, la randonnée pédestre ou la raquette. Par l'intermédiaire de comités permanents ou ad hoc, elle accomplit plusieurs mandats :

### Festival de la marche

C'est un événement de participation qui rassemble les marcheurs de toutes les catégories. Chaque année, il a lieu dans une région différente du Québec. En 2005, il s'est déroulé dans la région de Chaudière-Appalaches et a attiré des centaines de marcheurs et de randonneurs. En 2006, c'est en Gaspésie que tous ont rendez-vous.

### Festival de la raquette

C'est le pendant hivernal du Festival de la marche. La toute première édition du Festival de la raquette aura lieu le 25 février 2006, dans la région des Laurentides. Les participants de tout calibre pourront se joindre à des randonnées en raquette ou à des compétitions amicales.

### Certificat du randonneur émérite québécois

C'est un programme de participation volontaire consistant à parcourir 25 sentiers parmi une liste qui en compte 75, et ce, dans 10 régions différentes du Québec. La première tranche de 25 sentiers donne accès au niveau *bronze,* la deuxième, à l'*argent,* et la troisième, à l'*or.* Il n'y a pas d'inscription, pas de frais, pas de temps limite. La seule condition est d'être membre en règle de la Fédération au moment où on parcourt chacun des sentiers.

### Fondation Sentiers-Québec

Depuis plus de 25 ans, c'est sous cette dénomination que la Fédération reçoit, gère et redistribue les dons servant à soutenir le développement de réseaux pédestres et la marche sous toutes ses formes. Elle émet chaque année aux donateurs les reçus pour impôt.

### Padélima

Ce **P**rogramme d'**A**ide au **DÉ**veloppement des **LI**eux de **MA**rche au Québec appuie les projets de développement et d'amélioration des lieux de marche au Québec. Grâce à la Fondation Sentiers-Québec, des subventions sont octroyées aux groupes affiliés à la Fédération.

## Journée nationale des sentiers

Elle a lieu le premier samedi de juin de chaque année. À cette occasion, les clubs sont invités à inscrire à leur programme une activité d'entretien de sentier, et les randonneurs à s'y joindre.

## Sentier national au Québec

Ce projet d'envergure en voie de réalisation est décrit au prochain chapitre.

## Diffusion Plein Air

Pour diffuser l'information sur les activités et sur les lieux de marche, et transmettre ses expertises, la Fédération québécoise de la marche a créé des outils. L'ensemble porte un nom : Diffusion Plein Air.

### Revue MARCHE-Randonnée

Publiée depuis 17 ans, elle présente, à chaque saison, des récits de voyages, des découvertes, des suggestions de destinations, des conseils sur l'équipement, les techniques, la santé et plusieurs sujets appréciés des marcheurs, des randonneurs et des raquetteurs. Elle inclut également un calendrier regroupant plus de 300 activités de marche, de randonnée pédestre et de raquette. C'est le meilleur outil pour se tenir au courant des développements de la marche et des sentiers.

### Éditions Bipède

Elles ont été créées pour transmettre information et expertise.

> *Partir du bon pied* répond aux questions le plus souvent posées par les personnes désirant s'adonner à la marche, à la randonnée pédestre ou à la raquette.
> Le *Répertoire des lieux de marche au Québec,* qui en est à sa 5ᵉ édition, rassemble en un seul volume tous les lieux aménagés pour la pratique de la marche et de la randonnée pédestre.
> *De l'idée au sentier* s'adresse aux créateurs de sentiers (actuels ou potentiels) et va progressivement apporter une forme de sécurisation et de normalisation des réseaux pédestres.
> Le *Topo-guide du Sentier national au Québec – Bas-Saint-Laurent* est le premier d'une collection de topo-guides que les Éditions Bipède prévoit publier. Cartes topographiques et description détaillée guident le randonneur au fil des 144,4 km de sentier qui relie Trois-Pistoles à Dégelis.
> *Raquette et marche hivernale au Québec* est le dernier-né des Éditions Bipède. Il rassemble tous les lieux destinés à la raquette et à la marche hivernale.

### Centre de documentation

On y trouve une sélection de cartes et de dépliants sur les lieux de marche, proposée sous forme de présentoir libre-service.

## Librairie postale

Les membres de la Fédération québécoise de la marche peuvent y obtenir à prix escomptés des produits, des cartes et des livres sur des sujets se rapportant au plein air.

## Produits spéciaux

> *Trousse de premiers soins :* en plus des articles que toute bonne trousse de premiers soins doit contenir, on y trouve tout ce qu'il faut pour la prévention et le soin des ampoules, ainsi que pour les entorses et pour la plupart des petits bobos du marcheur.
> *Podomètre :* léger et facile à utiliser, il fournit une foule de renseignements au marcheur : nombre de pas, distance parcourue, pulsations cardiaques, nombre de calories brûlées et bien d'autres.
> *Brassards de sécurité :* fabriqués avec des matériaux fluorescents et réfléchissants issus de la technologie 3M, ces brassards augmentent la visibilité du marcheur, de jour comme de nuit.
> *Épinglette de la Fédération :* elle représente le logo de la Fédération québécoise de la marche. La personne qui la porte marque son soutien à la promotion et au développement des activités pédestres.
> *Écusson de la Fédération :* le logo de la Fédération québécoise de la marche y est brodé en gris pâle sur fond vert forêt. Cousu sur le sac à dos ou un vêtement, c'est une autre façon de montrer son soutien.
> *T-shirt de la Fédération :* de couleur vert forêt, le logo de la Fédération y est appliqué dans une teinte de gris argenté. C'est un vêtement polyvalent, résistant, lavable et séchable à la machine, et disponible en deux tailles, grand et très grand.
> *Veste de laine polaire de la Fédération :* également de couleur vert forêt, le logo de la Fédération y est brodé en gris pâle. Elle possède une fermeture éclair pleine longueur, deux très grandes poches et est disponibles en trois tailles, petit, moyen et grand.
> *Casquette de la Fédération :* elle protège du soleil tout en affichant son support à la Fédération. De couleur vert forêt, la visière et le logo sont dans une teinte de tan.
> *Tuque de la Fédération :* l'extérieur est en acrylique et l'intérieur, en laine polaire. Elle est donc chaude et douce au toucher. Elle est disponible en gris ardoise ou beige.

## Partenaires

Un partenariat a été établi entre la Fédération et diverses entreprises reliées à la pratique d'activités pédestres. Chaque membre en règle de la Fédération québécoise de la marche, sur présentation de sa carte de membre, peut bénéficier de rabais ou de conditions privilégiées. En 2005, on comptait 139 partenaires répartis un peu partout au Québec :

> 27 réseaux pédestres
> 78 gîtes et auberges
> 27 établissements de camping
> 14 boutiques plein air
> 2 écoles de formation
> 1 entreprise de location de véhicules

## La Fédération : un avenir qui se construit par ses membres

La Fédération s'attache à établir, entre les besoins et les ressources, le lien indispensable au développement de la marche, de la randonnée pédestre et de la raquette. Dans sa volonté d'accroître le partenariat avec d'autres secteurs tels que le tourisme, l'environnement ou l'écologie, elle continuera à construire des outils et à établir des ententes nécessaires à cette fin. C'est par l'accroissement du nombre de ses membres qu'elle saura le mieux identifier l'évolution des besoins, puis définir en conséquence les lignes directrices des actions à entreprendre. Devenir membre de la Fédération québécoise de la marche, c'est se donner l'opportunité d'exprimer ses attentes, et d'aider à ce qu'elles soient satisfaites.

FÉDÉRATION QUÉBÉCOISE DE LA MARCHE
4545, avenue Pierre-De Coubertin
Case postale 1000, succursale M
Montréal (Québec)  H1V 3R2

Téléphone : (514) 252-3157
Sans frais : 1 866 252-2065
Télécopieur : (514) 252-5137
www.fqmarche.qc.ca

# Coupon d'adhésion

**Devenir membre de la Fédération québécoise de la marche, c'est :**

- Soutenir le développement de la marche, de la randonnée pédestre, de la raquette et des réseaux de sentiers;
- Recevoir la revue MARCHE-Randonnée 4 fois par année;
- Obtenir le bulletin Info-membres 4 fois par année;
- Être admissible au Certificat du randonneur émérite;
- Bénéficier d'escomptes auprès des partenaires de la Fédération : réseaux pédestres, écoles de formation, hébergements, boutiques plein air, services de location de véhicules;
- Obtenir à prix réduit des livres, des cartes et autres produits;
- Recevoir, sur demande, l'Annuaire des clubs et organisations affiliés

**NOM** ..................................................................................................

ADRESSE ............................................................................................

VILLE ....................................................................................................

CODE POSTAL .....................................................................................

TÉLÉPHONE (résidence) ......................................................................

TÉLÉPHONE (travail) ............................................................................

COURRIEL .............................................................................................

**Adhésion**    INDIVIDUELLE   ❏ 1 an 25 $     ❏ 2 ans 47,50 $

               FAMILIALE     ❏ 1 an 30 $ (*)   ❏ 2 ans 57 $ (*)

(*) Nom des autres membres de la famille

Prénom                        Nom

..................................................................................................

..................................................................................................

..................................................................................................

**PAIEMENT**     ❏ PAR CHÈQUE    ❏ VISA    ❏ MASTERCARD

N° de la carte .......................................................................................

Date d'expiration ..................................................................................

 Signature ..............................................................................................

**Faire parvenir à :**
**FÉDÉRATION QUÉBÉCOISE DE LA MARCHE**
**C.P. 1000, Succ. M, Montréal (Québec) H1V 3R2**

# Le sentier national

Le projet du Sentier national consiste à aménager un sentier pédestre ininterrompu traversant le Canada d'ouest en est : un projet d'environ 10 000 kilomètres!

Comme bien des grands projets, celui du Sentier national a d'abord germé dans la tête de quelques mordus. L'idée était de réunir les amateurs de marche dans un défi commun, soit celui de réaliser un sentier pédestre ininterrompu reliant l'Atlantique au Pacifique. À l'instigation de Douglas Campbell, de la Canadian Hiking Association, l'Association canadienne du Sentier national – ACSN – est créée en 1971. Mais ce n'est qu'en 1977 qu'elle est officiellement fondée en obtenant sa charte. En 1984, l'ACSN redéfinit sa structure nationale pour introduire et former les structures provinciales. La première inauguration eut lieu en 1987, à Ottawa. Depuis, le défi du Sentier national a fait boule de neige et suscité beaucoup d'intérêt de la part des amateurs de randonnée pédestre et des intervenants régionaux. Bien qu'encore aucune province n'ait terminé sa portion, le projet est bien avancé dans la plupart de celles-ci.

## Le Sentier national au Québec

Une fois complété, le Sentier national au Québec comptera quelque 1 400 kilomètres. Il s'étirera de l'Ontario au Nouveau-Brunswick, franchissant huit régions touristiques : Outaouais, Laurentides, Lanaudière, Mauricie, Québec, Charlevoix, Manicouagan et Bas-Saint-Laurent. Il sera tracé principalement en pleine nature, n'effleurant la civilisation que pour le ravitaillement ou l'hébergement. Une partie importante traversera les parcs nationaux, les zecs et les pourvoiries. Ailleurs, il passera sur des terrains privés et sur des terres publiques.

« Le Sentier national permettra avant tout de profiter du plein air, de pouvoir marcher, de relaxer, de faire de l'exercice, de se récréer. À long terme, le Sentier national veut combler le besoin pressant de nouveaux espaces récréatifs afin de répondre adéquatement aux nouvelles habitudes de vie liées au maintien d'une bonne condition physique; il vise aussi à préserver les sites offrant une importance historique et panoramique avant qu'ils ne soient accaparés par le développement immobilier ou commercial; enfin, sa mission l'appelle immanquablement à forger un lien durable à travers le pays pour unir toutes les énergies vouées à la protection et à la promotion de l'environnement naturel. »

*Doug Campbell, fondateur de l'Association canadienne du Sentier national (ACSN)*

Les milieux traversés seront représentatifs du bouclier laurentien, unique au monde par son histoire géologique et ses milieux écologiques. De nombreux attraits et points de vue se retrouveront tout le long du parcours. Sur la majeure partie de celui-ci, on ne pourra circuler qu'à pied et, en période de neige, en raquettes.

C'est en 1984 que la Fédération québécoise de la marche devint répondant officiel du Sentier national pour le Québec. Mais ce n'est que quelques années plus tard que le projet prit vraiment son élan grâce à Réal Martel, un bénévole féru d'espaces sauvages. En janvier 1990, le « Comité québécois pour le Sentier national » fut créé et, à l'automne de la même année, les premiers tronçons québécois furent inaugurés, soit les sentiers de la Matawinie et de l'Inter-Centre. Au début de 1993, le comité changea de nom pour « Sentier national au Québec », ou SNQ.

Aujourd'hui, la moitié du Sentier national au Québec est déjà accessible. Le comité du SNQ coordonne la réalisation du projet au nom de la Fédération québécoise de la marche. Pour effectuer le travail sur le terrain, le comité dispose d'un sous-comité dans chacune des régions où le Sentier est appelé à passer. La très grande partie du travail se fait grâce à la contribution de bénévoles, notamment au niveau de l'entretien.

Le SNQ met en œuvre un système de partenariat et de gestion de sentiers d'avant-garde au Québec. En collaboration avec les municipalités, corporations de promotion touristique et autres organismes régionaux, il représente un projet adapté au milieu et générateur de revenus et d'emplois. Plus particulièrement, il représente un outil de promotion touristique dans un contexte de popularité grandissante du tourisme de plein air au Québec, notamment de la marche.

Au Québec, le Sentier national est identifié au moyen d'une balise blanc et rouge, généralement peinte sur les arbres. Les accès et les sentiers secondaires sont balisés d'une autre couleur qui varie selon les régions. Le Sentier national privilégie le raccordement entre des sentiers existants. Les tronçons homologués ont ainsi l'avantage d'être adéquatement balisés et entretenus, en plus de voir apparaître de nouvelles infrastructures d'accueil.

Pensé en fonction d'une vaste clientèle de marcheurs, le Sentier national s'adresse autant aux amateurs de longue randonnée qu'aux randonneurs d'un jour. Sauf exception, tous les tronçons sont accessibles par plusieurs entrées, ou encore par des bretelles d'accès, ce qui permet de les parcourir sur une partie de leur longueur. Les randonneurs qui désirent effectuer une randonnée de plusieurs jours peuvent, selon les sections, dormir en refuge, en appentis (lean-to), en camping ou dans des hébergements « tout confort » associés au SNQ.

## Pour découvrir le Sentier national au Québec

Les personnes qui veulent parcourir les sections déjà accessibles peuvent se procurer, auprès de la Fédération québécoise de la marche, des pochettes contenant les cartes des tronçons ouverts. Ces pochettes sont des outils temporaires qui seront remplacés progressivement par des topo-guides au fur et à mesure que des régions seront complétées. Le Bas-Saint-Laurent est la première région où le Sentier national est complété et le topo-guide est déjà disponible.

## Pour suivre sa progression

La meilleure façon de suivre la progression du Sentier national au Québec est en lisant la revue MARCHE-Randonnée. Celle-ci est disponible au bureau de la Fédération québécoise de la marche et dans quelque 3 000 points de vente à travers le Québec. En devenant membre de la Fédération, on est automatiquement abonné.

# Facteur éolien

Le facteur éolien est une mesure du taux de refroidissement causé par l'action combinée du vent et de la température, et ressentie par le corps humain.

## Tableau de calcul du refroidissement éolien

$T_{air}$ = Température de l'air en °C

$V_{10}$ = Vitesse du vent à une altitude de 10 m, en km/h

| $T_{air}$ / $V_{10}$ | 5 | 0 | -5 | -10 | -15 | -20 | -25 | -30 | -35 | -40 | -45 | -50 |
|---|---|---|---|---|---|---|---|---|---|---|---|---|
| 5 | 4 | -2 | -7 | -13 | -19 | -24 | -30 | -36 | -41 | -47 | -53 | -58 |
| 10 | 3 | -3 | -9 | -15 | -21 | -27 | -33 | -39 | -45 | -51 | -57 | -63 |
| 15 | 2 | -4 | -11 | -17 | -23 | -29 | -35 | -41 | -48 | -54 | -60 | -66 |
| 20 | 1 | -5 | -12 | -18 | -24 | -31 | -37 | -43 | -49 | -56 | -62 | -68 |
| 25 | 1 | -6 | -12 | -19 | -25 | -32 | -38 | -45 | -51 | -57 | -64 | -70 |
| 30 | 0 | -7 | -13 | -20 | -26 | -33 | -39 | -46 | -52 | -59 | -65 | -72 |
| 35 | 0 | -7 | -14 | -20 | -27 | -33 | -40 | -47 | -53 | -60 | -66 | -73 |
| 40 | -1 | -7 | -14 | -21 | -27 | -34 | -41 | -48 | -54 | -61 | -68 | -74 |
| 45 | -1 | -8 | -15 | -21 | -28 | -35 | -42 | -48 | -55 | -62 | -69 | -75 |
| 50 | -1 | -8 | -15 | -22 | -29 | -35 | -42 | -49 | -56 | -63 | -70 | -76 |
| 55 | -2 | -9 | -15 | -22 | -29 | -36 | -43 | -50 | -57 | -63 | -70 | -77 |
| 60 | -2 | -9 | -16 | -23 | -30 | -37 | -43 | -50 | -57 | -64 | -71 | -78 |
| 65 | -2 | -9 | -16 | -23 | -30 | -37 | -44 | -51 | -58 | -65 | -72 | -79 |
| 70 | -2 | -9 | -16 | -23 | -30 | -37 | -44 | -51 | -59 | -66 | -73 | -80 |
| 75 | -3 | -10 | -17 | -24 | -31 | -38 | -45 | -52 | -59 | -66 | -73 | -80 |
| 80 | -3 | -10 | -17 | -24 | -31 | -38 | -45 | -52 | -60 | -67 | -74 | -81 |

Risque de gelure grave en cas d'exposition prolongée : refroidissement éolien sous **-25**

Gelure grave possible en 10 minutes à **-35**
*Peau chaude, exposition soudaine*
*Plus courte durée si peau froide au départ*

Gelure grave possible en moins de 2 minutes à **-60**
*Peau chaude, exposition soudaine*
*Plus courte durée si peau froide au départ*

Source : Environnement Canada
Reproduit avec la permission du ministère des Travaux publics et Services gouvernementaux Canada, 2001.

# Refroidissement éolien : minutes avant l'engelure

## Minutes avant l'engelure
## pour les 5 % de la population les plus susceptibles

### Température (°C)

| Vent (km/h) | -15 | -20 | -25 | -30 | -35 | -40 | -45 | -50 |
|---|---|---|---|---|---|---|---|---|
| 10 | * | * | 22 | 15 | 11 | 8 | 7 | 6 |
| 20 | * | * | 14 | 10 | 7 | 6 | 5 | 4 |
| 30 | * | 18 | 11 | 8 | 6 | 4 | 4 | 3 |
| 40 | 42 | 14 | 9 | 6 | 5 | 4 | 3 | 2 |
| 50 | 27 | 12 | 8 | 5 | 4 | 3 | 2 | 2 |
| 60 | 22 | 10 | 7 | 5 | 3 | 3 | 2 | 2 |
| 70 | 18 | 9 | 6 | 4 | 3 | 2 | 2 | 2 |
| 80 | 16 | 8 | 5 | 4 | 3 | 2 | 2 | 1 |

* *Engelure peu probable*

Engelure possible en 6 à 10 minutes — 10

Engelure possible en 3 à 5 minutes — 5

Engelure possible en 2 minutes ou moins — 2

*La vitesse du vent, en km/h, est prise à la hauteur standard de 10 mètres (telle qu'indiquée dans les observations météo).*

### Équation pour approximer les minutes avant l'engelure
*(valable pour les temps de moins de 15 minutes)*

$$T_f = \{ ( -24,5 \cdot [ (0,667 \cdot V_{10}) + 4,8 ] ) + 2111 \} \cdot ( -4,8 - T_{air}) - 1,668$$

où :

$T_f$ = Temps avant l'engelure, en minutes, pour les 5 % de la population les plus susceptibles

$V_{10}$ = Vitesse du vent à la hauteur standard de 10 mètres en km/h (telle qu'indiquée dans les observations météo)

$T_{air}$ = Température réelle de l'air en °C.

*Source : Environnement Canada*
*Reproduit avec la permission du ministère des Travaux publics et Services gouvernementaux Canada, 2001.*

# Lexique

**Abattis**     Terrain dont on n'a pas enlevé les souches après l'abattage des arbres.

**Affleurement**     Endroit où la roche constituant le sous-sol apparaît en surface.

**Arboretum**     Plantation d'arbres de plusieurs espèces servant à leur étude botanique.

**Aulne**     Arbre du bord des eaux, voisin du bouleau.

**Aviaire**     Ce qui concerne les oiseaux.

**Batture**     Partie du rivage, plate et de grande étendue, qui se découvre à marée basse.

**Boréal**     En rapport au climat froid des régions nordiques, correspondant à la forêt coniférienne.

**Boulaie**     Forêt de bouleaux. Appelée aussi « bétulaie »

**Caryer**     Arbre feuillu à bois dur.

**Cédrière**     Plantation de thuyas, appelés à tort « cèdres ».

**Drave**     Flottage du bois.

**Esker**     Longue et étroite crête de sable et de gravier formée à l'époque glaciaire.

**Gélivure**     Fente, crevasse causée par un froid intense.

**Gravière**     Carrière de gravier.

**Kettle**     Dépression laissée par la fonte d'un glacier.

**Littoral**     Étendue de pays le long des côtes, au bord de la mer.

**Marmite**     Cavité creusée par le tournoiement de graviers sous l'action d'un torrent.

**Monolithe**     Ouvrage formé d'un seul bloc.

**Muraille**     Surface verticale abrupte.

**Pessière**     Forêt dominée par l'épinette.

**Pinède**     Forêt de pins.

**Ravage**     Lieu où les cervidés se rassemblent en hiver, ou sont rassemblés, lorsque les conditions climatiques sont mauvaises.

**Salant**     Se dit des marais d'eau salée.

**Sauvagine**     Ensemble des oiseaux qui sont chassés pour leur chair.

**Savane**     Terrain marécageux.

**Taïga**     Forêt clairsemée, composée principalement de conifères, et faisant la transition entre la forêt boréale et la toundra.

**Tipi**     Habitation traditionnelle des Indiens des plaines d'Amérique du Nord.

**Touladi**     Grande truite d'eau douce.

**Toundra**     Paysage des régions très froides caractérisé par une végétation très basse.

**Yourte**     Tente en feutre chez les Mongols.

**Zec**     Zone d'exploitation contrôlée.

# Index général

# Index spécialisés

## Raquette avec service de location

*(Plus de 200 autres lieux, répertoriés dans ce livre, sont accessibles pour la pratique de cette activité mais n'offrent pas de service de location de raquettes.)*

## Longue randonnée (avec refuge, lean-to ou camping)

*Sélection de lieux de raquette ou de marche hivernale possédant eux-mêmes ou créant, en se connectant à d'autres, un sentier linéaire de 25 km ou plus, avec au moins un refuge, un appentis (lean-to) ou un site de camping.*

## Sentier national

*Lieux dans lesquels on retrouve un tronçon du Sentier national.*

## Les parcs nationaux du Québec et du Canada

## Monts et montagnes

*Le numéro de page réfère au lieu dans lequel se retrouve ce relief physique.*

**NOTES**

**NOTES**

**NOTES**

**NOTES**